KB125993

북한연구학회 연구총서 05

통일
논쟁

12가지 쟁점, 새로운 모색

북한연구학회 기획 | 박순성 편저

Twelve Questions on Making Korean Unification:
Controversies and New Approaches

한울
아카데미

차례

제3부 통일환경과 통일외교

발간사

　북한 연구는 자료의 제약, 접근의 제약, 방법론의 제약 등 여러 가지 어려움을 안고 있습니다. 이러한 어려움 속에서도 연구자들의 노력에 힘입어 그동안 북한 연구는 양적으로 확대되고 질적으로 발전했습니다. 이제 북한 연구는 하나의 지역학이자 여러 학문이 학제적으로 연결된 융합 학문을 지향해야 할 때입니다. 이러한 노력의 일환으로 북한 연구의 성과를 되짚어 보고, 향후 연구 방향을 모색하기 위해 '북한연구학회 연구총서'를 발간하게 되었습니다.

　그동안 북한연구학회 차원에서 북한 연구의 성과를 집대성하고, 연구 방향과 방법론을 모색하기 위해 여러 시도를 했습니다. 『분단반세기 북한 연구사』(1999)는 분단 이후 북한 연구의 분야별 업적을 종합적으로 검토했다는 점에서 의미가 있습니다. 또한 2006년 총 10권으로 발행된 총서 '북한의 새인식'은 북한의 정치, 경제, 군사, 사회, 외교 등 10개 분야에 걸쳐 북한의 진면목을 종합적으로 정리했다는 점에서 주목을 받았습니다.

　북한연구학회 차원에서 추진된 이러한 업적을 바탕으로 김정은시대의 북한체제를 종합적으로 분석하기 위한 총서를 발간하게 되었습니다. 이것은 김정은체제가 공식적으로 출범한 지 3년이 가까워진 시점에 북한연구학회 차원에서 김정은시대를 조망할 수 있는 객관적 프리즘을 제시할 필요성이 있다는 점을 고려한 것이기도 합니다.

이번 '북한연구학회 연구총서'의 대주제는 '김정은체제: 유산과 도전, 새로운 국가전략의 모색'이라고 할 수 있습니다. 김정은체제는 이념과 권력구조, 경제사회시스템 등 유산의 제약 속에서 새로운 방향을 모색하기 위해 노력하고 있는 것으로 보입니다. 또한 국가와 경제·사회관계의 변화, 주민의식의 변화, 국제환경의 변화 등의 도전에 직면해 있습니다. 이러한 상황에서 김정은체제는 '경제·핵 병진노선'을 국가전략으로 채택하고, 공세적 대외·대남전략을 추진하고 있습니다. 김정은체제의 이러한 국가전략에는 근본적 한계와 함께 여러 가지 장애 요인이 있습니다. 이러한 김정은체제의 모습과 딜레마를 객관적이고 다양한 시각을 통해 조망하는 것은 학문적으로, 그리고 정책적 측면에서 의미 있는 작업이라고 생각합니다.

이번 총서는 총 다섯 권으로 구성되어 있습니다. 김정은시대를 조망하기 위한 총서 1~3권은 각각 ① 정치·외교·안보, ② 경제·사회, ③ 문화·예술·과학기술·도시환경을 다루고 있습니다. 이 세 권은 김정은시대에 초점을 맞추되 배경의 이해가 필요할 경우 시기적으로 김정은시대를 거슬러 올라가는 내용을 포함했습니다. 아울러 김정은시대를 이해하기 위한 핵심 쟁점을 다각적으로 분석했습니다. 또한 총서 4권은 북한 연구의 방법론에 대한 것입니다. 특히 지난 10여 년 동안 북한의 시장화, 계층화, 사회화, 도시화 등의 새로운 양상을 포착하기 위해 적용한 여러 연구 방법을 소개했습니다. 마지막으로 총서 5권에는 통일담론 및 통일정책과 관련된 12개의 질문에 대한 글을 담았습니다.

이번 기획은 시간적 제약, 예산의 제약, 집필진 확보의 어려움 등 여러 가지 현실적 여건을 감안해 기존 발표 논문을 재수록하거나 수정본, 새로 작성된 논문을 같이 포함하는 절충 방식으로 추진되었습니다. 이러한 여러 가지 현실적 어려움과 총서 권수의 제약 등으로 제한된 연구자들의 연구성과만이 소개된 점을 매우 안타깝게 생각합니다. 앞으로 여건이 허락된다면 기획 목적에 충실한 새로운 논문들로 구성된 총서가 발간되어 더 많은 연구자들의 업적이 소개되는 기회가 있기를 바랍니다.

이번 총서를 기획하는 데 많은 분이 수고를 해주셨습니다. 특히 총서 발간위원회 위원장이라는 부담스럽고 수고스러운 직책을 흔쾌히 맡아 애써주신 박순성 교수님에게 진심으로 감사드립니다. 아울러 분야별로 기획과 편집을 맡아 수고한 우승지 교수님, 양문수 교수님, 전미영 교수님, 조영주 교수님의 노고에도 깊은 감사를 드립니다. 이분들의 학문에 대한 열정과 북한연구학회에 대한 애정이 없었다면 이번 총서는 햇빛을 보지 못했을 것입니다. 끝으로 출판업계의 어려움 속에서도 총서를 발간해준 도서출판 한울의 김종수 사장님과 편집을 맡아 수고한 신유미 씨에게도 감사드립니다.

2014년 12월
한 해가 저물어가는 겨울 언저리에서
북한연구학회장 박종철

남남갈등 극복을 위한 통일 논쟁 안내서

    통일은 민족의 화두이자 남북의 국가 목표다. 북한 연구자들에게도 통일은 실천적 과제이자 연구의 핵심 주제다. 북한연구학회와 북한 연구자들은 통일 문제를 정책 연구의 대상이자 학술 연구의 대상으로 다루어왔다. 북한 연구는 통일정책과 통일연구에 현실적 기반을 제공하기도 하고, 또한 통일정책과 통일연구에 따라 연구 방향이나 문제의식이 바뀌기도 한다. 통일은 북한 연구의 종착점이면서 동시에 출발점이다. 이런 의미에서 『통일 논쟁: 12가지 쟁점, 새로운 모색』 또한 북한연구학회 연구총서를 완결하는 마지막 권이지만, 향후 북한 연구에 던지는 새로운 문제제기이기도 하다.

    제국주의적 식민지 지배와 제2차 세계대전 이후 미·소 냉전체제로부터 시작된 한반도와 한민족의 분단 70년은 단일한 독립국가를 수립하지 못한 좌절의 역사, 각각 자유자본주의와 공산주의에 뿌리를 둔 두 개의 근대국가 건설전략 간 대립과 경쟁의 역사, 전쟁과 독재조차 정당화한 광기와 비극의 역사, 탈식민주의 기획의 실패 또는 부재의 역사다. 이러한 미완의 해방이 단순히 미국과 소련이라는 새로운 외세에 의해 강요된 것만은 아니다. 민족 내부의 이념 대결과 권력 투쟁이 분단, 전쟁, 분단의 고착화를 가져왔다.

분단 극복으로서의 통일, 한반도 평화체제 구축으로서의 통일은 외세의 압제를 극복하는 것뿐 아니라 민족 내부의 이념 대결과 권력 투쟁을 극복하는 과정을 통해 가능하다. 2000년 6월 1차 남북정상회담 이후 남북관계가 본격적으로 개선되고 통일 지향의 평화가 구축되기 시작하면서 우리 사회 내부에서 대북·통일정책을 둘러싼 남남갈등이 일어난 것은 분단 극복으로서의 통일이 직면할 수밖에 없는 도전을 분명하게 보여주었다. 2015년에도 한반도와 한민족의 통일 문제는 외세의 문제, 남북 간 대립과 적대의 문제, 남한 사회 내부의 이념 대결과 권력 투쟁의 문제에서 여전히 벗어나지 못하고 있다. 당연히 이러한 문제들은 실천적·정책적 차원의 논쟁뿐 아니라 이론적·철학적 차원의 논쟁을 불러일으킨다.

이 책은 통일을 둘러싼 논쟁을 다룸으로써 남한 사회 내부의 남남갈등을 극복하고 평화롭고 발전적인 통일의 길을 주도적으로 개척하는 데 조금이나마 기여하려고 한다. 논쟁의 구도가 드러나고 쟁점이 밝혀지면 남남갈등은 상당 부분 완화되거나 해소될 수 있을 것이다. 이러한 기대는 때로는 대립하는 사회세력의 타협과 합의 형태로, 때로는 차이의 인정과 서로에 대한 관용의 형태로, 때로는 지속적인 민주적 토론이라는 형태로 실현될 것이다. 사실 이 책 자체가 북한연구학회라는 학문공동체 내부에 존재하는 민주적이고 관용적인 문화의 산물이기도 하다.

이 책의 제1부는 통일담론과 통일방안을 둘러싼 네 개의 쟁점, 또는 네 개의 질문을 다루고 있다. 통일담론은 국가담론이어야 하는가, 민족담론이어야 하는가? 통일방안은 통일 대비에 중점을 두어야 하는가, 분단 관리에 더 많은 관심을 기울여야 하는가? 대북·통일정책을 둘러싼 남남갈등은 어떤 특징을 지니고 있으며, 어떻게 극복할 수 있는가? 한반도 통일 과정과 통일된 한반도에 대한 우리의 사고와 정책은 어떠한 철학적 태도에 기반을 두어야 하는가? 이러한 질문들의 성격이 규범적이고 이론적임에도 제1부에 실린 네 편의 글은 현실적이고 실용적인 통일담론과 통일방안을 마련하는 데 좋은 지침을 제공한다.

제2부는 남북관계의 과정과 현황을 검토하고 평가하면서 남한의 대북·통일정책과 관련해 제기되는 네 개의 질문을 다루고 있다. 지난 40여 년 동안 진행된 남북 간 회담과 합의는 지금까지 남북관계에서 실질적인 구속력을 발휘했는가? 남북관계 개선과 남한의 대북정책은 북한의 변화를 이끌어냈는가, 혹은 앞으로 이끌어낼 수 있는가? 남북의 경제협력은 통일과 관련해 어떤 의미를 지니는가, 통일은 남한 경제에 새로운 기회를 제공할 것인가? 사회문화적 관점에서 남북이 통일에 이르는 길은 사회문화공동체를 건설하는 것인가, 문화적 공존을 실현하는 것인가? 제2부에 실린 네 편의 글은 지난 시기 남북관계에 대한 성찰적 회고와 분석을 통해 복잡하고 미묘한 남북관계의 특성을 보여줌으로써 앞으로 남한의 대북·통일정책이 갖추어야 할 복합적이고 체계적인 모습을 제시한다.

제3부는 한반도 문제와 관련된 국제환경의 문제를 다루면서 한반도 평화와 통일을 위한 한국외교의 방향을 묻는다. 안보외교가 아닌 통일외교, 국가목표인 통일을 달성하기 위해 외교라는 수단을 통해 주변 환경을 능동적으로 변화시키고자 하는 노력은 실제로 가능한가? 분단의 실제적 양상이라고 할 정전상태는 어떻게 극복할 수 있으며, 한반도 평화체제 구축을 위한 실질적 방안은 무엇인가? 남북관계 개선의 장애물이면서 한반도 평화를 위협하는 북핵 문제를 현실적으로 해결할 수 있는 방안은 존재하는가? 미국과 중국 사이에서 일어나고 있는 세력 전이의 시대, 또는 G2시대에 한국의 통일외교는 어떤 전략적 선택을 해야 하는가? 제3부의 글 네 편은 구조적이면서도 역설적으로 매우 불확실한 조건하에서 이루어져야 할 국가전략 선택의 문제를 분석하고, 실용적이면서도 능동적인 통일외교의 방향이 무엇인지 보여준다.

이 책에 실린 열두 편의 글은 우리 사회의 통일 논쟁에서 쟁점이 되는 사안과 문제를 간결하고 명료하게 다루면서도 결코 핵심을 놓치지 않는다. 각각의 글은 통일 논쟁의 흐름과 구도를 적절히 정리해줌으로써 여러 쟁점과 질문이 어떤 맥락에서 등장했고, 어떤 의미를 지니는지 분명하게 밝힌다. 또한 모든 필자는 기존의 논의에 갇히지 않고 새로운 관점과 문제의식을 갖고 통일을 바라볼 수 있는 길을 제시하려고 노력한다. 더욱이 비록 각각의 글이 개별 쟁점과 관련해 완벽하게 균형을 지키고 있지는 않지만, 또한 논쟁에서 중용을 지키는 것이 학문적으로나 실천적으로나 반드시 미덕이라고 할 수도 없지만, 이 책에 실린 열두 편의 글들은 상호 보완적으로 통일 논쟁과 관련해 북한연구학회가 유지하는 나름의 균형을 잘 보여준다. 부디 이러한 균형이 우리 사회의 남남갈등을 치유하는 데 좋은 본보기가 되기를 기대해본다. 총서준비위원회의 까다로운 주문을 흔쾌히 받아주시고 바쁘신 가운데 훌륭한 원고를 보내주셔서 좋은 책이 나오도록 해주신 열두 분의 필자 선생님들께 이 자리를 빌어 감사를 드린다.

끝으로 짧은 서문을 마무리하면서 다소 긴 감사의 말씀을 남기는 것에 대해 독자의 양해를 구하고자 한다. 북한연구학회 연구총서는 2014년 초 기획되었지만 2015년 5월에야 다섯 권 모두 출판되기에 이르렀다. 2014년 말에 마무리되었어야 할 사업을 이제야 마무리하면서 필자는 연구총서 발간위원회 위원장으로서 북한연구학회 회원들과 2014년도 회장인 박종철 박사께 깊은 사과의 말씀을 드린다. 부족한 역량에도 명예롭고 중대한 일을 맡겨준 모든 분께 심려를 끼쳐 너무나도 송구스럽다. 총서위원회 위원으로 함께 애써주신 양문수, 우승지, 전미영, 조영주 박사께 깊은 감사를 드린다. 아마도 네 분의 헌신이 없었다면 총서 사업이 제대로 진행되지 못했을 것이다. 초기에 위원으로 참석하셨지만 개인 사정으로 위원직을 그만두셔야 했던 김병로 박사께도 감사의 말씀을 드린다. 총서위원회를 뒤에서 물심양면 도와주신 2014년도 북한연구학회 사무국장 윤세라 씨, 사무차장 문소희 씨에게도 감사를 드린다. 이성수 씨는 총서위원회 실무간사로서, 또 조영주 박사께서는 총괄위원으로서 총서가 나오는 전 과정을 꼼꼼히 챙겨주셨다. 도서출판 한울의 김종수 사장께서는 어려운 출판 환경에서도 출판을 흔쾌히 맡아주셨고, 윤순현 과장을 비롯해 신유미 씨, 강민호 씨는 행정과 편집을 완벽하게 해주셨다. 이 모든 분께 큰 감사의 인사를 드린다. 2014년도 북한연구학회 연구총서 발간을 마무리하자니 두 분이 떠오른다. 20여 년 전 북한과 통일에 대해 문외한이었던 필자를 기꺼이 받아주셨던 정세현 박사님, 그리고 처음으로 생소한 분야에서 연구를 하게 된 필자에게 도움을 주셨던 고(故)정규섭 박사님께 감사의 말씀을 드리고 싶다. 정세현 박사님께는 언제나 현역으로 계셔서 더욱 감사드린다는 말씀을 덧붙이고 싶다. 그리고 돌아가신 정규섭 박사님께서 영원한 영혼의 안식을 누리시기를 간절히 기도한다.

2015년 5월
박순성

제1부
통일담론과 통일방안

제1장

통일담론의 두 가지 패러다임

_ 국가담론인가 민족담론인가?

최완규 ㅣ 북한대학원대학교 교수

1. 머리말

통일 논의에서 가장 중요한 쟁점 중 하나가 남북관계를 정상적인 국가 대 국가의 관계(two Korea)로 볼 것인가 아니면 적대와 공존이 교차하는 민족 내부의 특수 관계(one Korea)로 볼 것인가의 문제다. 남북을 정상적인 국가 대 국가의 관계로 보면 쌍방은 국제법상 각각 대외적으로 단일의 국가 주권을 행사하는 별개의 국가다.

예컨대 국가주의 틀에서 보면 남한 사람이 북한을 방문할 때 여권과 북한에서 발행한 비자가 필요하다. 다만 이때 북한은 미(未)수교 국가이기 때문에 여권 안에 비자가 없고 별도의 비자를 받아야 한다. 반면 민족 내부의 틀에서 보면 북한은 다른 나라가 아니기 때문에서 방문을 위한 여권은 필요 없다. 이때의 방문은 민족 내부의 특수 지역 방문이기 때문에 통일부 장관이 발행한 방북 허가증이 필요하다.

국가 대 국가의 틀에서 보면 남북관계는 국제관계의 틀로 규정된다. 또한 이 틀에서 보면 남북은 같은 민족이면서 서로 다른 국가 정체성 때문에 정치적 대결과 경쟁을 하는 갈등과 극복의 대상이다. 반면 남북을 민족 내부의 특수관계로 보면 별개의 국가 정체성보다는 하나의 민족에 방점을 두면서 사실상 하나의 민족공동체와 국가를 지향하는 한시적 측면의 두 국가 정체성이 강조된다. 또한 남북은 같은 피와 언어, 그리고 오랫동안 역사 문화를 공유한 공존공영의 대상이다.

그런데 지금까지 남북이 통일 문제에 관해 합의한 문서 중 가장 중요한 대표적 두 가지 문서인 「남북 사이의 화해와 불가침 및 교류협력에 관한 합의서」와 6·15남북공동선언은 두 개 국가론을 명확하게 인정하기보다는 사실상 하나의 민족, 하나의 국가론을 더 중시하는 내용을 담고 있다.

우선 1991년 12월 남북의 총리가 서명한 「남북기본합의서」 전문을 보면 남북은 "나라와 나라 사이의 관계가 아닌 통일을 지향하는 과정에서 잠정적으로 형성되는 특수관계"로 규정되어 있다. 비록 서명에는 각각 정식 국호를 사용했지만 이러한 규정은 남북이 통상적인 국가 대 국가 간의 관계가 아니라는 것을 의미한다. 2000년 6월 남북 정상이 서명한 6·15남북공동선언 제2항(통일 관련 조항)은 "남과 북은 나라의 통일을 위한 남측의 연합제 안과 북측의 낮은 단계의 연방제 안이 서로 공통성이 있다고 인정하고 앞으로 이 방향에서 통일을 지향시켜 나가기로 하였다"라고 되어 있다.

이 조항을 주의 깊게 살펴보면 두 국가를 전제로 하는 국가 연합이라는 용어를 연합제라는 용어로 대체하고, 조항 앞뒤로 통일을 강조함으로써 두 개의 국가론을 교묘하게 피하고 있음을 알 수 있다. 남북 모두 남북관계1)를 다

---

1) 남북관계를 규정하는 이론적 논의에 대해서는 구갑우, 「남북관계의 이론틀: 분류와 비

소 모호하게 규정하는 주된 이유는 만약 두 개의 국가론을 명시적으로 승인하거나 수용하면 그만큼 통일의 명분과 당위성을 약화시킬 위험성이 있기 때문이다.

2005년 12월 제정된 「남북관계발전에관한법률」 제3조에도 "남한과 북한의 관계는 국가 간의 관계가 아닌 통일을 지향하는 과정에서 잠정적으로 형성되는 특수관계"로 "남한과 북한 간의 거래는 국가 간의 거래가 아닌 민족내부의 거래"로 규정되어 있다.

사실 분단 이후 남북은 모두 적어도 언술적 차원에서 정도의 차이는 있지만 하나의 한국(남한), 하나의 조선(북한)론을 강조했다. 특히 북한은 남한이 하나의 한국론을 강조한 것보다 더 강하게 '하나의 조선론'을 내세웠다. 그들은 한동안 "남조선에 수립된 역대 정치기구는 신식민주주의 통치를 가리기 위한 병풍에 지나지 않으며 그 어떤 자주권도 행사하지 못하는 허수아비정권"[2]으로 규정하면서 한반도에서는 하나의 조선, 하나의 국가만이 존재한다고 주장했다.

북한은 1991년 9월 유엔(UN)에 가입하면서도 외무성 성명(1991년 9월 18일)을 통해 "유엔 가입을 기화로 하여 '두 개의 조선'으로 나라의 분렬을 고정화하려는 그 어떤 시도도 허용되지 말아야 한다"[3]라고 강조했다. 이 성명을 통해서 북한이 강조하고자 했던 것은 자신이 유엔에 가입했다고 해서 '하나의 조선론'을 포기한 것은 아니라는 사실이다.[4]

판」, 경남대학교 북한대학원 엮음, 『남북관계론』(한울, 2005), 81~111쪽 참조.

2) 허종호, 『주체사상에 기초한 남조선혁명과 조국통일리론』(평양: 사회과학출판사, 1975), 36쪽.

3) 『조선중앙년감』(평양: 조선중앙통신사, 1992), 526쪽.

4) 북한은 이 성명에서 "나라와 민족이 일시 분렬되어 있는 실정에서 유엔 가입 문제를 통일 지향적 견지에서 고찰하지 않을 수 없었으며 이에 따라 련방제통일이 실현된 다음

이러한 북한의 입장은 「남북기본합의서」 체결 과정(합의서 전문)과 남북정
상회담(북남최고위급회담)에서도 그대로 견지되었다. 그들은 역사적인 남북
정상회담에 대해 국가 간 정상회담보다는 민족 내부의 만남 쪽에 무게를 두
면서 시종일관 정상회담이라는 용어 대신 "평양상봉"과 "북남최고위급회
담"5)이라는 용어를 사용했다.

　남한 역시 한동안 유일합법 정부론을 고수했었고 헌법 제3조(영토 조항)에
"대한민국의 영토는 한반도와 그 부속 도서로 한다"라고 규정함으로써 형식
논리상 북한을 국가로 인정하지 않는 입장을 견지했다. 그러나 북한보다 하
나의 한국론을 전면에 내세우지는 않았다. 1973년 6월 23일 발표한 평화통
일선언(6·23선언)에서는 북한에 남북 유엔 동시 가입을 제의하기도 했다. 북
한은 이 선언을 한반도에서 두 개의 국가를 인정함으로써 분단을 영구화하
는 것이라고 비난했다. 2000년 6월 남북정상회담에서도 김대중 대통령은 처
음에는 통일보다는 남북 두 국가론에 경사된 분단의 평화적 관리에 우선적
관심을 보였다.6) 이러한 현상은 통일 과정에서 남한은 두 개의 국가를 의미
하는 국가 연합(confederation)방식을 선호하는 반면, 북한은 민족담론을 토
대로 하나의 국가를 의미하는 연방제(federation)를 더 선호하는 것에서도 확
인할 수 있다.

　남북관계를 두 개의 국가론(국가 중심 담론)을 출발점으로 하느냐, 아니면
민족 내부의 특수관계를 부각시켜 하나의 국가론(민족 중심 담론)을 중심으로
하느냐에 따라 한반도 통일 논의의 방향은 달라질 수밖에 없다. 이 글에서는

단일한 국호를 가지고 유엔에 들어가든가 만일 통일 이전에 가입하려 한다면 하나의
　의석으로 들어갈 데 대한 립장을 견지해왔다"라고 주장했다. 같은 책, 526쪽.
5) ≪로동신문≫, 2000년 6월 14일 자.
6) 이러한 논의에 대해 더 자세한 내용은 도진순, 『분단의 내일 통일의 역사』(당대,
　2001), 80~117쪽 참조.

이러한 사실에 유의하면서 국가 중심 담론과 민족 중심 담론에서 제기될 수 있는 통일의 당위성과 통일 과정 및 성격을 분석한다. 아울러 이를 토대로 현실적으로 가능한 '평화'통일의 형태를 제시해보고자 한다.

2. 국가우선주의적 패러다임에 입각한 통일 논의

적어도 형식논리상으로 분단국가주의 틀에서 보면 남북을 하나의 국가로 통일하는 것은 서로 다른 나라를 하나의 나라로 흡수통일하는 것이다. 김동성은 국가우선주의적 패러다임에서 본 통일에 대해 다음과 같이 언급한다.

> 국가우선주의적 패러다임은 하나의 민족국가의 틀을 통해서만 민족집단이 민족으로서 존재가치를 유지, 실현할 수 있다는 전제를 기초로 하였다. 따라서 통일은 국가안보와 근대화의 실현, 즉 근대국가의 달성이라는 맥락에서 의미를 찾는 입장이다. 이 패러다임에서 통일의 염원은 체제 경쟁에서 승리한 어느 한 쪽이 다른 한 쪽을 흡수하는 것으로 간주한다. 그런 과정에 있어 통일정책은 내부 발전과 국민통합을 위한 민족주의적 동원기제로 사용된다. 통일이 체제 선택의 문제가 되는 이상 통일정책은 어쩔 수 없이 북한과의 제로섬 게임의 틀 속에서 수립될 수밖에 없다는 입장을 취한다.[7]

사실 분단 이후 한동안 남북은 표면적으로는 "민족주의적 언술을 사용하

---

7) 김동성, 「바람직한 통일논의의 방향 모색」(한국국제정치학회 통일학술회의 발표 논문, 1977).

면서도 실제로는 국가주의 원칙하에 민족주의를 억제"[8]하면서 국가 중심 패러다임을 토대로 통일 문제를 다뤄왔다. 이러한 현상은 남북의 국가 수립 과정에서 이미 그 씨앗이 배태된 것이다. 해방 3년 동안 남북 모두에서 선(先)정부 수립 후(後)통일론을 주장하는 정치세력이 외세의 지원을 받아 권력을 장악함으로써 배타적인 분단국가주의가 통일민족주의를 삼켜버렸다. 그 결과 분단국가의 당사자인 북한이 먼저 남한을 무력으로 흡수통일하려고 전쟁을 일으켰으나 미국의 참전으로 실패했다.

한국전쟁 이후 남북 모두 세계적 차원으로 고조되는 냉전에 편승하면서 남한은 승공통일과 무력통일론을, 북한은 민주기지론을 내세우면서 각각 자신의 이념과 체제로 상대방을 흡수, 병합하려는 통일전략을 구사했다. 나아가 이런 배타적 통일전략이 통하지 않는 한 통일보다는 사실상 두 국가 체제를 안정적으로 유지하는 것을 선호했다. 이러한 상황에서 민족의 이익은 분단국가의 이익에, 통일은 국가안보 우선주의론에 종속될 수밖에 없었다.

특히 냉전체제하에서 남한의 주류 통일담론은 북한보다 훨씬 분단국가주의 패러다임에 경도되었다. 특히 집권세력과 보수진영은 철저하게 국가 중심 패러다임 위주로 통일 문제를 다루었다. 김경원은 "대한민국이 당면하고 있는 정책적인 딜레마는 어떻게 하면 통일을 실현할 수 있을 것인가 하는 문제가 아니다. 어떻게 하면 안전을 위협하지 않고 통일을 추구할 수 있을까 하는 것이다"[9]라고까지 지적한 바 있다. 이러한 주장이 분단국가주의적 안보와 민족 우선적 통일 사이의 긴장관계를 적절하게 드러내고 있다.

남한 사회에서 분단국가주의 통일담론은 북한이 시작한 한국전쟁이라는

---

8) 김동춘, 「'국제화'와 한국의 민족주의」, ≪역사비평≫, 계간27호(1994년 겨울호), 49쪽.
9) 김경원, 「한국문제와 유엔의 기능: 국제적 체제분석」, 아세아문제연구소 편, 『한국통일의 이론적 기초』(고려대학교출판부, 1973), 46쪽.

내전을 계기로 국가안보담론과 결합됨으로써 더욱 강화되었다. 한반도 문제를 규정해온 53년체제(휴전체제)하에서 국가 중심 통일담론이 주도권을 장악함으로써 통일 논의 과정에서 민족 이익(평화통일과 화해 협력 등)보다는 국가이익(승공통일, 반공, 안보, 한미동맹 등)이 우선시될 수밖에 없었다. 설사 민족이익을 앞세워야 하는 경우에도 그것이 조금이라도 국가 이익과 충돌할 가능성이 있으면 민족 이익은 포기해야 했다. 이러한 기조는 1991년체제(「남북기본합의서」체제)가 들어서기 전까지 지속되었다.

실제 이 시기 정부 주도의 통일 논의나 정책은 철저하게 국가우선주의적 패러다임 중심으로 전개, 추진되었다. 이승만 정부는 철저한 반공주의와 남한 정부만이 한반도에서 유일 합법 정부라는 유엔 결의안 195(Ⅲ)호 등을 내세워 북한 지역을 공산세력이 불법으로 점령한 실지(失地)로 간주하고 북한 지역에서 유엔 감시하의 민주적 선거를 실시해 제헌국회에 남겨둔 100석의 의석을 북한에 넘겨주는 흡수통일방안을 제안했다.

이러한 제안을 북한이 거부하자 이승만 정부는 무력통일을 강조하기 시작했다. 당시의 상황을 고려할 때 무력통일론은 실현 가능성보다는 국민 동원과 일체성을 강화하기 위한 일종의 정치적 슬로건이었다. 말하자면 무력통일론은 "이승만 반공정치의 집중적 표현"[10]이었다. 이승만 정부는 휴전이후에도 유엔 감시하의 인구비례에 따른 총선거를 제시하면서 북한이 이 제안을 거부하면 계속 무력통일을 추구하겠다고 공언했다.

이와 같은 현상은 노태우 정부 출범 이전까지 별다른 변화 없이 지속되었다. 장면 정부는 무력통일정책을 포기한 것 말고는 그 본질상 이승만 정부와 다른 점이 별로 없었다. 여전히 실현 가능성이 없는 유엔 감시하 인구비례에

---

10) 서중석, 「이승만과 북진통일: 1950년대 극우 반공독재의 해부」, ≪역사비평≫, 계간 29호(1995년 여름호), 108쪽.

따른 총선거를 주장했다. 그러면서 실제로는 선건설 후통일론 논리를 내세우면서 혁신세력의 민족담론에 기초한 공세적인 통일론을 잠재우려고 했다.

1961년 군부 쿠데타 이후 18년 동안 유지된 박정희 정부는 집권 초기 한때 민족적 민주주의를 주창하면서 전향적인 통일론을 제기하는 듯했다. 한때 보수 야당 인사들은 집권당인 민주공화당의 당시(黨是)인 민족적 민주주의는 민족자주라는 표피 밑에 배미용공(排美容共)적 요소를 감추고 있다고 맹렬하게 공격하기도 했다.11)

그러나 박정희 정부는 야당의 공격과 거물 간첩 황태성 사건, 미국을 의식하기 시작하면서 국가 중심 패러다임에 입각한 통일론을 전면에 내세우게 되었다. 박정희 정부는 통일은 자립과 근대화라는 중간 목표가 달성된 연후에 가능하다고 강조하면서 민주당 정부에서 채택한 '선건설 후통일론' 노선으로 회귀했다. 여기서 재야나 진보세력은 물론 집권세력도 시대를 앞서거나 거스르는 통일론은 명백한 한계가 있음을 알 수 있다.

선건설 후통일론의 핵심은 북한을 압도하는 경제력을 갖기 이전까지는 통일 논의를 자제하자는 것이다. 박정희 정부는 북한을 능가하는 경제발전을 성취한 이후에는 기능주의적 통합 이론에 근거한 점진적 단계별 통일방안을 선호했다. 이러한 통일론은 이후 남한 정부의 통일정책의 근간으로 자리 잡게 된다.

---

11) 이에 대해 좀 더 자세한 것은 김학준, 「한국사회의 변화와 국민의 남북통일관의 변화: 제1공화정으로부터 제5공화정까지」, 『남북한관계의 발전과 갈등』(평민사, 1985), 88~97쪽 참조; 이 시기 박정희 대통령의 측근이었던 황용주 문화방송 사장은 민족적 민주주의는 한국적 민주주의를 말하는 것이며, 그것은 한반도에서 통일된 정부를 가지려는 민족 전체의 염원을 담고 있다고 주장하면서 미군 철수, 군비 축소, 남북연방제 고려 등을 제시하기도 했다. 노중선 편, 『민족과 통일 II(자료편)』(사계절, 1985), 436~437쪽.

전두환 정부를 거쳐 제6공화국의 노태우 정부가 들어서면서 국가와 더불어 민족우선주의 패러다임도 통일 논의 과정에서 의논되기 시작했으며, 통일방안의 명칭에 민족이 포함되었다(전두환 정부의 민족화합민주통일방안, 노태우 정부의 한민족공동체통일방안).

특히 노태우 정부는 재야 진보세력의 민족우선주의 패러다임에 입각한 공세적인 통일 논의와 운동에 대처하고, 때마침 일기 시작한 통일 열기를 선점하기 위해 적극적으로 민족담론을 수용하기 시작했다. 1988년 이른바 7·7선언을 통해 북한을 더 이상 적대적 대결상대가 아닌 민족 문제 해결과 민족공동체 형성의 동반자로 간주한다고 천명했다. 나아가 한민족공동체통일방안을 통해 통일의 중요 목표 중 하나로 민족공동체 형성을, 통일의 기본 원칙 중 하나로 민족자결 정신에 따른 자주 원칙과 민족대단결 원칙 등을 제시했다. 그러나 노태우 정부는 문익환, 임수경의 무단 방북 사건 처리 과정에서 알 수 있듯이 양 패러다임이 충돌하는 경우 민족 패러다임보다 국가 패러다임을 더 중시했다.

이러한 현상은 김영삼 정부에 와서도 그대로 재연되었다. 김영삼 대통령은 취임 초기 이전 정부의 전향적 대북정책의 성과, 냉전의 해제와 민주화의 진전으로 인한 남한 내 대북 보수강경세력의 입지 약화, 정통성이 확고한 문민정부라는 자신감을 토대로 진보적 통일론을 주장한 한완상 교수를 통일부장관에 임명하고 민족중심적 통일담론을 주도했으며, 한민족공동체통일방안을 일부 보완해 민족공동체통일안을 만들었다. 그는 취임사에서 "어느 동맹국도 민족보다 더 나을 수는 없습니다. 어떤 이념이나 사상도 민족보다 더 큰 행복을 가져다주지는 못합니다"라고 강조함으로써 국가 이익보다 민족 이익을 우선할 수 있음을 시사했다.

그러나 김일성 사망 이후 야기된 조문 파동이나 동해 잠수함 침투 사건 처리 사례에서 알 수 있듯이 김영삼 정부 역시 국가성과 민족성이 충돌하는 경우에는 예외 없이 후자는 존재 의미를 상실하고 말았다.[12] 사실 두 패러다임을 병행해서 통일 문제를 다루려 했던 노태우, 김영삼 정부는 통일정책 부분에서는 국가우선주의적 통일(통일의 최종 목표는 자유민주의체제로의 통일)을 중시한 반면, 대북정책의 경우 민족우선주의적 패러다임에 좀 더 경도되어 자유민주주의 통일보다는 남북 화해와 교류협력 및 남북 연합 구상에 더 큰 비중을 두었다. 민족공동체통일방안은 민족의 통일을 바탕으로 국가의 통일을 성취하는 것이기 때문에 두 패러다임은 보완성보다는 상충성이 강할 수밖에 없었다.

사실상 수평적 정권 교체를 이룩한 김대중 정부와 그 뒤를 이은 노무현 정부가 출범 한 뒤에는 두 패러다임은 병행했다. 이전 정부와 달리 두 정부는 설사 북한의 국지적 도발로 안보 차원의 논란이 있는 경우에도 민족우선주의적 패러다임에 기초한 정책을 폐기하지 않고 추진했다.

그러나 이러한 노선은 이명박 정부가 출범하면서 변경되기 시작했다. 이 대통령은 남북 간 합의한 문서 중에서는 민족우선주의적 패러다임의 성격이 많이 반영된 6·15남북공동선언이나 10·4남북정상선언보다 양 패러다임의 균형을 고려한 「남북기본합의서」를 더 잘 된 문서로 규정했다.

이러한 입장은 김대중 대통령 장례식에 참석한 북한 조문단을 접견하는 형식에서도 그대로 재연되었다. 정부는 표면상으로는 북한 조문단이 정부 채널을 통해 온 것이 아닌 민간 차원의 조문단이라는 이유로 미국, 일본, 중국 등 주요국의 외교사절을 면담하는 일정의 일환으로 북한 조문단을 접견한다는 점을 강조했다. 이는 이명박 정부가 북한을 민족 내부의 틀보다는 국가 중심 틀에서 다룬 일종의 패러다임 이동(paradigm shift)으로, 앞으로의 남

---

12) 이에 대한 자세한 논의는 최완규, 「Icarus의 비운: 김영삼 정부의 대북정책 실패요인 분석」, ≪한국과 국제정치≫, 제14권 제2호(1998), 189~212쪽 참조.

북관계를 민족 내부 관계보다 국제관계의 연장선에서 다룰 수 있음을 시사한 것이다.13)

결국 이명박 대통령은 제65주년 광복절 경축사를 통해 통일세 신설의 필요성을 제기했다. 5·24조치로 남북 간의 교류협력 사업이 전면 중단된 상황에서 갑자기 통일시대를 준비하기 위해 통일세의 신설이 필요하다고 강조한 것은 북한과의 공존보다는 북한체제의 불안정성과 붕괴 위험성에 대비한 일종의 흡수통일을 염두에 두었기 때문이다.

이러한 정책 기조는 박근혜 정부 출범 이후에도 큰 변화가 없다. 이명박 정부 시기와 마찬가지로 북한의 변화와 사과를 전제로 한 교류협력론을 견지하고 있다. 특히 2014년 연두 기자회견을 통해 이른바 통일대박론을 제기하고 대통령 직속으로 통일준비위원회를 발족시킴으로써 전임 정부보다 한 발 더 나아간 통일론을 제기했다.

3. 민족우선주의적 패러다임에 입각한 통일담론

우리 민족은 일제의 식민 통치에서 해방되었을 때 근대적인 민족국가를 건설할 수 있었다. 그러나 미·소를 양대 축으로 하는 냉전질서가 고착되고, 이에 편승한 국내 정치세력의 격렬한 이념 대결 때문에 통일민족공동체를 수립하지 못했다. 그 결과 두 개의 기형화된 분단국가가 남과 북에 자리 잡게 되었다. 이러한 상황은 세계적 차원의 냉전이 해소되었음에도 동북아시아 지역체제의 특수성과 분단체제 때문에 오히려 냉전 구조가 확대 재생산

---

13) 연합뉴스, 2009. 8. 22; 황일도, "MB 정부 안보정책에 드리우는 정무 홍보 파워", ≪신동아≫, 10월호(2009).

되는 구조를 양산했다.

　이 과정에서 남북 모두 "국가성은 '민족성'에 우선했으며, 남한 국민은 한민족으로서 북한 사람을 대한 것이 아니라 적국의 백성으로 대했다. 국민들은 북한이 궁지에 몰리는 것을 기뻐하는 정서에 길들여졌다".[14] 따라서 민족우선주의적 패러다임을 주축으로 하는 통일담론이 주류 담론으로 자리 잡기에는 태생적 한계가 있을 수밖에 없었다. 김동성은 민족우선주의적 패러다임 중심의 통일담론에 대해 다음과 같이 지적한다.

　　민족우선주의적 패러다임은 종족적·역사적·문화적 단일성과 정체성을 유지해온 한민족의 존속과 번영을 국가체제보다 우위의 가치로 삼는 입장이다. 이 패러다임에 기초할 때 분단 그 자체는 남북 국가의 체제 모순에 의한 것이므로 분단 해소를 통해 진정한 민족 발전이 가능하며 민족국가의 성립과 발전은 민족통일을 통해서만 의의를 갖는다.[15]

　앞에서 지적한 바와 같이 이 패러다임에서 통일의 한 쪽 당사자인 북한은 흡수와 타도의 대상보다는 공존공영의 대상이다. 그리고 여기서 상정하는 통일은 자주적이고 평화적인 방법으로 민족공동체를 수립하고 남북이 하나의 국가로 통합되어 진정한 근대 국민국가를 만드는 것을 의미한다. 특히 여기서는 남북관계를 국가 대 국가의 국제관계로 보지 않고 민족 내부의 특별한 관계로 규정한다. 또한 한반도 분단체제의 성격을 체제와 이념의 갈등과 대립뿐 아니라 우리 민족과 강대국(외세)이 연계된 문제로 규정한다.

　민족우선주의 패러다임 중심의 통일 논의는 바로 이러한 특성 때문에 분

---

14) 김동춘, 「국제화와 한국의 민족주의」, 49~50쪽.
15) 김동성, 「바람직한 통일논의의 방향 모색」.

단 이후 오랫동안 남한보다는 민족의 자주성과 하나의 조선론을 강조해온 북한이 더 선호했다. 남한 사회 내에서도 집권세력(김대중, 노무현 정부는 예외)이나 보수진영보다는 야당이나 재야 진보진영이 민족 중심의 통일담론을 주도했다. 특히 북한은 분단 이후 유엔에 가입한 이후에도 공식적으로는 하나의 조선론을 포기하지 않았다. 북한은 통일국가 수립의 의미를 다음과 같이 규정한다.

> 한반도에 이미 두 개의 주권국가가 존재하고 있다는 인식에 기초하여 그 두 개 국가를 하나로 결합시키는 것이 아니라 원래 하나의 통일국가였던 것이 일시 둘로 분단되어 절반으로 되었다는 인식에 기초하여 그것을 다시 온전한 하나로 재결합시키는 작업이라는 것이다. 만일 영구분단을 막고 통일을 성하기 위해 련방제 방식으로 통일을 하자고 말하면서도 이미 한반도에 두 개의 주권국가가 존재한다고 하는 전제를 내세우는 것은 론리적으로 모순이다.[16]

북한은 민족우선주의적 패러다임과 하나의 조선론을 토대로 시종일관 통일은 외세와의 공조를 배격하고 민족 공조를 통한 자주적이고 평화적으로 추진되어야 한다는 점을 강조했다. 물론 여기서 북한이 강조하고 있는 자주와 민족 공조는 남한에 주둔한 미군 철수를 겨냥한 것이다.

사실 통일 논의 과정에서 민족과 자주 및 평화 개념은 오랫동안 북한이 선점했다. 남한이 정부 차원에서 민족과 자주와 평화담론을 통일 논의에 결부시킨 것은 냉전이 해소되면서 미·소, 미·중 간 화해가 남북이 예상하지 못했던 차원으로 이뤄지던 시기였다. 남북 모두 급격한 국제질서의 변화에 적응

---

16) 장석, 『김정일장군 조국통일론 연구』(평양: 평양출판사, 2002), 382쪽.

하는 과정의 일환으로 7·4남북공동성명이 나올 수 있었다.

이 성명에서 남북이 합의한 통일의 3대 원칙(자주, 평화, 민족대단결의 원칙)은 냉전체제하에서는 남북 간 합의가 쉽지 않은 사안이었다. 남북이 이러한 내용의 통일 원칙에 합의할 수 있었던 것은 한반도의 평화와 통일 문제가 당사자인 남북이 배제된 채 강대국들의 손에서 논의되고 처리될 수 있다는 위기감 때문이었다. 그러나 이 합의는 한반도 대내적·분단 구조의 본질적인 변화가 없는 상태에서 이루어진 일시적인 대응책이었기 때문에 제대로 이행될 수 없었다. 일종의 동상이몽의 부산물이었던 것이다.

앞서 언급한 바와 같이 이승만 정부는 철저하게 국가 중심적 패러다임에 입각한 통일정책을 추진했기 때문에 정부의 입장과 다른 통일 논의나 담론 형성을 철저하게 통제했다. 통일 논의가 사안의 성격상 일정 부분 체제나 이념 논쟁의 성격을 갖기 때문에 집권세력은 자신과 패러다임이 다른 통일 논의를 권력에 대한 도전이나 정치공세로 인식할 수밖에 없었다. 특히 민족중심의 통일담론은 이승만 정부의 반공정치를 정면으로 거스르고 북한의 통일담론을 지지하는 것이기 때문에 탄압의 대상이었다.

이런 상황에서도 일부 야당과 재야 혁신세력 및 소장파 국회의원들은 이승만 정부의 정책이 반통일적이라고 비판하면서 남북협상론과 교류 및 민주적 승리에 의한 평화통일론을 주장했다. 특히 진보당 당수인 조봉암의 평화통일론은 통일 문제를 체제 문제와 직결시킨 것이었다. 그는 국가우선주의적 패러다임에 기초한 무력통일은 실현성이 희박하다고 강조하면서 정치적 민주주의의 완전한 실현, 국민 생활의 향상과 중소기업의 보호 육성, 완전고용제 실시 등 혁신적인 정치와 진보적 정책의 과감한 실천을 통해서만 민주주의의 승리에 의한 통일을 성취할 수 있다고 주장했다.[17]

---

17) 조봉암, 「평화통일에의 길」, ≪중앙정치≫, 10월호(1957).

4·19혁명으로 집권한 장면 정부는 재야 혁신세력을 중심으로 최대한 주어진 시민적 자유를 등에 업고 남북협상론, 외세 배격, 남북교류, 중립화 통일 담론을 전개했고, 통일의 전제조건으로 남한 사회의 민주사회주의체제로의 전환을 주장하기도 했다.

이와 같은 현상은 특히 권위주의체제가 민주주의체제로 전환되는 과도기에 더욱 고조되는 양상을 보였다. 즉, 유신체제 붕괴 이후와 제5공화국의 전두환 정부가 제6공화국의 노태우 정부로 이행되는 과정에서 재야 진보진영의 민족우선주의적 패러다임에 기초한 통일담론은 논의의 수준을 넘어 운동 수준으로까지 이어졌다. 이들 진영에서 공통적으로 강조한 것은 7·4남북공동성명의 3대 원칙, 그중에서도 특히 자주통일 원칙과 민족대단결 원칙이다.

특이한 것은 김대중 정부가 출범한 이후에는 과거와 달리 현저하게 정부와 여당, 즉 집권세력이 민족우선주의적 패러다임을 중시하기 시작했다는 것이다. 오히려 보수 야당이 국가우선주의적 패러다임을 강조했다. 사실 김대중 정부는 재야 시절 본인이 입안한 3단계 통일방안과 전임 정부의 민족공동체통일방안이 있음에도 공식적으로 국가우선주의적 방식의 통일정책이나 방안을 제시하지 않았다. 당분간 평화적인 방식을 통한 단일국가체제로의 통일은 어렵다는 판단과 북한을 갈등과 극복의 대상보다는 공존공영의 대상으로 인식했기 때문이다.

김 대통령은 재야 시절 이미 "내 통일방안과 다른 것과의 차이는 목표는 뚜렷하지만 굉장히 현실적이라는 점"[18]을 강조했다. 그 근거로 자신의 3단계 통일방안에서 흡수통일이라는 오해를 살 수 있는 통일의 최종 단계(3단계인 1국가 1정부 실현 단계)보다는 평화공존과 평화교류를 통한 남북 연합(공화국연합제)의 실현(1단계)이 우선적 목표임을 들었다.

---

18) 김대중, 『공화국연합제』(학민사, 1991), 294쪽.

두 정부 시기에 개최되었던 남북정상회담의 결과물인 6·15남북공동선언과 10·4남북정상선언은 국가우선주의적 패러다임보다는 민족우선주의적 패러다임의 문제의식이 더 반영된 것이었다. 6·15남북공동선언 제1항(자주통일의 원칙)과 제2항(남측의 연합제와 북측의 낮은 단계의 연방제 사이의 공통성을 인정하면서 이 틀에서 통일을 추구해나간다는 원칙)은 7·4남북공동성명을 재확인하는 것이었다.

대체적으로 남한 사회 내에서 민족우선주의적 패러다임에 기초한 통일 논의는 7·4남북공동성명의 자주, 평화, 민족대단결의 원칙을 수용한다. 또한 분단체제의 어느 한 쪽 국가에 의한 흡수통일보다는 민족공동체의 형성과 민족의 통일을 더 강조한다. 이 패러다임은 분단체제를 해소하기 위해서는 체제와 이념 간 갈등 해소뿐 아니라 한반도 주변 강대국과 연계된 민족의 문제를 해결하는 것이 무엇보다도 중요하다고 본다.[19]

요컨대 이 패러다임은 한반도 분단체제의 해소와 통일을 위해서는 국제적 역량을 키우는 것에 앞서 남북의 자주적인 민족역량을 강화시켜 나가야 한다고 강조하는 것이다.

---

19) 이에 대한 자세한 논의는 도진순, 『한국민족주의와 남북관계: 이승만, 김구 시대의 정치사』(서울대학교 출판부, 1997), 352~355쪽 참조; 도진순은 미·소 간 냉전체제가 해소된 상황에서 여전히 한반도의 분단체제가 유지되는 것은 한반도 분단체제에 체제 문제 외에도 민족 문제가 강력한 유산으로 남아 있기 때문이라고 지적한다. 그는 한반도의 분단체제가 지니는 냉전체제적 요소는 점차 해소되고 미국의 동북아시아전략과 한반도라는 민족적 이해관계가 주도적 측면으로 부각되고 있음을 강조한다. 도진순은 여기서 미국의 봉쇄주의적 대한국정책 변화야말로 한반도의 분단체제를 해소하는 국제적 여건에서 가장 중요한 변수라고 지적한다.

4. 맺음말: 새로운 통일담론을 위해

한반도 분단 70년의 역사를 되돌아보면 분단체제가 해소되지 않는 한 이 땅에서 진정한 자주, 민주, 평화, 복지국가를 건설하는 것은 어렵다는 사실을 잘 알 수 있다. 따라서 민족의 통일 문제는 21세기 우리 민족에게 주어진 가장 중요한 정치적 프로젝트일 수밖에 없다.

바로 그러한 이유로 분단 이후 남북의 정권 담당자들은 모두 정도의 차이는 있지만 '통일'을 최대의 민족적 과업 또는 정치적 대의명분으로 내세우면서 체제의 정통성을 강화하고 국민(인민)을 동원하고 일체화시키는 정치적 기제로 활용했다. 이러한 현상은 미·소 간 냉전이 고조되고 한반도 문제의 국제적 성격이 강화됨으로써 한반도의 통일을 우리 민족 스스로 자주적으로 해결하기 어렵게 되자 역설적으로 더 심화되었다.

베트남 분단이 베트남, 프랑스, 미국이 연계된 민족 문제, 독일이 미국과 소련의 이념 및 체제 갈등, 대립 문제였던 것과 달리 한반도 분단은 체제, 이념 갈등과 우리 민족과 강대국이 연계된 민족 문제가 동시에 얽힌 더 풀기 어려운 구조다.

아직도 미국과 중국은 한반도의 통일이 자신의 영향력이 축소되거나 없어지는 결과를 초래하면 용인할 수 없다는 확고한 입장을 견지하고 있다. 한반도의 통일에 대한 미국의 입장을 상징적으로 보여준 것 중 하나는 빌 클린턴(Bill Clinton) 대통령과 북한의 조명록 총정치국장의 만남 이후 ≪뉴욕타임스(New York Times)≫가 '한반도의 통일은 아시아의 분단'이라는 요지로 게재한 칼럼이다.[20] 이 글은 제목에서 알 수 있듯이 한반도가 통일되면 중국 영

---

20) H. W. French, "The World: If Korea United, Will Asia Divide?", *New York Times*, October 15, 2000.

향권하의 통일한국과 미국과 일본이 대한해협을 두고 대치함으로써 한반도의 작은 분단에서 아시아의 대 분단으로 이어질 수 있는 위험성을 경고한다.

미국은 통일한국이 미국과 동맹관계를 유지하는 비핵 국가이면서 자유민주주의와 시장경제를 지향해야 한다는 점을 강조한다. 특히 중요한 것은 통일한국이 미국의 가장 주요한 안보 국방 파트너로서 미국은 한국의 국방 구조와 목표에 대해 한국의 군부, 민간 지도자들과 긴밀하게 협조할 수 있어야 한다는 것이다.[21] 이것은 통일한국의 군과 안보가 미국과 긴밀하게 연계되어야 한다는 점을 상기시키는 것이다.

중국의 입장은 큰 틀에서는 미국과 유사하다. 하지만 반드시 통일한국이 중국 영향권하에 있어야 한다는 명시적 주장은 하지 않는다. 한반도 분단 이후 중국은 시종일관 한반도의 자주적·평화적 통일을 지지한다고 강조했다.[22]

여기서 중국이 말하는 자주적 통일은 통일의 주체가 남북이며 어떠한 외세(특히 미국)도 한반도 통일 문제에 개입하거나 영향을 미치지 말아야 한다

---

21) CSIS, "A Blue Print for U. S. policy toward the unified Korea A working group report of the CSIS international security program"(2002).

22) 1961년 7월 11일 베이징에서 체결된 북한과 중국 간 우호, 협조 및 호상원조에 관한 조약 6조는 "체약 쌍방은 조선의 통일이 반드시 평화적이며 민주주의적 기초 위에서 실현되어야 하며 그리고 이와 같은 해결이 곧 조선 인민의 민족적 이익과 극동에서의 평화 유지에 부합된다"라고 천명한다. 『조선중앙년감』(평양: 조선중앙통신사, 1962), 162쪽. 한반도 통일에 대한 중국의 입장에 대한 자세한 논의는 웡링창, "한반도의 통일과 중미 대립을 어떻게 볼 것인가?", 6·15남북정상회담 14주년 기념학술회의(통일, 6·15에서 길을 찾다) 논문집(2014년 6월); Sunny Lee, "Chinese Perspective on North Korea and Korean Unification", *KEI*, Academic Paper Series, Jan. 24, 2012; Jonathan D. Pollack, "China's Views on the Unification of the Korean Peninsula and US-China Relations", KRIS-Brookings Joint Conference on Security and Diplomatic Cooperation between ROK and US for the Unification of the Korean Peninsula, Jan. 21, 2014 참조.

는 의미다. 평화적 방법이란 어느 일방의 주도로 상대방을 강제(전쟁 또는 인위적인 체제 붕괴 시도)로 병합하거나 흡수하는 통일을 반대한다는 것이다. 한마디로 남한과 북한이 화해 협력을 통해 공존하면서 서로 동의할 수 있는 범위 내의 통일이어야 하는 것이다. 특히 중국은 한반도 통일을 위해 우선적으로 주한 미군 철수와 미국의 군사적 영향력을 배제해야 한다고 강조한다.[23]

이러한 사실을 고려할 때 아직도 미국과 중국은 모두 자국의 영향력을 관철시킬 수 없는 한반도의 완전한 통일(one Korea)보다 안정적인 두 개의 한반도 정책(two Korea)을 선호한다. 미·중 관계의 특성상 미국에도 좋고(benign to U. S.) 중국에도 좋은(benign to China) 통일정책은 존재하기 어렵다. 남북 또한 이러한 강대국의 정책을 무력화할 수 있는 수준의 신뢰와 교류협력을 토대로 획기적인 관계 개선을 할 수 있는 국내적 조건을 갖추지 못했다.

이러한 통일의 국내외적 조건들을 고려할 때 이 시점에서 단일국가방식의 평화통일은 사실상 불가능하다. 그럼에도 국가우선주의적 패러다임에 입각한 단일국가체제로의 통일을 추구한다는 것은 통일보다는 국내용 통일정치 게임일 공산이 크다. 현재로서는 그러한 방식의 통일은 상대방을 강제로 굴복시키는 무력통일이 아니면 불가능하기 때문이다. 설령 북한의 붕괴나 무력에 의한 흡수통일이 가능하다고 해도 그것은 내적 식민지화 현상과 국가

---

23) 가오펑(高峰)은 철혈(鐵血) 칼럼(2013. 7. 30)에서 만약 한국이 한반도의 최종 통일을 주도하고 동북아시아 안전 프레임의 안정을 실현하고 싶다면 먼저 미군을 한반도에서 내보내 국제정치, 군사 안전전략에서 완전히 자주 독립을 실현해야 한다고 말했다. 미국의 대아시아 회귀전략 전제하의 중국 입장에서 보면 안전과 관련해서 미군이 주둔하고 미국에 완전 복종하고 의존하는 한반도 국가와 이웃하는 것은 어떠한 긍정적 측면도 없다. 이론상으로는 차라리 한반도가 현황을 유지하는 것이 더 나을 것이다. 중국이 한국 주도의 통일을 지지하기 위해서는 한반도에서 미군의 완전한 철수가 이루어져야 한다고 강조한다. 웡링창, "한반도의 통일과 중미 대립을 어떻게 볼 것인가?", 13쪽에서 재인용.

통합의 실패로 인한 또 다른 차원의 분단으로 비화될 수도 있다.

사실 같은 민족이지만 체제와 이념이 달라 갈등과 대결 상태에 있는 남북이 권력 차원(정치, 군사영역)에서 공유할 수 있는 이익은 아예 없거나 매우 협소할 수밖에 없다. 갈등과 대결의 본질이 군사 대결이 아니라 누가 더 한반도 사회 구성원들의 지지를 받는 정통성 있는 체제와 이념을 보유한 국가인가 경쟁하는 정치 대결이기 때문이다. 바로 이와 같은 사실 때문에 남북 간 평화통일은 통일 이후 남북의 권력이 함께 할 수 있는 정치 공간이 있을 때 비로소 가능한 것이다. 물론 그러한 공간은 남북의 체제와 이념의 상용도(compatibility)가 높아질 때 마련될 수 있다.

따라서 여전히 체제와 이념이 현격하게 다른 남북의 현실적인 통일 논의는 통일이 반드시 단일국가체제를 수립하는 것만을 의미하는 것은 아니라는 인식의 전환이 있을 때만 시작할 수 있다. 즉, 일방의 소멸로 이어질 수 있는 정치적·군사적 통합을 전제로 하는 국가 통합보다는 비교적 용이하게 공동 이익과 융합의 공간을 만들 수 있는 사회문화와 경제 영역의 통합을 통한 민족공동체의 건설을 통일로 보는 것이다.

이러한 통일 담론이 보편화된다면 완강하게 버티고 있는 남북의 강고한 분단국가체제를 당장 허물지 않으면서도 일정 영역에서 두 분단국가가 동의할 수 있는 수준의 민족공동체를 만들 수 있다. 함택영이 적절하게 지적했듯이 현 수준에서 "남북한이 선택할 수 있는 대안은 시장의 논리와 (민족)공동체의 논리를 변증법적으로 종합하는 길이다".[24] 남북은 이미 정상회담을 통해 체제와 이념의 통일은 매우 어렵다는 사실을 인정하면서 연합과 낮은 단계의 연방제의 접점을 모색한 경험이 있다.

---

24) 함택영, 「남북한 통합 과정 모델 비교분석」, 《한국과 국제정치》, 제14권 제2호 (1998), 196쪽.

참고문헌

1. 국내 문헌

구갑우. 2005. 「남북관계의 이론틀: 분류와 비판」. 경남대학교 북한대학원 엮음. 『남
　　북관계론』. 한울.

김경원. 1973. 「한국문제와 유엔의 기능: 국제적 체제분석」. 아세아문제연구소 편. 『한
　　국통일의 이론적 기초』. 고려대학교출판부.

김대중. 1991. 『공화국연합제』. 학민사.

김동성. 1977. 「바람직한 통일논의의 방향 모색」. 한국국제정치학회 통일학술회의 발
　　표 논문.

김동춘. 1994. 「'국제화'와 한국의 민족주의」. ≪역사비평≫, 계간27호(1994년 겨울호).

김학준. 1985. 「한국사회의 변화와 국민의 남북통일관의 변화: 제1공화정으로부터 제
　　5공화정까지」. 『남북한관계의 발전과 갈등』. 평민사.

노중선 편. 1985. 『민족과 통일 II(자료편)』. 사계절.

도진순. 1997. 『한국민족주의와 남북관계: 이승만, 김구 시대의 정치사』. 서울대학교
　　출판부.

_____. 2001. 『분단의 내일 통일의 역사』. 당대.

서중석. 1995. 「이승만과 북진통일: 1950년대 극우 반공독재의 해부」. ≪역사비평≫,
　　계간29호(1995년 여름호).

왕링창. 2014. 6. 「한반도의 통일과 중미 대립을 어떻게 볼 것인가?」. 6·15남북정상회
　　담 14주년 기념학술회의(통일, 6·15에서 길을 찾다) 논문집.

조봉암. 1957. 「평화통일에의 길」. ≪중앙정치≫, 10월호.

최완규. 1988. 「Icarus의 비운: 김영삼 정부의 대북정책 실패요인 분석」. ≪한국과 국
　　제정치≫, 제14권 제2호(가을/겨울호).

함택영. 1998. 「남북한 통합 과정 모델 비교분석」. ≪한국과 국제정치≫, 제14권 제2
    호(가을/겨울호).

황일도. 2009. "MB 정부 안보정책에 드리우는 정무 홍보 파워". ≪신동아≫, 10월호.

연합뉴스. 2009. 8. 22.

2. 북한 문헌

장석. 2002. 『김정일장군 조국통일론 연구』. 평양: 평양출판사.

조선중앙통신사. 1962. 『조선중앙년감』. 평양.

_____. 1992. 『조선중앙년감』. 평양.

허종호. 1975. 『주체사상에 기초한 남조선혁명과 조국통일리론』. 평양: 사회과학출
    판사.

≪로동신문≫. 2000년 6월 14일 자. 평양.

3. 외국 문헌

CSIS. 2002. "A Blue Print for U. S. policy toward the unified Korea A working
    group report of the CSIS international security program." Washington, D. C.

Howard W. F. 2000. 10. 15. "The World: If Korea United, Will Asia Divide?" *New
    York Times*.

Jonathan D. P. 2014. 1. 21. "China's Views on the Unification of the Korean
    Peninsula and US-China Relations." KRIS-Brookings Joint Conference on
    Security and Diplomatic Cooperation between ROK and US for the Unification
    of the Korean Peninsula.

Sunny Lee. 2014. 1. 24. "Chinese Perspective on North Korea and Korean
    Unification." *KEI*, Academic Paper Series.

제2장

통일 대비와 분단 관리를 넘어서

_ 통일방안을 다시 생각하다

김학성 | 충남대학교 정치외교학과 교수

1. 머리말

통일방안은 한반도 통일의 당위성을 전제로 삼는다. 하지만 냉전 시기 남
북이 경쟁적으로 제시했던 통일방안에는 실현 가능성보다 각자의 희망이나
기대가 더 큰 비중을 차지했다. 이러한 탓에 당시의 통일방안은 남북 간 체
제 경쟁의 도구적 성격을 강하게 나타냈다. 그러나 냉전 종식과 더불어 큰
변화가 발생했다. 통일방안이 더 이상 통일 논의의 전면에 나서지 않았으며,
2000년 남북정상회담을 통해 통일방안의 경쟁을 종식시키려는 남북 당국의
의지가 표명되기도 했다. 실제로 한국 정부는 '민족공동체통일방안' 발표 이
후 통일방안을 세련화하려는 어떠한 공식적인 노력도 하지 않았고, 그 대신
'햇볕정책', '평화번영정책', '상생공영정책', '한반도 신뢰 프로세스정책'과 같
은 상징적인 명칭의 대북·통일정책을 경쟁적으로 제시함으로써 당위성보다

실천전략에 초점을 맞추었다.

주지하다시피 김대중 정부의 햇볕정책은 긴 호흡을 가지고 북한의 변화를 유도함으로써 후유증이 적고 효율적인 통일을 이루려는 의지하에 이른바 '분단의 평화적 관리'에 중점을 두었다. 그렇지만 햇볕정책의 실천전략을 둘러싼 이념적 시각 차이가 '남남갈등'으로 비화되었고, 특히 '6·15남북공동선언'의 제2항과 맞물리면서 통일방안을 둘러싼 이념적 논쟁이 새삼스럽게 전개되기도 했다. 2008년 다시 집권한 보수정부는 야당 시절 햇볕정책에 반대했던 만큼 대안적 대북·통일정책을 모색하면서 새로운 통일방안의 필요성을 제기하기 시작했다. 여기에는 크게 두 가지 이유가 거론된다. 하나는 햇볕정책이 추진되었던 10여 년간 국민 사이에 통일 후유증에 대한 우려가 증가하면서 통일 자체에 대한 관심이 급속도로 줄어들었다는 것이고, 다른 하나는 북한체제의 불안정이 가속화됨에 따라 조만간 붕괴될 가능성이 높아졌기 때문에 적절한 '통일 대비'가 시급하다는 것이다.

당시 새롭게 대두되었던 통일방안에 관한 논의는 주로 '민족공동체통일방안'에 대한 비판적 검토와 통일 비전 및 대안을 제시하는 방식으로 전개되었다. 대체로 그 논의들은 단지 북한의 변화뿐 아니라 '민족공동체통일방안'이 제시되었던 20년 전과 비교해 달라진 한국 사회의 내적 현실과 한층 성장한 한국의 국제적 위상, 세계화 등 세계질서의 변화 및 전망, 그리고 통일한국의 미래상 등을 출발점으로 삼았다. 박근혜 정부 출범 이후에도 약간의 뉘앙스 차이가 있긴 하지만 '통일대박론'에 입각한 '통일 준비'가 강조되면서 통일방안의 수정·보완 요구가 지속되고 있다.

그러나 통일방안을 수정·보완하는 작업은 결코 쉽지 않을 듯하다. 논의의 다양성 탓에 현실적으로 '(한)민족공동체통일방안'을 탄생시켰던 당시와 같은 정치적·국민적 합의를 기대하기가 거의 불가능해 보이기 때문이다. 특히 '분단 관리'와 '통일 대비'라는 양극의 시각이 대립·경쟁하는 상황이기 때문에 더욱 그러하다. 따라서 이 글에서는 양 시각의 차이를 정치화된 대립 구도 속에서 비교한 후 이 맥락에서 통일방안의 수정·보완에 관한 논의를 살펴보고, 그 방향을 생각해보고자 한다.

2. 통일 대비와 분단 관리의 주요 관점 비교[1]

통일 대비와 분단 관리는 각각 폭넓은 지지층을 가지고 있다. 대체로 햇볕정책에 찬성하거나 우호적인 진보 및 중도세력은 분단 관리를, 햇볕정책에 반대했던 보수 및 중도세력은 통일 대비를 지지한다고 볼 수 있다. 박근혜 정부는 '원칙과 포용의 균형'을 내세워 양 시각의 화해를 시도하는 듯하지만 '통일 준비'에 대한 강조에서 보듯이 통일대비론에 기울어 있다. 어쨌든 양 시각 사이에 경계선을 명확하게 긋기는 어렵다. 기본적으로 세계관 및 이념을 달리하는 양자의 시각 경쟁은 북한 및 분단 현실에 대한 인식, 통일 문제 및 통일방식에 관한 비전 및 전망, 한국의 통일역량 등 몇 가지 대표적인 현실적 사안에서 상이하다.

1) 북한체제의 생존 및 변화에 대한 인식

대북 인식과 관련해 양자의 가장 큰 차이는 북한체제의 생존 및 변화 여부에 대한 평가와 전망에서 나타난다. 애초 통일대비론의 기본 관점은 탈냉전 진입 시기 북한체제가 처한 내외적 난관과 대응방식을 경험하면서 형성된

---

1) 이 절의 내용은 김학성, 「대북통일정책의 변증법적 대안모색: '통일대비'와 '분단관리'의 대립을 넘어서」, ≪정치정보연구≫, 제15권 제1호(2012)를 기반으로 수정·보완한 것이다.

것이다. 북한체제의 위기 상황에 대한 한국의 주 관심은 북한체제 붕괴가 경착륙이 아닌 연착륙할 수 있을지, 그 방향으로 유도할 수 있을지, 또는 어떠한 경우에도 북한 붕괴에 효율적으로 대응할 수 있을지에 집중되었다. 이에 따라 노태우 정부와 김영삼 정부는 남북통합 대비 계획 또는 북한 급변사태에 대한 대비책을 강구하기 시작했다.

탈냉전 초기에는 통일에 대한 기대나 희망이 북한 붕괴에 대한 전망으로 자연스럽게 연결되었으나, 독일의 통일 후유증, 특히 통일비용의 문제가 알려지면서 급격한 통일 가능성에 대한 적지 않은 우려도 있었다. 어쨌든 여러 어려움이 있긴 하지만 북한체제가 지속됨에 따라 한편으로 북한체제의 내구력에 대한 연구와, 다른 한편으로 '내재적·비판적 방법론'을 통해 북한체제가 조만간 붕괴하지 않을 이유가 다각도로 규명되기도 했다.

북한체제 급변에 대한 우려와 예상치 못한 내구력은 실제로 분단관리론에 더욱 큰 힘을 실어주었다. 특히 햇볕정책은 통일 대비보다 분단의 평화적 관리가 더욱 시급하다는 논리를 확산시키는 데 결정적 역할을 했다. 분단관리론은 일차적으로 '흡수통일'을 배제하고, 북한을 동반자로 대우함으로써 평화공존을 통한 남북교류·협력의 활성화를 도모하는 데 역점을 둔다. 남북관계의 개선은 대북 관여정책을 가능하게 할 뿐 아니라 북한 정권이 체제 생존의 자신감을 가지고 점진적으로 변화할 수 있게 만들 수 있다고 확신하기 때문이다. 다만 그 과정은 중장기적인 시간을 필요로 하기 때문에 인내력이 절대적으로 요구된다. 특히 생존전략에 몰두한 북한 정권이 "햇볕을 쬐어서 옷을 벗기려는 의도"를 매우 경계하며 전략적으로 대응할 것이 분명하기 때문에 더욱 그러하다.

햇볕정책이 추진되었는데도 실제로 남북관계의 '제도화'는 요원하고 오히려 북한은 핵무기 개발을 하는 등 가시적 변화를 보여주지 않음에 따라 통일 대비론이 다시 떠오르게 되었다. 즉, 이명박 정부 출범 이후 북한의 변화를 강요하는 정책을 비롯해 북한체제의 내적 붕괴 가능성을 포함하는 새로운 정책적 패러다임으로 통일대비론이 재점화되었다.[2] 이명박 정부의 통일대비론은 1990년대의 그것과 외형적으로는 유사하지만 배경 및 논리에서 차이가 있다. 그동안의 경험을 통해 북한체제의 급변이 그리 쉽지 않다는 점을 인정한 것이다. 그럼에도 급변사태를 염두에 두는 이유는 대체로 급변 가능성이 갑자기 증대된 탓이라기보다 개선의 여지가 없는 북한 내부의 불안정 탓에 언제든 발생할 수 있기 때문에 대비할 필요성이 있다는 것이다.

이와 같이 시각이 상이하긴 하지만 흥미로운 공통점도 있다. 예외가 없지는 않으나 무엇보다 양자 모두 대체로 북한체제의 내구력을 부인하지 않는다는 것이다. 또한 북한체제의 급변 가능성을 항상 열어두고 있다. 물론 통일대비론에서는 이를 공론화하는 반면, 분단관리론에서는 북한의 반응을 고려해 철저하게 대외비로 하는 등의 차이가 있을 뿐이다. 나아가 한국의 정책이 북한체제의 변화를 직접적으로 유도하거나 촉진할 수 있다는 공통된 확신을 가지고 있다. 다만 변화의 구체적 대상, 범위, 성격 등을 두고 시간적 계산이 다를 뿐이다.

2) 분단 인식 및 통일 전망

1970년대 초반 남북대화가 시작된 이래 한국 정부는 공식적으로 기능주의적 접근에 입각한 평화통일을 고수했다. 1989년에 제시된 '한민족공동체 통일방안'은 그러한 접근의 결정체로서 이후 모든 정부의 대북·통일정책에

---

2) 이와 관련된 저술로는 다음을 참조. 조민 외, 『통일대계 탐색연구』(통일연구원, 2009); 한반도선진화재단, "통일 준비: 누가, 무엇을, 어떻게"(통일 준비 전문가 세미나, 2010. 12. 7); 통일연구원, 『분단 관리에서 통일 대비로』(통일연구원, 2010).

서 이를 수용했다. 그럼에도 1990년대 후반 이래 각 정부의 대북·통일정책은 추진 과정에서 분명한 차이를 보였으며, 심지어 대립하기까지 했다. 그 배경에서 분단 현실과 통일 전망에 대한 상이한 인식이 중요한 역할을 했다.

통일대비론의 분단 인식은 기본적으로 반공주의에 기초를 둔다. 냉전이 종식된 이후에는 자유민주주의와 시장경제체제의 승리가 조속하게 한반도에도 적용되어야 한다는 신념을 가지고 분단 현실을 바라보았다. 이렇듯 간결하며 냉전의 연장선상에서 명확한 적 개념을 가진 통일대비론은 변하지 않으려는 북한 정권에 대해 단호한 입장을 표명한다. 비록 대화를 통한 문제해결 원칙을 인정하지만, 대화나 협상은 항상 힘의 우위를 바탕으로 해야 한다는 것이다. 힘과 안보를 중시하는 분단 인식 탓에 탈냉전 시기 동북아시아의 국제질서가 변화한 상황에서도 북한의 위협이 지속되는 한 미국과의 동맹이 대외정책의 우선순위를 차지한다. 특히 북·중관계가 유지 및 강화되는 현실에서 한미동맹의 중요성은 더욱 강조된다.

통일대비론은 대체로 한반도 분단의 현상 변경(통일)에 적극적인 입장을 취한다. 비록 현실적으로 통일이 단기간 내 실현될 것이라고 확신하지는 않지만, 통일환경 변화에 대한 적극적 적응과 한국 주도의 통일에 대한 당위성과 타당성을 강조하는 의미에서 통일 대비가 강조되어야 한다는 논리다. 즉, 통일에 대한 국민적 무관심과 통일 후유증 및 비용에 대한 우려를 극복하고 통일에 대한 능동적 태도를 가지게 만들어 철저한 준비는 물론이고 통일의 시기를 앞당기자는 것이다.

분단관리론의 분단 인식은 통일대비론에 비해 좀 더 복잡하며 심지어 통일적이지도 않다. 여기에는 크게 두 가지 인식이 서로 경쟁한다. 한편에서는 민족주의적 시각에서 남북은 하나이기 때문에 자주적 통일의 당위성을 강조하며, 다른 한편에서는 상호 적대적 의존관계를 형성한 '분단체제'라는 개념으로 남북관계를 규정한다. 특히 후자는 남북의 기득권세력이 민족주의를 내세워 각자의 체제를 중심으로 타자를 흡수하는 통일을 표방하면서 역설적으로 각자의 정권을 유지하는 적대적 의존관계를 맺었다고 주장한다. 그리고 이러한 의존관계에서 생성된 '분단체제'는 세계적 냉전 해체 상황에서도 한반도가 냉전을 극복하지 못하는 근본 원인을 제공한다고 생각한다.[3] 이러한 차이가 있긴 하지만 대북정책의 기본 방향은 대화와 교류를 통한 화해·협력으로 모아진다.

통일 전망에 대한 분단관리론의 입장은 통일대비론에 비해 그리 명확하지 않다. 분단관리론은 통일보다 평화에 중점을 두고, 한반도에 평화가 정착해 남북 주민들이 자유롭게 상호 방문할 수 있는 상태를 '사실상 통일'이라 표현함으로써 먼 미래의 통일에 대해 열린 태도를 보인다. 즉, 분단관리론에서 통일은 남북관계 개선의 과정으로 이뤄지는 것이다.[4]

이상과 같은 양 시각의 차이를 요약하면 통일대비론은 힘의 우위를 바탕으로 적극적이고 주도적인 '통일 준비'를 갖추어갈 때 북한체제를 효과적으로 변화시킬 수 있을 뿐 아니라 한반도에서 현상 유지를 선호하는 주변 강대국들의 입장도 바꿀 수 있다고 믿는다. 이에 반해 분단관리론은 북한체제의 내구력과 동북아시아 국제환경을 고려해 당분간 기대할 수 없는 한반도 통일에 집착하기보다 평화 정착에 주력함으로써 영토적 통일은 아니더라도 인적 왕래가 자유로운 '사실상 통일'을 달성하는 것이 우선 과제라고 본다.

이 맥락에서 통일 대비는 대북정책과 통일정책을 불가분의 관계로 봐야 한다는 입장이고, 분단 관리는 대북정책과 통일정책의 분리를 사실상 인정하는 입장이다. 그러나 양자의 차이가 단순히 이념이나 현실 인식의 차이에

---

3) 백낙청, 「분단시대의 최근 정세와 분단체제론」, ≪창작과 비평≫, 제22권 제3호(1994).
4) 김연철, 「대북정책과 통일정책의 상관성: '과정으로서의 통일'과 '결과로서의 통일'의 관계」, ≪북한연구학회보≫, 제15권 제1호(2011) 참조.

만 기인하는 것은 아니다. 차이는 현상 변경을 향한 실천 의지와 현상 변경이 가져올 미래에 대한 기대가 서로 다름에서도 나타난다. 통일대비론은 통일의 시점이나 통일한국의 모습이 한국의 노력 여하에 달려 있다고 보는 반면, 분단관리론은 외부적 압력으로 북한체제가 붕괴될 가능성이 높지 않으며, 만약 내적 붕괴로 통일이 급격히 이뤄질 경우 필연적으로 엄청난 통일 후유증을 겪게 될 것이라고 본다.

3) 한국의 통일역량 평가

양 시각은 한국이 통일의 길을 주도적으로 개척하거나 통일을 감당할 역량이 충분한지에 대한 평가에서도 엇갈린다. 통일역량 평가는 크게 세 가지 구체적인 질문으로 비교할 수 있다. 첫째, 북한의 개혁개방 또는 체제 변화를 유도할 수 있는 역량은 어느 정도인가? 둘째, 현상 유지를 선호하는 주변 강대국이 한국 주도적 현상 변경에 동의할 수 있게 할 통일외교역량은 충분한가? 셋째, 통일비용을 감당할 역량이 충분한가?

첫 번째 질문과 관련해 방법론적 차이는 있지만 양자 모두 소기의 성과를 거둘 수 있는 역량이 어느 정도 있다고 본다. 통일대비론은 북한 변화를 위한 정치적 압력수단으로 한국의 경제적 역량을 사용할 필요가 있다고 말한다.[5] 문제는 주변 강대국의 대북 지원이 그 효과를 상쇄시킬 가능성이다. 그럼에도 통일대비론은 북한의 폐쇄성과 도발이 지속될수록 통일외교를 통해 그 문제를 해결할 수 있는 여지도 증가할 것이라고 믿는다. 여기서 한 가지

[5] 박종철, 「대북포용정책과 상생공영정책의 비교: 도전과 전략적 선택」, 통일연구원 주최 건국 60주년 기념 통일 심포지엄(2008. 7. 18) '이명박 정부 대북정책 비전 및 추진 방향' 발표 논문, 34쪽.

생각할 것은 북한이 한국에 경제적으로 일정 부분 의존하고 경제 지원에 대한 기대감을 갖게 하기 위해 먼저 남북관계가 개선되고 교류·협력이 활성화되어야 한다는 점이다. 그럴 때 비로소 한국의 경제력이 지렛대로 작용할 수 있다.

이와 달리 분단관리론은 정경분리의 원칙하에 대북 지원 및 협력을 통해 북한 변화를 촉진시킬 수 있는 여건을 마련하고 확장하려 한다. 그러나 북한 정권의 변화 의지가 불투명하며, 변화의 속도가 기대에 전혀 못 미칠 뿐 아니라 대량살상무기를 지속적으로 개발하는 현실에서 북한에 대한 지원이나 투자가 전폭적으로 이루어지기 어려운 것이 문제다. 따라서 그 목표를 향한 실제 한국의 역량은 충분하지만 단기적으로는 역량 발휘에 제약을 받아 중·장기적이고 점진적으로 투사될 수밖에 없다는 현실적 한계가 있다.

둘째, 통일외교역량의 경우 통일대비론이 분단관리론보다 상대적으로 긍정적이고 적극적인 태도를 보인다. 양자 모두 현 상황에서 주변 강대국들이 한반도 현상 유지를 강력하게 선호하고 있다는 사실을 인정한다. 그렇지만 통일대비론은 이들의 현상 유지에 대한 선호를 적극적으로 변화시키는 외교를 추진하는 것에 강조점을 둔다. 이를 위한 일차적 기반을 한미동맹에서 찾는다. 한미동맹을 근간으로 지역국가와의 협력 강화를 통해 상호 이해와 신뢰를 구축함으로써 이들 국가로 하여금 한반도 현상 변경이 결코 자국의 이익과 지역의 평화 및 번영에 부정적인 영향을 미치지 않는다는 사실을 확신시키겠다는 의지를 강하게 보인다.

통일대비론이 '통일 획득외교'의 맥락에서 통일외교를 중시했다면, 분단관리론에서 통일외교는 '분단 상황 관리외교'의 의미를 강하게 띤다. 분단관리론은 한국에게 강대국들의 역학관계에 의존하는 동북아시아 지역질서를 주도적으로 변경시킬 수 있는 능력이 없는 현실에 주목하고, 현재 동북아시아 국제질서의 평화적 정착에 외교적 역점을 둔다. 일단 한반도에 평화가 정착되면 기능주의적 변화에 의해 장기적으로 한반도 현상 변경을 위한 기반이 마련될 수 있다고 확신한다. 그러나 햇볕정책과 평화 번영정책의 추진 과정에서 미국 정부와의 정책 갈등은 분단 상황 관리외교역량에도 한계가 있음을 보여주었다. 어쨌든 통일외교의 중점이 서로 다르기는 하지만 통일대비론과 분단관리론 모두 각각 의욕적으로 표명한 목표를 이루기에 충분한 정책역량을 아직까지 제대로 증명하지는 못했다.

셋째, 통일을 감당할 수 있는 경제적 역량에 대한 통일대비론과 분단관리론의 시각 차이도 적지 않다. 물론 양자 모두 북한이 경제난을 극복하지 못한 상태에서 통일이 이루어지면 통일비용의 부담이 크다는 사실을 잘 알고 있다. 막대한 통일비용을 비롯한 통일 후유증은 분단관리론의 정당성을 뒷받침하는 주요 논리적 근거 중의 하나로 손꼽힌다. 이에 비해 통일대비론은 통일비용의 개념이 너무 과장되었다고 주장한다. 통일이 되면 비용만 드는 것이 아니라 분단으로 인한 비용이 차감되고 통일로 인한 편익도 발생한다는 점을 간과하고 있다는 것이다. 또한 처음 얼마동안은 비용이 증가할 것이나 이후에는 통일의 시너지 효과를 통해 오히려 경제적 이득이 커질 수 있다고 주장한다.[6] 통일대비론은 여러 근거를 바탕으로 통일비용 문제는 그리 심각한 문제가 아니며 한국의 경제발전 능력으로 충분히 감당할 수 있다고 인식한다. 이러한 논리는 경제학적으로 의미를 가질 수는 있으나 통일 후 남북의 경제 수준 격차가 좁혀지지 않을 때 발생할 상대적 빈곤의 정치사회적 문제까지 충분히 고려했는지는 여전히 의문스럽다.

---

6) 권구훈, 「남북통합: 경제적 시너지 효과」, 『분단 관리에서 통일 대비로』(통일연구원, 2010).

3. 새로운 통일방안에 대한 논의와 문제점

지난 몇 년간 통일방안을 둘러싸고 새롭게 제시된 견해들[7]은 대체로 몇 가지 공통점을 보인다. 우선 '민족공동체통일방안'이 만들어진 지 오래된 탓에 현실에 맞게 수정·보완될 필요가 있다는 것이다. 무엇보다 남북의 체제 경쟁적 의미를 가졌던 당시와 비교해 많이 변화된 남북관계와 북한의 현실이 기존의 통일방안에 충분히 반영되지 못했으며, 민족 개념을 강조함으로써 변화된 세계질서 및 그 변화의 방향과 괴리를 보이고, 나아가 재통일에 초점을 맞추는 국가 중심의 통일 논의를 넘어 통일한국의 미래상에 부합하는 정치공동체의 원리를 고려할 필요가 있다는 것 등이 그 이유로 제시된다. 또한 이를 근거로 단계적 접근 및 단계별 제도적 구상을 좀 더 구체화하거나 현실지향적으로 수정할 필요성이 강조된다.

통일방안에 현실 변화를 반영해야 한다는 주장은 설득력이 있다. 문제는 어떠한 현실 변화가 어느 정도 반영되어야 할 것인지에 관한 것이다. 앞에서 언급했던 양대 시각이 생각하는 현실 변화와 반영 수준은 분명히 다르기 때문에 더욱 그러하다. 더욱이 현실성의 측면에서 통일방안은 대북·통일정책과는 다르다. 후자는 현실성이 생명이지만 전자는 불투명한 미래 전망 속에서 한국이 희망하고 추구하고자 하는 미래 통일의 과정을 나름의 원칙을 바탕으로 구상한 것이기 때문에 현실성의 문제는 부차적이다. 물론 통일방안이 대북·통일정책의 기본 방향을 제시하는 역할을 하기 때문에 상상 가능한 현실을 포괄적으로 수용할 필요는 있으나, 통일방안의 일차적 존재 이유가

---

7) 이와 관련한 대표적인 견해는 다음의 저술 참조. 박명규, 「새로운 통일론의 필요성과 문제의식」, 『연성복합통일론』(서울대학교 통일평화연구소, 2010); 박종철, 「대북포용 정책과 상생공영정책의 비교: 도전과 전략적 선택」; 조민 외, 『통일대계 탐색연구』; 한반도선진화재단, "통일 준비: 누가, 무엇을, 어떻게".

특정 원칙 아래 불확정적인 미래의 통일 과정을 진전시키는 길 안내자의 역할에 있다는 점을 항상 염두에 두어야 할 것이다.

새로운 통일방안 논의는 몇 가지 수정해야 할 구체적인 문제들을 제기한다. '민족공동체'라는 명칭 변경을 비롯해 통일 과정에서 단계 세분화와 남북 차이 및 국제환경의 반영, 통일한국의 정치체제와 관련한 지방분권적 연방제의 도입 등이다. 이들 문제를 과연 국민적 합의에 따라 해결할 수 있을지 매우 의문스럽다. 앞에서 언급했듯이 한국 사회에는 '민족' 개념에 대한 서로 다른 생각들이 존재할뿐더러 민족주의에 목을 매는 북한 정권의 입장을 감안하면 '민족공동체'를 수정하는 일은 결코 쉽지 않을 것이다. 또한 통일 과정에 대한 문제도 '과정으로서의 통일'과 '결과로서의 통일'이 맞서고 있는 상황에서 쉽게 합의에 이르기 어려울 것이고, 통일방안에 국제환경 변수를 반영하는 것도 '자주'나 '자결'의 원칙과 어떻게 조화를 이룰 수 있을지 의문이다. 지방분권적 연방제를 통일한국의 정치체제로 삼자는 제안도 북한의 연방제와 어떻게 차별화될 수 있을지, 또한 북한이 이를 수용할 것인지 등의 의문을 분명하게 해소하기 어렵다.

4. 맺음말: 양 시각의 대립을 넘어서는 대안적 통일방안의 모색

'민족공동체통일방안'은 애초에 중·장기적 통일 시기를 상정하고 점진적·단계적 통일을 염두에 두었다. 점진적·단계적 통일의 추진은 분단 현실상 단기간 내에 통일이 실현될 가능성이 높지 않은 현실에서 평화적 현상 유지나 분단 관리가 우선이라는 판단에서 나온 것이다. 그 만큼 통일대비론이 새롭게 제기하는 문제는 주로 기존 통일방안의 추진 속도와 단계적 과정에 집중된다.

추진 속도를 점진적으로 해야 한다거나 또는 서둘러야 한다는 주장은 각각 상이한 가정에 근거를 둔다. 분단관리론은 점진적·단계적으로 남북관계의 접촉면을 넓히고 교류·협력을 심화하면 북한의 변화가 촉진될 것이라는 가정을, 통일대비론은 북한을 정치·군사·경제적으로 압박하면 불안정한 체제가 더욱 동요해 내부 변화가 빨라질 것이라는 가정을 각각 전제로 한다. 그러나 역사적 사례들은 두 가정이 모두 현실적이지 않을 수 있다는 것을 보여준다. 즉, 냉전 시기 소련 및 동독 사회에 대한 미국과 서독의 영향을 각각 되돌아보면 공산독재체제는 유화든 강압이든 외부적 영향에 단기적으로 좌우되지 않으며, 기본적으로 그들의 체제 내적 논리에 따라 변화했다는 사실을 확인할 수 있다. 외부의 영향은 간접적이고 누적적으로 그러한 내적 변화에 스며들기 때문에 명확한 데이터로 제시될 수 있는 인과적 증거를 찾기란 결코 쉽지 않다. 이는 과거 남북관계가 북한 내부의 변화에 따라 어떻게 작용했는지를 생각하면 더욱 분명해진다.

이처럼 통일 과정의 추진 속도에 관한 논쟁은 실제로 큰 의미를 갖지 못하기 때문에 현실과 한국의 목표 및 기대를 모두 포괄할 수 있는 대안이 요구된다. 이와 관련해 현재 남북관계가 제도적 안정을 확보하지 못하는 상황(또는 화해 협력 단계)에서는 점진적인 속도를 유지하되 일단 제도화가 이루어지면 속도를 차츰 높이는 가속의 방식이 고려될 수 있다. 물론 경우에 따라 속도는 더 느려질 수도 있을 것이다. 어쨌든 등속이 아닌 가속과 지체의 개념을 도입한 통일 추진 과정은 분단관리론과 통일대비론을 모두 수용할 수 있는 대안이 될 수 있으며, 심지어 급변사태로 인한 통일도 포괄할 수 있다.

'민족공동체통일방안'의 통일 과정은 신기능주의적 통합 이론을 암묵적으로 수용한다. 구체적으로 언급되지는 않았지만 그 구상에는 남북 사이에 합의된 제도 통합이 남북 주민 간 접촉면 확대와 공동체 의식을 고양함으로써 문화 통합을 촉진시키고, 문화 통합 과정은 역으로 제도 통합의 방향을 결정하거나 또는 계획된 청사진에 따라 이를 가속화시킬 것이라는 전제가 깔려 있다. 그러나 남북통일에 신기능주의이론이 적용될 수 있을지는 매우 회의적이다. 무엇보다 유럽 통합을 설명하기 위한 이론인 신기능주의는 국가 통합을 위한 전제조건으로 체제의 유사성을 내세우기 때문에 남북과 같은 상이한 체제를 가진 국가에는 적용하기 어렵다. 그뿐 아니라 외국의 통일 및 통합사례 역시 신기능주의적 통합 과정을 거쳐 통일에 이르는 과정이 현실적이지 않다는 사실을 보여준다. 예멘이나 독일 통일 사례를 보면 영토적·정치적 통일이 실현된 후에 통합 문제가 나타났을 뿐 아니라 통일 이후 제도 통합과 문화 통합이 반드시 기능적이나 선순환적으로 상호작용하지 않는다는 점을 확인시켜준다.

이러한 점을 감안하면 통일 과정이 반드시 단계적·기능적·선순환적으로만 진전될 것이라고 생각할 수는 없다. 따라서 분단관리론뿐 아니라 통일대비론까지 포괄하는 통일 과정을 구상하기 위해 네 가지 측면이 고려되어야 한다. 첫째, 각 단계를 넘어서는 시점에 명백한 조건 충족이 이루어지지 않을 가능성이 높기 때문에 단계 사이의 중복을 인정해야 한다. 즉, 각 단계(특히 화해 협력 단계와 남북 연합 단계)에서 중점적으로 추진되는 과제들은 다음 단계에서도 병행적이거나 지속적으로 추진될 수밖에 없다. 둘째, 남북 합의나 공동기구 설치와 같은 외형적인 제도는 이를 강제할 규범이 없을 경우 실질적 성과를 거두기 어렵다. 따라서 제도가 작동할 수 있는 조건들, 예를 들면 공동 이익을 기대할 수 있는 분야의 확대, 제도 순종 및 거부에 따르는 분명한 대가(이익의 확대 및 감소), 반복적 학습을 통한 규범화, 인적 교류의 활성화를 통한 문화 및 가치규범의 동질화 등이 충분히 고려되어야 한다. 셋째, 남북관계와 동북아시아 국제환경 사이의 불일치가 통일 과정의 큰 걸림돌이 될 것이라는 점을 주목해 이에 대한 대응이 강구되어야 한다. 한반도를 둘러싼 미국과 중국의 세계 및 지역 전략, 지역질서 변화의 소용돌이 속에서 한반도 문제에 대한 주도권을 확보하려는 한국 정부의 적극적 태도, 그리고 체제 생존을 위한 북한의 핵개발전략이 서로 얽히고설킨 상황에서 분단의 평화적 관리는 물론이고 '통일 준비'조차도 기대처럼 성과를 거두기 쉽지 않기 때문에 더욱 그러하다. 넷째, 통일한국의 미래상을 객관적으로 그려볼 수 있는 통일방안이 요구된다. 이는 통일에 대한 막연한 기대나 우려를 넘어 좀 더 합리적인 '통일 준비'를 하기 위해 더욱 그러하다. 이와 관련해 탈민족주의를 지향하는 미래국가 개념이나 한국의 국내 정치적 갈등과 북한의 동참 유도를 고려한 지방분권적 연방제가 의미 있는 대안이 될 수 있다. 다만 아무리 미래비전이라고 해도 현실과 너무 동떨어진 대안은 한국 사회는 물론이고 북한과 국제사회에서 신뢰를 얻기 힘들 수 있다는 점을 염두에 두어야 한다. 특히 북한 정권이 (지방분권적) 연방제 통일방안에 긍정적 태도를 보일 것이라는 낙관도 금물이다. 이른바 '후대통일론'을 강조하는 북한 정권의 속내는 단지 통합이나 통일방식의 문제가 아니라 남북의 커다란 국력 차이에 기인하는 두려움이라는 것을 간과하지 말아야 한다.

참고문헌

권구훈. 2010. 「남북통합: 경제적 시너지 효과」. 『분단 관리에서 통일 대비로』. 통일
　　연구원.

김연철. 2011. 「대북정책과 통일정책의 상관성: '과정으로서의 통일'과 '결과로서의 통
　　일'의 관계」. ≪북한연구학회보≫, 제15권 제1호.

박명규. 2010. 「새로운 통일론의 필요성과 문제의식」. 『연성복합통일론』. 서울대학
　　교 통일평화연구소.

박종철. 2008. 「대북포용정책과 상생공영정책의 비교: 도전과 전략적 선택」. 통일연
　　구원 주최 건국 60주년 기념 통일 심포지엄(2008. 7. 18) '이명박 정부 대북정책
　　비전 및 추진 방향' 발표 논문.

백낙청. 1994. 「분단시대의 최근 정세와 분단체제론」. ≪창작과 비평≫, 제22권 제3호.

조민 외. 2009. 『통일대계 탐색연구』. 통일연구원.

통일연구원. 2010. 『분단 관리에서 통일 대비로』.

한반도선진화재단. 2010. "통일 준비: 누가, 무엇을, 어떻게". 통일 준비 전문가 세미
　　나(신라호텔 에메랄드, 2010. 12. 7).

제3장

남남갈등과 통일담론의 지평

박종철 | 통일연구원 선임연구위원

1. 머리말

대북·통일정책도 다른 문제와 마찬가지로 국민 여론의 지지를 필요로 한다. 그러나 통일 문제의 특성상 국민 여론을 그대로 정책에 반영하기 어려운 점이 있다. 통일 문제는 북한이라는 예측하기 힘든 상대를 다뤄야 하며 유동적인 상황 변화에도 대응해야 한다. 특히 북한은 그 체제가 장기간 지속됨으로써 대남정책에서 일관성을 지닌 반면, 한국은 5년 단임 대통령제하에서 정부가 바뀔 때마다 대북·통일정책이 바뀌어왔다. 대북·통일정책이 효과를 발휘하려면 장기간의 시간이 필요한 데도 5년마다 정부와 정책이 바뀜으로써 어떤 정책이든지 정책 효과를 기대하기에 한계가 있다.

보수정권이든 진보정권이든 정부는 대북·통일정책에 대한 국민적 지지를 확보하고자 한다. 대북·통일정책을 추진하는 과정에서 정책 방향에 대한 국민적 지지가 필요할 뿐 아니라 이에 따른 경제적 비용과 정치적 부담을 해결하기 위해서는 국민적 공감대가 형성되어야 하기 때문이다. 또한 대북·통일정책은 중장기적으로 한국 사회의 질적 변화를 수반하기 때문에 통일 미래상에 대한 국민적 합의가 전제되어야 한다.

대북·통일정책을 둘러싼 집단적 견해 차이는 어느 정부가 집권하든 직면하는 문제다. 민주화 이후 어느 정부든지 과반수에 미치지 못하거나 과반수를 가까스로 상회하는 지지를 얻어 집권하게 되기 때문에 대북·통일정책을 수행하는 데 정치적 반대세력을 설득해야 하는 문제를 안고 있다. 대북·통일정책에 대한 갈등은 남남갈등으로 표현된다. 남남갈등은 국민적 합의를 바탕으로 한 대북·통일정책을 추진하는 데 많은 어려움을 제기한다. 남남갈등은 분단과 통일 문제뿐 아니라 한국 근현대사에 대한 평가 등 이념적 대립과 관련되어 있다. 아울러 남남갈등에는 대북·통일 문제에 대한 지역적 견해 차이가 내포되어 있다. 또한 통일 문제에 대한 세대 간 인식 차이도 남남갈등의 주요 원인이다. 통일 문제에 대한 국민적 합의를 형성하려면 이러한 변수들을 고려한 정책을 실시해야 한다. 이러한 변수들을 어떻게 극복할 것인가 하는 것이 국민적 합의를 이끄는 데 중요한 과제다.

이 글에서는 대북·통일정책에 대한 국민의식조사를 바탕으로 남남갈등의 구조와 사회적 기원, 특징을 분석하고자 한다. 우선 한국 사회의 갈등에 대한 일반적 인식과 남남갈등의 관계를 분석할 것이다. 나아가 남남갈등의 구조적 특성과 사회적 기원을 살펴보고, 끝으로 남남갈등을 해소하기 위한 방안을 제시할 것이다.

2. 한국 사회의 갈등과 남남갈등에 대한 인식

남남갈등은 한국 사회에 존재하는 다양한 갈등의 한 유형이다. 국민의 한국 사회 다양한 갈등에 대한 인식과 남남갈등에 대한 인식을 알아보는 것은 남남갈등의 특징을 이해하는 데 도움이 된다. 이를 위해 2014년 통일연구원에서 실시한 '남북통합에 대한 국민의식조사' 결과를 활용했다.[1]

국민의식조사 결과 한국 사회의 갈등에 대해 '심각하다'라는 응답(67.6%)이 '보통이다'(25.4%)나 '심각하지 않다'(7.0%)라는 응답보다 높았다. 국민은 한국 사회의 전반적인 갈등 수준을 심각하게 인식하는 것으로 나타났다. 사회갈등은 한편으로 사회적 혼란과 불안을 발생시키기도 하지만, 다른 한편으로 사회적 합의를 모색하는 기회를 제공하기도 한다. '한국 사회의 갈등이 사회 발전에 어떠한 영향을 미친다고 생각하는가'라는 질문에 대해 '부정적인 영향'을 미칠 것이라는 응답(64.4%)이 '긍정적인 영향'을 미칠 것이라는 응답(26.8%)보다 높게 나타났다. 한국 국민은 사회 갈등이 심각하다고 인식했으며, 이러한 갈등이 사회 발전에 긍정적 기회를 제공하기보다 부정적 영향을 미친다고 인식했다.

그렇다면 국민은 한국 사회에 존재하는 지역갈등, 계층갈등, 이념갈등, 세대갈등, 대북 관련 남남갈등 등의 심각성을 어떻게 인식하고 있을까? 한국 사회의 갈등의 심각성에 대한 조사에서는 '계층갈등'(77.5%)이 가장 높게 나타났고, 그다음 '지역갈등'(68.0%), '남남갈등'(67.9%), '이념갈등'(65.2%), '세대갈등'(5 9.5%) 순으로 나타났다. 한국 국민은 한국 사회의 양극화로 인한 계층갈등을 가장 심각하게 인식했다. 이와 함께 지역갈등과 남남갈등, 이념갈등을 거의 비슷한 정도로 심각하게 인식하고 있다. 이렇게 볼 때 대북·통일

---

[1] 박종철 외, 『2014 남북통합에 대한 국민의식조사』(통일연구원, 2014).

정책과 관련된 남남갈등은 한국 사회의 중요한 갈등 구조를 형성하고 있다고 말할 수 있다.

한편, 국민은 통일 이후 이러한 사회갈등 양상이 어떻게 전개될 것이라고 예상할지 조사했는데, '갈등이 심각해질 것으로 생각한다'라는 응답(74.3%)이 '완화될 것이다'(20.7%)라는 응답보다 높게 나타났다. 현재 한국 사회의 갈등이 '심각하다'라는 의견(67.6%)에 비해 통일 이후 사회갈등이 더 심각해질 것이라는 의견이 증가했다. 국민 다수가 통일 이후 법적·제도적 통합과 사회심리적 통합으로 인해 여러 분야의 갈등이 오히려 심각해질 것이라고 우려하고 있었다.

그리고 통일 이후 분야별 갈등 전망에 대해 '이념갈등'(68.2%)이 가장 높게 나타났으며, 그다음 '계층갈등'(67.2%), '지역갈등'(63.6%), '남북갈등'(59.1%), '세대갈등'(50.5%) 순으로 나타났다. 현재 한국 사회의 갈등에 대한 인식과 비교했을 때 통일 이후 계층갈등은 10.3%p, 세대갈등은 9.0%p, 지역갈등은 4.4%p 감소했다. 반면 이념갈등은 현재와 비교해 3.0%p가 증가했다. 국민은 통일이 된 이후에도 지역갈등과 이념갈등이 쉽게 해소되지 않을 것이라고 예상했다.

3. 남남갈등의 다층성과 복합성

남남갈등은 대북·통일정책에 대한 구조적 입장 차이라고 할 수 있다. 남남갈등은 대북·통일정책이나 남북관계에 대한 단순한 입장 차이를 넘어 통일 문제에 대한 구조화된 세계관의 차이를 반영한다. 또한 남남갈등은 개인적 견해 차원이 아니라 집단적으로 세계관을 공유하는 사람들의 집단적 의식이며, 상황적 변화나 시간의 흐름과 무관하게 상당 기간 지속된다. 남남갈등은 정책 변화나 남북관계의 상황 변화로 쉽게 바뀌지 않고 공고화되는 경향이 있다.

한국 사회의 남남갈등은 몇 가지 특징이 있다. 첫째, 남남갈등에는 국내 차원, 국제 차원, 대북 차원의 세 가지 차원이 작용한다. 국내 차원의 갈등은 국제 차원의 갈등 및 대북 차원의 갈등과 어우러져 상호 영향을 주고받는 가운데 복합적으로 작용한다. 갈등의 주요 전선은 국내 차원이지만 국제환경의 변화와 북한의 대남정책 및 남북관계가 주요 변수로 작용한다. 북한의 대남정책은 국내갈등에 영향을 미치는 주요 변수다. 국제 차원의 변수는 과거에 비해 영향력이 증대했다. 주변국의 국내 정치 변화와 대한반도정책의 변화는 국내갈등에 영향을 미친다. 특히 미국의 정세 변화와 대한반도정책의 변화, 중국의 부상과 한반도 문제에 대한 영향력 증가 등은 국내갈등의 양상에 영향을 미친다.

둘째, 남남갈등은 다양한 행위자로 이루어진 동심원 구조로 전개된다. 이데올로기와 국가기구, 각종 경제적 및 비경제적 자원을 장악한 국가, 정당과 정치세력이 규칙에 따라 정치적 경쟁을 하는 정치권, 정치권과 시민사회를 연결시키는 매개역할을 하는 시민단체, 정치적 경쟁에서 한발 물러서 있는 소극적인 시민으로 이루어진 다층구조 속에서 갈등과 경쟁이 진행된다.

한국의 경우 강한 국가권력, 경쟁을 제도화하지 못한 정치권, 소수의 활동가 중심의 시민단체, 참여의식은 높지만 적절한 참여 통로가 없어 참여하지 못하거나 산발적인 형태로 참여하는 일반 국민으로 이루어진 환경에서 남남갈등이 전개된다.

셋째, 안토니오 그람시(Antonio Gramsci)의 개념을 원용하면 남남갈등은 헤게모니를 장악하기 위한 다면전(多面戰)의 양상을 띤다. 남남갈등은 대북·통일정책뿐 아니라 계층갈등, 지역갈등, 세대갈등을 아우른 복합갈등 양상을 띤다.

한국의 경우 강한 국가권력의 침투력과 시민사회의 허약성 때문에 모든 경쟁의 초점이 국가권력을 장악하는 데 있다. 국가권력 장악에 성공한 세력은 경제 영역, 문화 영역, 이념 영역, 교육 영역에 이르기까지 모든 영역에서 전면적인 변화를 추구한다. 그러나 보수세력이든 진보세력이든 권력을 장악하더라도 헤게모니를 형성하지 못하면 사회적 규칙과 국가전략을 둘러싼 경쟁은 지속된다. 남남갈등은 이러한 복잡한 정치적 경쟁이 이뤄지는 환경에서 발생한다.

넷째, 남남갈등은 국가와 시민사회 간의 비대칭적 구조, 비예측성, 산발성을 그 특징으로 한다. 한국에서 갈등은 여러 가지 자원을 독점한 국가와 대응수단을 별로 가지지 못한 허약한 시민사회 간의 비대칭적 경쟁형태를 띤다. 그리고 갈등과 경쟁의 규칙이 확립되어 있지 않기 때문에 비예측적이고 산발적인 형태로 경쟁이 이뤄진다. 남남갈등도 한국 사회의 이러한 갈등 양상의 일반적 특징을 지니고 있다.

한국 사회에서 담론의 철학과 논리, 쟁점을 둘러싼 치열한 논쟁은 보기 어렵다. 권력 투쟁의 승리가 담론에서 결정되는 것이 아니라 권력의 점유 여부에서 결정되기 때문에 담론의 행위자들이 활동할 수 있는 영역은 제한되어 있다. 일단 권력을 장악한 세력은 담론을 더 이상 필요로 하지 않으며 담론 생산자들의 역할도 제한된다. 담론을 둘러싼 논쟁은 치열하지 않은 반면, 거리에서의 산발적 집회와 투쟁은 상대적으로 효과적인 수단으로 여겨진다. 그러나 참여집단이 이질적이기 때문에 경쟁방법에 대한 합의가 이뤄지기 어렵다.

다섯째, 대북·통일정책에 대한 남남갈등은 한국 사회의 역사 평가에 대한 관점 차이와 관련되어 있다. 북한을 어떤 존재로 인식하느냐, 북한의 변화를 어떻게 평가하느냐, 북한의 전쟁 도발 가능성 및 대남 적화통일 의지를 어떻게 인식하느냐 등에 대한 견해가 대북·통일정책에 대한 견해 차이의 원인이라고 할 수 있다.

그런데 대북·통일정책, 남북관계, 통일 문제에 대한 국민의 인식은 한국 사회의 역사적 평가와 관련되어 있다. 통일 문제가 한국 사회의 다른 갈등과 관련되어 있는 것이다. 한국 사회의 주요 정치사회적 갈등이 통일 문제와 관련된 갈등의 구조적 원인이 된다.

한국 사회의 정치사회적 갈등과 남남갈등의 상관관계를 분석하기 위한 연구에 따르면 국가보안법 폐지에 대한 입장, 반미성향에 대한 평가, 응답자 개인의 이념성향, 박정희 대통령의 업적에 대한 평가, 민주화 세력에 대한 평가를 독립변수로 설정하고 대북·통일정책에 대한 평가를 종속변수로 설정해 로지스틱 회귀분석을 했다. 연구 결과 다섯 가지 변인이 모두 통계적으로 의미 있는 것으로 나타났다. 이 연구 결과를 요약하면 보안법 폐지 반대의 입장이 강할수록, 민주화 세력에 대한 평가가 부정적일수록, 반미 정서에 대한 거부감이 강할수록 대북포용정책에 대한 반대 입장이 강했다. 또한 보수적 이념성향을 지닐수록 대북포용정책에 부정적이었다. 흥미로운 것은 박정희 대통령의 업적에 대한 평가가 긍정적일수록 대북포용정책에 부정적이었으며, 민주화세대에 대해 부정적일수록 대북포용정책에 부정적이었다.[2]

이 연구 결과에 따르면 대북·통일정책에 대한 평가는 국내 정치적 사안에 대한 시각과 매우 긴밀한 관계가 있다. 대북·통일정책에 대한 평가는 국가보안법 폐지, 대미관계, 반공이데올로기와 관련되어 있을 뿐 아니라 박정희 시대 및 민주화 세력에 대한 평가와 같은 국내 정치적 요소의 영향을 받는다. 또한 대북·통일 문제는 한국 사회의 이념적 갈등의 주요 원천이며, 그러한 이념적 갈등은 서방에서처럼 경제적 가치나 계급적 이해관계를 반영하는 것

---

2) 박종철 외, 『통일 관련 국민적 합의를 위한 종합적 시스템 구축방안: 제도 혁신과 가치 합의』(통일연구원, 2005), 58~61쪽.

이 아니라 역사적으로 형성된 한국 사회의 세대 간 경험과 과거 역사에 대한 평가와도 긴밀한 관계가 있다.

남남갈등은 복합적 양상을 띤다. 남남갈등은 일차적으로 남북관계 및 통일 문제에 대한 이념갈등에 뿌리를 둔다. 이념적 성향에 따라 대북·통일정책에 대한 인식과 평가가 다르다. 또한 남남갈등은 지역갈등의 양상을 띠기도 하며 통일 문제에 대한 세대 간 인식 차이를 포함한다. 남남갈등에는 이념갈등, 지역갈등, 세대갈등이 복합적으로 어우러져 있다.

4. 맺음말: 남남갈등을 넘어[3)]

1) 갈등의 순기능에 대한 인식과 통합 대비 능력 배양

갈등의 의미와 사회적 역할에 대해서는 부정론과 긍정론 등 다양한 시각이 존재한다. 사회통합을 위해 갈등을 부정적으로 인식하는 시각이 있는가 하면, 갈등의 표출과 조정을 통해서 사회의 통합성이 유지된다는 시각도 있다. 한 사회에서 갈등을 어떻게 인식하고 대응하느냐 하는 것은 그 사회의 성격과 밀접하게 관련되어 있다. 갈등을 사회적 장치를 통해서 조절하고 관리하는 체제가 잘 발달된 사회는 사회적 균열을 적절하게 조정하고 사회적 합의로 전환시킴으로써 사회의 건전성을 유지한다. 반면 갈등을 억압하고 통제하는 장치만이 발달한 사회에서는 갈등이 치유되지 않은 채 잠복해 있다가 때로 통제불가능한 상태로 분출되어 사회의 균열을 초래하기도 한다.

---

3) 이 부분의 내용은 박종철 외, 『2014 남북통합에 대한 국민의식조사』(통일연구원, 2014), 141~161쪽을 수정·보완한 것이다.

사회에는 여러 유형의 갈등이 존재한다. 사회마다 시대와 공간적 특성에 따라 갈등의 유형과 존재 양상도 다르게 나타난다. 한국 사회의 여러 분야에 각종 갈등이 혼재해 있으며, 이러한 갈등은 정치, 경제, 사회, 일상생활에서 느껴진다. 한국 사회는 현재 계층갈등이 심각한 상태이며, 지역갈등, 남남갈등, 이념갈등, 세대갈등도 상당히 심각한 수준인 것으로 인식된다.

한국 국민은 갈등의 존재를 인식하지만, 이러한 갈등이 이질적인 요소를 걸러냄으로써 유기체적 통합에 기여한다는 점은 인정하지 않는다. 한국 국민 대다수는 갈등이 질서와 통합에 부정적인 영향을 미친다고 인식한다. 이 것은 한국 사회에서 갈등을 조정하고 관리, 전환할 수 있는 체제가 존재하지 않는다는 것을 반증한다. 국민 대다수는 갈등의 순기능을 활용하는 방안을 모색하기보다는 단순히 갈등이 없는 상태를 희망한다.

한편, 한국 사회의 갈등에 대한 인식 및 원인에 대한 판단은 통일 이후 한국 사회의 미래상과도 관련되어 있다. 통일 이후 한국 사회는 새로운 사회정치적 문제에 직면할 것으로 예상된다. 통일 이후에도 세대갈등이 사회적으로 가장 심각한 갈등으로 남을 것이며, 남북갈등과 지역갈등도 현재와는 다른 형태를 띠겠지만 여전히 중요한 사회갈등이 될 것이다. 통일 이후 통합방식, 비용 부담, 국가 정체성 형성 등 여러 가지 사안에서 세대 간 인식 격차가 뚜렷하게 나타날 것으로 예상된다. 따라서 지금부터 통일방식, 통일 과정, 통합방식 등에 대해서 세대 간 공감대를 형성하려는 노력하는 것이 필요하다. 그리고 통일 이후에는 남한 내에서의 지역갈등과 함께 남한 지역과 북한 지역 전체를 대상으로 하는 새로운 지역적 불균형이 발생할 가능성이 있다. 이러한 점을 고려해 통일 이후 남북 지역 간 불균형을 완화할 수 있는 종합적 방안이 마련되어야 한다.

2) 한국 사회의 갈등 관리체제 마련

한국 사회에는 여러 가지 갈등이 존재할 뿐 아니라 갈등의 뿌리가 서로 연결되어 복합적 형태로 존재한다. 또한 갈등의 정도도 심각한 상태다. 더욱 심각한 문제는 갈등을 어떻게 관리하고 조정할지에 대한 사회적 합의가 없다는 점이다. 어떤 사람들은 갈등의 존재를 도외시하거나 갈등의 존재 자체를 부정적으로 바라보고 갈등이 존재하지 않는 권위주의적 질서를 바람직한 상태로 보기도 한다. 또한 갈등의 심각성을 인정하더라도 갈등 해소를 위해 어떤 정치적 장치와 사회적 절차가 필요한지에 대한 해답이 없는 상태다. 사회 저변에 존재하는 갈등과 이것과 무관하게 작동하는 정치권 및 시민사회가 유리된 채 별개로 존재할 뿐이다.

통일을 염두에 두고 볼 때 한국 사회에 갈등 관리 체제가 존재하지 않는 것은 매우 심각한 문제가 아닐 수 없다. 통일은 정치, 사회, 경제, 문화, 일상생활의 모든 영역에서 커다란 변화를 초래하는 국가 건설이라고 할 수 있다. 통일은 북한체제의 전환, 제도 통합, 가치 통합 등을 추진하고 새로운 국가 정체성을 수립하는 과정이다. 이 과정에서 정치, 경제, 사회의 각 영역에서 많은 갈등이 발생할 것으로 예상된다. 한국 사회에서 기존에 존재하던 갈등과 북한 사회에서 기존에 존재하던 갈등이 새로운 양상으로 표출될 가능성이 있다. 더욱이 통일로 인해 예상하지 못했던 새로운 갈등이 남한과 북한 사회의 기존 갈등과 결합해 복잡한 양상으로 나타날 것이다. 통일 이후 갈등을 관리하는 방안을 강구하기 위해서도 한국 사회의 갈등 관리체제를 마련하는 것이 필요하다.

독일 통일에 대해 여러 가지 평가가 있지만, 전체적으로 볼 때 독일은 통일 이후 여러 가지 어려움을 극복하고, 국가 정체성을 확립해 정치사회적 안정과 경제발전을 이룩하는 데 성공했다. 독일 통일이 성공할 수 있었던 요인

가운데 가장 중요한 것은 서독의 사회민주주의체제가 동독을 안정적으로 통합할 수 있는 내적 능력과 수용력을 지니고 있었다는 점이다. 서독의 의회민주주의와 사회복지제도의 안전망, 갈등 관리를 위한 사회체제가 통일이라는 대격변을 무리 없이 소화한 것이다.

한국 사회는 민주화 이후 선거를 통해 여러 번의 정권 교체를 경험했다. 정권 교체로 인한 사회 주도세력의 교체가 지역, 계층, 세대, 이념 등에서의 갈등과 대립을 증폭시켰다. 정치권은 사회갈등을 법적 절차와 정치적 절차로 해결하는 장치를 만들기보다 오히려 사회적 쟁점을 정치화함으로써 갈등을 증폭시켰다. 시민사회도 사회갈등과 대립을 치유하고 조정하는 자율적 조율기능을 수행하지 못하고 있다.

한국 사회에서 갈등을 조정하고 관리할 수 있는 사회적 합의 구조를 만들어야 한다. 그리고 사회 구성원들이 이질성을 수용하고 가치관과 행동이 다른 사람을 포용할 수 있는 포용력을 배양하는 사회갈등 관리 프로그램이 개발되어야 한다. 한국 사회는 통일 이후 예상되는 각종 갈등을 관리하고 공동체의 질서를 만들기 위해 갈등 관리체제와 프로그램을 만들어야 한다.

3) 실용주의와 수용성을 증대하는 통일담론 형성

통일담론의 중요한 축은 북한을 어떤 대상으로 인식하며 북한에 대해 어떤 이미지를 가지고 있는가 하는 것이다. 북한에 대한 인식과 이미지가 통일정책에 대한 찬성과 반대로 나타나며, 통일의 필요성과 통일 미래상에 대한 견해에까지 영향을 미친다.

2014년 통일연구원에서 실시한 국민의식조사 결과에 따르면 북한에 대한 이미지를 결정하는 요인은 다음 두 가지였다. 첫째, 통일에 대한 실용주의적 태도 여부였다. 통일을 당위적이거나 이상적 관점에서 생각하기보다는 실리적 관점에서 개인과 국가에 얼마나 이익이 되는지를 기준으로 판단하는 것이 북한에 대한 이미지에 영향을 미치는 것으로 나타났다. 통일을 실리적이고 실용적 관점에서 접근하는 사람은 북한을 중립적 관점에서 바라보는 경향이 있다.

북한에 대한 이미지를 결정하는 두 번째 요인은 가치관과 행태가 다른 사람이나 집단을 얼마나 용인하고 수용할 수 있는가 하는 포용성이었다. 수용성과 포용성을 지닌 사람은 북한의 이질성을 수용하는 태도를 보였으며, 통일에도 이질성의 수용이라는 관점에서 접근했다.

이상과 같은 사실의 발견은 향후 통일담론의 방향에 다음과 같은 시사점을 준다. 첫째, 대북·통일정책이나 통일 준비를 위한 담론 형성에서 민족적 당위성이나 이념을 강조하기보다 실용주의 관점이 필요하다는 점이다. 특히 젊은 세대가 민족이나 이념의 호소보다 개인적이거나 집단적 차원의 실리를 중시하는 점을 감안할 때 앞으로 통일담론은 통일의 구체적 편익을 중심으로 형성되어야 한다. 그리고 통일 편익은 집단적 수준과 개인적 수준에서 피부에 닿을 수 있게 구체화되고 차별화되어야 한다.

둘째, 통일과 통합의 문제는 수용과 개방의 문제다. 남북의 제도적 통일과 사회문화적·심리적 유대감을 형성하는 내적 통합은 이질적인 남북이 제도와 가치에 대해서 얼마나 수용성과 개방성을 지니며 하나의 공동체를 이룩할 수 있는가의 문제로 귀결된다. 이것은 통일 준비를 위해 한국 사회가 다양성을 용인하며, 다름 속에서 공존할 수 있는 관용과 수용성을 함양해야 한다는 것을 의미한다. 이러한 수용성의 함양은 한국 사회의 내적 통합을 위한 조건이며, 통일 이후 남북의 내적 통합을 위한 전제조건이기도 하다.

4) 통일담론의 거버넌스 형성

통일 문제를 둘러싼 사회갈등을 해소하기 위해 정부와 시민사회 간 새로운 관계를 구축할 제도 혁신과 이에 기반을 둔 거버넌스 형성이 필요하다. 시민사회의 정책 참여는 정부의 일방적인 정책 결정을 방지하고, 정책 과정의 투명성과 책임성을 보장하며, 다양한 집단의 요구를 반영함으로써 정책의 정당성을 증진시키는 데 기여한다.

정부와 시민사회 간 거버넌스가 요청되는 것도 이런 맥락이다. 정부정책의 입안과 결정에서 시민사회의 참여를 제도화하는 것은 이익집단 및 시민단체와 정부 간 갈등을 조정함으로써 사회통합을 제고할 수 있다. 정책의 입안, 결정, 추진은 일차적으로 정부의 몫이다. 하지만 이 과정에서 시민사회 참여의 제도화는 합의 형성의 정당화에 기여한다. 제도 혁신을 위해 예방적 갈등 관리 시스템 구축, 시민 참여의 제도 마련, 갈등 조정기구의 실질적 역할 부여, 신뢰 구축방안 마련 등이 실시되어야 한다.

통일 문제에 대한 국민적 합의를 위한 거버넌스 형성을 위해 다음 사항이 필요하다. 첫째, 통일정책에 대한 시민 참여제도를 마련하고, 당사자 회의를 지속적으로 개최함으로써 합의 형성을 도출해야 한다. '참여형 갈등 해소 모델'을 통해 전문적인 중재단이 갈등 당사자들의 대화와 타협을 조정하도록 해야 한다. 둘째, 통일교육의 체계 및 내용의 개편을 통해 실제적이고 다양한 통일교육을 실시하고, 더 많은 국민이 남북관계와 통일에 관한 교육을 받을 수 있도록 해야 한다. 셋째, 통일 문제에 대한 국민적 합의를 도출하고 민간 통일운동을 활성화해야 한다. 넷째, 진보와 보수, 지역 간, 계층 간, 세대 간의 막힌 담을 허무는 행사를 추진함으로써 영역 간 단절을 해소해야 한다. 다섯째, 통일 문제에 대한 범국민적 합의를 도출하고 이를 지속적으로 관리해야 한다.

5) 통일비전에 대한 최소한의 합의 형성

통일 문제와 관련해서 논란이 되는 이슈를 정부가 일방적으로 설명하거나 설득하는 방식으로는 통일 문제에 대한 국민적 합의를 형성하기 어렵다. 통일 문제와 관련된 사회갈등이 이념적인 경향과 관련되어 있을 뿐 아니라 한국 현대사 및 역대 정권에 대한 평가와 같은 정치적 요소의 영향을 받기 때문이다. 따라서 기존의 당위론적 설명과는 다른 방향에서 통일 논의를 이끌어가는 것이 필요하다. 통일 논의에 관한 국민적 공감대를 형성하기 위해서는 통일담론을 현안을 둘러싼 논쟁에서 벗어나 좀 더 높은 차원의 담론으로 전환시켜야 할 필요가 있다.

이를 위해 다음과 같은 방안을 고려할 수 있다. 첫째, 통일을 평화와 발전의 상징으로 부각시키는 작업이 필요하다. 한반도의 평화와 발전을 위해 통일이 필요하다는 통일의 필요성을 제시할 필요가 있다. 둘째, 통일한국의 미래에 대한 희망과 통일비전을 제시해야 한다. 셋째, 통일에 대한 문화적 접근이 필요하다. 새로운 민족정체성의 확립과 문화적 소통의 확산이라는 문화적 측면에서 통일 문제에 접근하는 것이 다수의 공감대를 얻기에 용이하다. 넷째, 통일 문제에 대한 지역별, 세대별, 계층별 차이를 인정하는 것을 바탕으로 해서 최소한의 국민적 합의를 도출해야 한다. 통일 문제에 대해 각계각층이 합의할 수 있는 최소한의 공감대를 도출해야 한다. 이를 위해 다른 견해를 지닌 집단의 대표들이 집중 워크숍을 통해 최소한의 공감대를 이끌어내는 심의민주주의(deliberate democracy)를 활용할 수 있다.4) 심의민주주

---

4) 심의민주주의 또는 숙의민주주의는 자유롭고 개방적인 토론을 통해 의견을 조정하고 타협함으로써 공공선을 모색한다. 심의적 여론조사(deliberate poll), 집중 워크숍 등을 통해 최소한의 합의점을 도출하기 위해 노력한다. 박종철 외,『통일 관련 국민적 합의를 위한 종합적 시스템 구축방안: 제도 혁신과 가치 합의』, 192~196쪽.

의를 통해 도출된 사항에 대해 '통일국민협약'을 채택함으로써 이를 통일 문제에 대한 국민적 헌장으로 삼을 수 있다.[5]

6) 정치권에 대한 제언

대북·통일 문제에 대한 남남갈등 해소를 위해 정치권에서의 제도 혁신 방안으로 다음 사항을 고려할 수 있다. 첫째, 정책 추진의 투명성이 향상되어야 한다. 이를 위해 우선 합리적인 절차를 거쳐 정책 결정이 이루어져야 하며, 비공식 기구 및 인물의 대북접촉과 정책 관여를 지양해야 한다. 또한 정책 결정이 극소수 인사에게 편중되는 현상도 배제되어야 한다.

둘째, 정부와 여·야 간 협의가 중요하다. 국회가 정책 결정 과정에 적극 참여했을 때 정책의 내용과 정책 결정 및 집행 과정의 정당성이 강화될 수 있다. 정부·여·야 협조체제의 구축을 위해 우선 대통령, 여당 대표, 야당 대표의 정기적 3자 회동을 추진할 필요가 있다. 이러한 최고위급 회동 외에 수준별 회동도 이루어진다면 더욱 바람직할 것이다.

셋째, 여·야 간 협의기구를 구성하고 논의를 비공개로 해야 한다. 여·야 간 합의를 위해 여당은 야당을 국정 운영의 동반자로 대하고 모든 정책을 상의하는 열린 자세를 가져야 한다. 이를 위해 소관 상임위원회를 연중 개최해야 한다. 국회에서 논의되는 사항이 언론에 공개되는 경우 대북·통일 문제가 곧 정치쟁점화되고 합의점보다 차이점이 부각된다. 따라서 대북·통일 문제에 대한 상임위원회 및 특별위원회의 논의를 비공개로 하는 것이 바람직하다.

넷째, 대북·통일 문제에 대한 초당적 협력은 정당의 민주화와도 관련되어 있다. 의원들이 통일 문제를 결정하는 데 소속 정당의 당론의 강요를 받지

---

5) 조한범, 『남남갈등 해소방안 연구』(통일연구원, 2006), 67~71쪽.

않도록 당의 운영이 민주화되어야 초당적 협력이 용이해질 수 있다.

그리고 정치권에서의 가치 합의를 위해 이견에 대한 관용이 필요하다. 다른 견해의 제시와 반대 의사 표시를 담론 차원에서 전개하도록 해야 한다. 대북·통일 문제에 대해 다르게 생각하는 정치집단이 상호 이해하고 존중하는 문화를 정착시켜야 한다.

7) 시민사회에 대한 제언

남남갈등 해소를 위한 시민사회에 대한 제언으로 다음 사항을 제시할 수 있다. 첫째, 정부와 시민단체 사이의 협력체계를 구축해야 한다. 정부와 시민단체 간 협력체제를 통해 시민단체들이 통일 과정을 현실적으로 이해할 수 있도록 해야 한다. 정부와 시민단체 간 협력체제 구축을 위해 정부는 시민단체를 지원하는 역할을 하는 것이 바람직하다.

둘째, 법·제도의 정비 및 개폐를 통해 통일 관련 시민단체 사이의 갈등 해소를 모색해야 한다.

셋째, 남북협력기금의 지원을 확대하고 시민단체를 통한 교류·협력이 다양하게 이루어질 수 있도록 융통성 있게 재정 지원을 할 필요가 있다. 시민단체에 대한 남북협력기금 지원에 대해 사전 심사 및 사후 관리가 철저하게 이루어져야 한다. 또한 시민단체들에 대한 재정 지원의 공정성과 투명성이 보장되어야 한다.

넷째, 통일에 대한 범국민적 가치 합의가 필요하다. 평화의식의 확산과 시민단체의 평화운동을 적극 지원해야 한다. 여러 통로를 통해 남북관계나 한반도 평화와 관련된 다양한 정보에 접근할 수 있는 기회를 넓힘으로써 시민단체들의 사회적 연대감을 확대해야 한다.

다섯째, 시민단체 사이의 남남갈등을 해소하기 위해 진보단체와 보수단체 모두 극단적인 주장과 행동을 배제하도록 노력해야 한다. 시민단체들은 극단적인 주장의 배제, 법치주의 존중 등 최소한의 규범 준수에 대해 '최소주의적 합의'를 할 필요가 있다. 통일 관련 국민적 합의를 도출하기 위해서는 보수에서 진보까지 망라한 시민단체들이 서로 만나 대화하고 토론하는 남남대화의 자리를 마련하는 것이 필요하다.

참고문헌

박종철 외. 2005.『통일 관련 국민적 합의를 위한 종합적 시스템 구축방안: 제도 혁신
    과 가치 합의』. 통일연구원.
_____. 2014.『2014 남북통합에 대한 국민의식조사』. 통일연구원.
조한범. 2006.『남남갈등 해소방안 연구』. 통일연구원.

제4장

통일한국을 그리다

강성윤 | 동국대학교 북한학과 명예교수

1. 머리말

「우리의 소원은 통일」이라는 노래가 불린 지 어느새 70여 년이 되었지만 아직도 통일의 길은 보이지 않는다. 그러나 우리 민족에게 통일은 포기할 수 없는 당위적인 과제다.

민족 분단이 장기화된 질곡의 시간에서도 우리는 통일을 포기한 적이 없다. 그간 남북은 대립과 갈등을 반복하면서도 통일 원칙을 합의 발표했고, 두 차례의 정상회담을 통해 통일방안에도 합의한 바 있다. 그뿐 아니라 다방면에 걸친 교류와 협력도 시행했으며 개성공단도 운영되고 있다. 예컨대, 분단 4반세기만인 1972년에 7·4남북공동성명을 통해 조국통일 3대 원칙에 합의했고, 남북정상회담도 2회나 실시했다. 2000년에 실시된 남북정상회담에서는 6·15남북공동선언에서 각기의 통일방안에 공통성이 있음을 확인하고 이 방향으로 통일을 추진한다고 밝혔다. 이처럼 통일의 꿈을 실현하려는 노력은 계속되었지만 분단사가 증명하듯이 통일이라는 이상의 현실화는 많은 장애와 시련의 극복을 요구하고, 특히 이성적인 접근을 필요로 한다. 따라서 통일한국의 미래를 그린다는 맥락에서 그 과정에 나타나는 제 문제에 대한 점검과 해답을 통해 진정한 하나의 민족공동체를 건설할 수 있는 지혜를 모색하고자 한다. 그러므로 이 글은 통일한국을 이루는 과정에서 가장 근본적이고 중요한 수단과 결과의 전제와 쟁점을 검토하고, 통일을 이룩한 독일의 경험을 통해 진정한 하나의 민족공동체를 완성하는 데 봉착하는 문제에 대한 시사점을 얻고자 한다.

2. 통일의 전제와 쟁점

1) 수단과 결과의 전제

통일이 아무리 절박한 과제라 할지라도 통일지상주의가 되어서는 안 된다. 통일이 목적이라고 모든 수단이 합리화될 수는 없으며 목적인 통일 또한 어떠한 형태이든 모든 통일을 수용할 수는 없다는 점에서 결코 목적일 수 없다.

따라서 통일은 무엇보다도 평화적인 과정과 방법으로 달성되어야 한다. 동족상잔이란 전쟁을 경험한 우리 민족은 60년이 지난 오늘에 이르기까지 상호 불신과 적대감을 해소하지 못하고 있으므로 무력에 의한 통일은 민족의 재앙이 될 뿐이다. 설혹 흡수통일의 상황이 되더라도 합의에 의한 평화적인 방법으로 통일이 이루어져야 한다. 최소한 동·서독의 형태가 되어야 한다는 것이다.

이러한 의미에서 볼 때 1972년에 남북이 7·4남북공동성명을 통해 발표한 조국통일 3대 원칙에 평화적 원칙을 포함시켰다는 점에서 이 합의는 통일장전으로 평가될 수 있으며, 통일 과정에서 꼭 지켜져야 할 원칙이다.

당시 남북은 분단 4반세기 만에 역사적인 공동성명을 통해 통일은 자주적·평화적으로, 그리고 민족대단결이란 통일 3원칙에 합의 발표했다. 이러한 원칙은 이후 남북정상회담을 비롯한 각종 선언에서 항시 재확인되는 통일 원칙이 되었다.

물론 자주적 원칙에 대해 남북 간 해석의 차이와 논란이 있기는 했지만 외세의 간섭 없이 우리 민족이 자주적으로 해결해야 할 과제임을 부인할 수는 없다.

한편, 우리가 원하는 통일한국은 어떤 사회인가 하는 점이 있다. 통일의 결과로 건설된 통일한국은 인간의 존엄성이 보장되고 개인의 최선아(最善我)를 실현할 수 있는 사회로의 통일이 전제되어야 한다.

즉, 우리가 목표로 하는 통일한국은 어떠한 공포, 폭력, 억압도 없는 개개인 모든 인간의 존엄성이 지켜지고 신분의 고하를 막론하고 각기의 의사에 따라 자기실현을 할 수 있는 통일국가를 건설하는 것이다. 이러한 사회로의 통일만이 우리 민족 모두의 행복한 생활을 보장할 수 있으며, 이로부터 통일의 가치를 찾을 수 있는 것이다. 물론 복지국가를 건설하고 경제적으로 풍요로운 삶을 영위할 수 있은 국가로의 통일도 필요하다. 그러나 기본적인 인권이 보장되지 않는 사회에서 복지나 경제적인 부유함은 의미가 없기에 천부적인 인권이 우선적으로 보장되는 사회로의 통일이 전제되어야 한다.

더욱이 통일의 상대인 북한에 거주하는 우리 민족 구성원들이 인권 불모지에서 생활한다는 점에서 통일은 이들을 억압에서 해방시키는 출발점이 되어야 한다. 또한 통일의 수단은 평화적이며, 그 결과로 인간의 존엄성과 개인의 최선아가 실현되는 사회가 되기 위해서는 민주화와 이에 따른 시민사회의 형성이 선행되어야 한다. 정권담당자 간 합의에 의한 통일이 아니라 민족

구성원들의 합의에 의한 통일이어야 하기 때문이다. 이러한 상황은 독일의 통일 경험에서 입증된 사실이다. 그러므로 평화적 통일을 이루기 위해 무엇보다도 북한 사회의 민주화를 위한 개혁개방이 요구된다.

2) 이질적 체제의 산물과 쟁점

남북은 자유민주주의와 공산주의라는 서로 다른 이념에 따라 장기간 반목, 대립하는 과정에서 상대를 부정하고 이에 따라 상극적인 각기 체제의 특성이 내면화되었다. 따라서 통일 과정에서 상대를 인정하고 각 체제의 대립적인 특성을 수렴하는 지혜가 필요하다.

통일 논의에서 '사실'과 '현실'의 불일치를 해소하는 작업이 진행되고, 그 토대 위에서 통일 대화와 협력을 모색해야 한다. 남북은 각각 평화적 통일을 외치면서 대화와 협력을 도모하는 것이 '현실'이다. 그러나 냉전논리에 따라 상대를 부정하고 자신의 방식대로 통일을 추구하는 것 또한 '사실'이다.

예컨대, 우선 한국의 경우를 보면 헌법에서 "대한민국의 영토는 한반도와 그 부속도서로 한다"라고 규정하고, 나아가 "대한민국은 통일을 지향하며, 자유민주적 기본 질서에 입각한 평화적 통일정책을 수립하고 이를 추진한다"라고 명문화하고 있다. 이러한 헌법에 기초한 유일 합법 정부론에 따르면 북한 정권의 현실적 존재로서의 국가 인정은 금기시되어야 하며, 한국에 의한 한국식 통일이 되어야 한다. 한편 북한은 조선로동당 규약을 통해 "당면 목적은 공화국 북반부에서 사회주의 강성국가를 건설하며 전국적 범위에서 민족해방민주주의혁명의 과업을 수행하는 데 있으며 최종목적은 온 사회를 김일성-김정일주의화하여 인민대중의 자주성을 완전히 실현하는 데 있다"[1]

---

1) 조선로동당 제4차 대표자회에서 개정한 규약 전문. ≪로동신문≫, 2012년 4월 12일 자.

라고 정권 목표를 분명히 하고 있듯이 한국의 공산화를 목표로 한다.

　남북이 표방하는 교리에 의거한 통일은 현실적으로 평화통일과는 거리가 먼 무력이나 흡수통일이 아니고서는 불가능하다. 더욱이 북한이 추구하는 "민족해방민주주의혁명의 과업을 수행하고, 온 사회를 김일성-김정일주의화" 하겠다는 것은 전형적인 흡수병합의 강령일 뿐 아니라 한국 국민 모두가 받아들일 수 없는 통일이다.

　이처럼 헌법과 당 규약에 명문으로 상대를 부정하는 것이 '사실'인데도 고 '현실'은 평화적 통일을 표방한다. 이러한 '사실'과 '현실' 간 모순의 해소가 과제이며, 누구도 각기 추구하는 사실을 포기하지 않는다면 이는 쟁점으로서 통일의 장애요인이 된다.

　또한 통합 과정에서 제기되는 쟁점은 장기간의 분단체제에 따라 내면화된 각 체제의 상반된 특성을 여하히 수렴하는가다. 즉, '자유'와 '평등' 간 조화를 비롯해 '개인주의'와 '집단주의'를 어떻게 적절하게 융합해 통일국가체제 전반에 반영하느냐다. 흔히 자유가 과하면 방종이 되고, 없으면 독재이고, 평등이 강조되면 획일적인 사회가 되고 반대의 상황이면 특권이 존재하기 때문이다.

　따라서 방종도 독재도 아닌 자유, 획일도 특권도 아닌 평등사상이 사회 전반을 비롯한 제도에 반영되는 과정에서 갈등 분출이 쟁점으로 등장한다. 이러한 상황은 장기간 이질적인 사회체제에서 살아온 남북 간 필연적인 현상으로 개인주의와 집단주의적 생활양식 또한 충돌 요인으로 작용할 것이다.

3. 제도적 민족공동체의 완성

우리 민족의 분단사는 일시에 분단 정권이 수립되고 고착화되었다기보다는 지리적 분할에서 비롯되어 정치적 분단으로, 그리고 전쟁을 통해 민족 분단이 고착화되는 길을 걸었다. 따라서 민족공동체의 완성은 제도적인 분단 상황을 해소하는 작업이 우선되어야 한다. 물론 제도적으로 민족공동체를 이루어도 장기간 분단에 따른 이질성의 극복, 즉 내면적으로 일체화되는 동질성의 회복은 별개의 문제로 또 다른 노력이 필요하다.

1) 지리적 공동체의 실현 조건

일제강점기 상태에서 해방과 더불어 삼팔선을 중심으로 주둔한 미·소는 지리적으로 한반도를 남과 북으로 분할하는 단초가 되었으며, 결국 민족 분단이란 결과를 가져왔고 현재까지 지속되고 있다. 얄타회담과 포츠담회담에서 연합국 간에 전후 한반도 문제가 논의되었지만, 직접적인 계기는 1945년 8월 9일 소련이 대일선전포고와 동시에 한반도로 진공함으로써 미·소에 의한 분할 점령이 분단으로 고착화되기에 이르렀다.

이처럼 한반도의 분단은 우리 민족의 의사와는 관계없이 강대국 정치의 영향으로 지리적 분할에서 시작되었고, 이후 정부 수립과 동족상잔의 전쟁 등 역사적 사건의 고비마다 외세의 영향을 받았으며 세계적 냉전의 전초기지화되었다. 이러한 현상은 주변 강대국들이 한반도의 남과 북이 지리적 공동체의 실현을 그들의 이해와 직결된 문제로 판단하고 있기 때문이다.

즉, 남북이 지리적 공동체를 이룩했을 때, 즉 통일한국이 그들의 국익에 반하지 않고 위협이 되지 않는 국가가 되어야 한다는 논리이며, 이러한 통일이 아니면 남북이 지리적 공동체를 이루는 데 부정적일 수밖에 없다. 통일한국이 정치적·경제적으로 어떠한 공동체를 지향하든 간에 지리적 통합으로 자신들에게 위협이 되는 강력한 국가로 통일되어서는 안 된다는 입장이다. 분단의 시작이 외부세력에 의한 지리적 분할에서 시작되었듯이 지리적 통합을 이루는 데도 이들의 영향이 작용할 수밖에 없다. 더욱이 지정학적 관점에서나 최근의 국제정치 상황을 고려할 때 무시할 수 없는 요인이라 하겠다.

이러한 의미에서 볼 때 북핵 문제는 남북이 지리적 공동체를 이루는 데 가장 큰 장애요인일 수밖에 없다. 주변국 모두가 북한의 핵무기 개발을 반대하고 있으며, 북한은 핵개발로 인해 국제사회에서 정치적·경제적 고립과 압박을 받아왔다. 북한의 핵무기를 불용하는 국제사회가 핵무기를 보유한 통일한국으로의 남북공동체 건설을 방관하지 않겠다는 것이다. 그러나 북한은 국제사회의 압박을 받으면서도 핵보유국임을 주장하면서 개발을 계속하고 있다.

따라서 현실적으로 북한의 핵무기 개발 포기가 통일을 위한 지리적 공동체 실현 조건 중 하나다. 핵보유가 한반도를 지키는 "민족 공동의 보검"이라는 북한의 주장과 달리 오히려 "통일의 장애물"이 되고 있는 것이다.

2) 정치적 공동체의 모색과 갈등

미·소에 의한 지리적 분할에 이어 1948년 남북에 각각 정치이념을 달리하는 정권이 수립되면서 정치적 분단이 되었다. 정치적 분단에 따른 남북 간 적대관계는 북한이 무력에 의한 통일을 시도함으로써 민족적 비극인 동족상잔의 전쟁을 경험하게 되었고, 결과적으로 분단이 고착화되었다. 이러한 무력에 의한 흡수통일이 냉전시대에 정치적 공동체를 이루는 유일한 방법으로 남북은 끝없이 국력을 낭비하며 체제 경쟁을 지속했다.

그러나 국제적인 냉전의 종식과 더불어 남북도 대결 일변도에서 대화를 통해 정치적 공동체를 모색하기 시작했다. 그 첫걸음으로 1972년 7·4남북공동성명의 발표와 남북조절위원회가 발족되었다. 이후 남북관계는 북한의 무력 도발로 긴장이 고조되고 대화 자체가 단절되기도 했지만, 다른 한편으로 각기 통일방안을 제시[2]하며 평화통일을 위한 노력을 경주했다. 이러한 과정에서 문제는 정치적 공동체 형태에 대한 합의를 이루지 못하고, 상대의 제안에 의구심을 갖고 평행선을 좁히지 못했다는 것이다.

   이러한 현상은 2000년 개최된 남북정상회담을 통해 극복되었다. 이 회담에서 발표한 6·15남북공동선언 제2항에서 다음과 같이 합의하고 있다.

   남과 북은 나라의 통일을 위한 남측의 연합제안과 북측의 낮은 단계의
   연방제안이 서로 공통성이 있다고 인정하고 앞으로 이 방향에서 통일을
   지향시켜 나가기로 하였다.

   이는 남북의 통일방안에 공통성이 있음에 합의하고 공통성의 방향에서 정치적 공동체를 만들 것을 합의한 것이다. 이처럼 6·15남북공동선언은 분단 이후 최초의 남북정상회담을 통해 이룬 성과라고 평가할 만하다. 그러나 제2항의 합의는 문제점을 지니고 있다. 즉, 남의 연합제와 북의 낮은 단계의 연방제는 기본적으로 목적 지향의 동일성이 없다는 점이다. 양 방안은 목표가 다르기 때문에 공통성에 대한 논의는 근본적으로 한계를 지닐 수밖에 없다.[3] 즉, 1국가 1체제 1정부를 목표로 하는 통일방안과 1국가 2체제 2정부를

---

2) 한국은 '민족화합민주통일방안', 북한은 '고려민주연방국가창립방안'을 통일방안으로 내세우고 있다.

3) 강성윤, 「6·15남북공동선언 제2항의 함의」, ≪북한연구학회보≫, 제8권 제2호(2004), 49쪽.

목표로 하는 통일방안이라는 본질을 도외시하고 각기 다른 목표 달성을 위한 과정상의 문제를 가지고 공통성을 논한 것에 지나지 않는다. 이러한 합의가 비현실적이며 비합리적인 결정이라는 평가는 동 선언을 합의한 주체 당국자를 비롯해 이후 남북에 조직된 6·15선언실천위원회의 그 누구도 지난 14년간 이 문제에 대한 실천을 주창한 바가 없다는 사실이 입증한다.

여하튼 어떠한 형태의 정치적 공동체를 만들 것인가에 대한 합의는 평화적 통일을 이루는 과정에서 최대의 쟁점이 될 것이다. 그러나 분명한 것은 어떠한 형태의 정치적 공동체를 이루는가에 앞서 정치적 다원주의를 보장하는 정치적 공동체에 합의해야 한다는 점이다.

3) 경제·사회문화적 공동체의 과제

분단된 우리 민족이 민족공동체를 이루는 것은 지리적·정치적 공동체의 실현만으로 완성되는 것이 아니다. 완전한 민족공동체를 이룩하는 것은 민족 분단을 고착화한 전쟁의 상흔을 씻어내고 분단의 고통을 치유했을 때 비로소 가능하다. 물론 경제적 공동체를 형성하고 사회문화적 공동체를 이루어 제도적으로 통일이 완성된 상태를 전제로 한다.

따라서 우선적으로 이질적 경제체제에서 장기간 생활한 남북이 경제공동체를 이루는 문제, 즉 양 체제의 기본적인 경제정책의 상이함을 비롯해 경제력 격차, 산업화 수준의 차이 등이 경제 전반에 걸쳐 통합에 상당한 어려움을 겪게 할 것이다. 특히 흔히 말하는 통일비용과 남북 주민들의 경제적 생활 격차의 해소나 이를 좁히는 사전조치가 요구되며 이에 대한 준비가 필요하다. 이러한 경제적 공동체를 이루는 데 제기되는 문제를 해결하는 근본적인 방법은 침체된 북한경제의 회생이다. 즉, 북한경제의 성장 없이 이루어지는 경제적 공동체는 한계를 지닐 수밖에 없다.

이러한 경제적 공동체의 형성이 지닌 문제는 경제적인 문제로 한정되는 것이 아니라 정치적·사회적으로도 많은 문제를 야기해 궁극적으로 민족공동체를 혼란에 빠트리는 요인이 된다. 그러므로 북한경제의 회생은 통일의 성패를 가늠하는 척도이며 그 해법은 북한의 개혁개방과 남북 간 민족경제의 발전에서 찾을 수 있다. 그러나 북한의 개혁개방의 경우 경제보다는 정치 우선이라는 체제의 특성이 장애요인으로 작용하고 있으며, 민족경제발전의 경우 남북관계에서 정경분리원칙이 철저히 적용되지 않기 때문에 현실적으로 한계가 있다.

한편, 사회문화적 공동체를 이루는 문제는 제도적으로 민족공동체를 실현한 다음에 이질적인 사회문화의 통합이 필요한 문제라고 판단할 수 있다. 그러나 남북은 지난 70여 년간 이질적인 사회문화적인 환경에서 생활했기 때문에 서로 다른 가치관과 문화가 체질화되었다는 점을 통합 과정에서 간과해서는 안 된다. 한국은 개방적인 사회체제에서 다양한 가치관으로 생활해 온 데 반해 북한은 폐쇄적인 사회체제에서 체제가 허락하는 유일한 가치관만이 존재하는 사회다. 다양한 사회를 경험하지 못해 생긴 사고체계의 경직성은 제도적 공동체를 형성하는 과정에서 사고의 유연성이 결여되는 걸림돌로 작용할 것이다. 따라서 북한 사회의 폐쇄사회에서 개방사회로의 전환이 필요하다. 아울러 일인독재에서 비롯된 봉건적인 문화는 시민사회의 참여적 문화로 바뀌어야 한다. 물론 북한체제가 개방사회로 전환되고, 시민사회의 문화를 지닌 사회로 변화할 것이라고 쉽게 기대할 수는 없다. 이러한 변화의 동력은 북한 자체보다는 한국의 역할에서 찾는 것이 좀 더 현실적이다. 즉, 한국 내 북한 주민에 방점을 둔 적극적인 교류와 협력에 길이 있으며, 민족공동체로서의 동질성을 회복하는 작업은 체제통합 이후의 과제가 아니라 통합 이전부터 전개되어야 할 과업이다. 그러므로 통합에 대비해 적극적인 교류협력 사업을 전개해 신뢰를 회복하고 남북이 하나임을 확인하고 일체감을 가질 수 있도록 노력해야 할 것이다.

4. 통독 25년의 오늘

1) 장벽 붕괴에서 체제통합

1989년 11월 9일은 제2차 세계대전 이후 45년간 냉전의 상징으로 존재해 온 베를린장벽이 무너짐으로써 인류에게 감동을 가져다 준 날이었다. 이러 한 감동은 1년 후인 1990년 10월 3일 서독과 동독의 통일로 이어졌다.

독일 통일은 서독 기본법 제23조(기본법의 적용 지역)에 따라 동독 5개 주가 서독연방에 가입하는 형식으로 이루어졌기 때문에 체제통합 과정도 서독의 법체제를 동독 지역에 이식하는 과정이었다. 동·서독 통합작업은 1990년 7월 1일 발효된 '화폐·경제·사회통합조약'과 1990년 8월 31일에 체결된 '통일조약'에 따라 이루어졌다.[4]

이 과정에서 동독 주민들의 시위로 동독 공산정권이 붕괴되었다. 따라서 동독 지역에서는 1990년 3월 18일 인민회의 선거가 실시되었다. 이 선거에서 서독 기독교민주동맹(기민당)의 지원을 받은 동독 기민당 중심으로 구성한 선거연합인 독일연맹이 승리함으로써 공산정권의 멸망이 현실로 다가왔다. 이어 개최된 동독의 민주의회에서 연립정부를 구성하고 서독 정부와 통일협의를 시작했다. 그 결과 앞서 지적한 '화폐·경제·사회통합조약'을 동·서독 재무장관이 체결하고 동 조약이 7월 1일 발효됨으로써 제도적인 통일의 첫 발을 내디뎠다. 이후 체제통합작업은 신속하게 진행되었고, 동독인민의

---

4) 엄돈재, 『독일통일의 과정과 교훈』(평화문제연구소, 2010), 263쪽.

회는 8월 22일부터 개최된 회의를 통해 10월 3일 독일연방공화국(서독) 가입을 결의하기에 이르렀다. 이 과정에서 동·서독 내무장관은 8월 31일 '통일조약'을 체결했다. 9월 20일 동·서독 의회가 이 조약을 비준함에 따라 10월 3일부터 독일은 분단 45년 만에 통일을 이루게 되었다.

이처럼 동·서독의 체제통합작업은 동독 주민의 자유의사에 따른 선택으로 큰 갈등이나 마찰 없이 단시간에 순조롭게 진행되었다. 이러한 동·서독의 통일에 대해 당시 서독의 총리였던 헬무트 콜(Helmut Kohl)은 "누구에게도 손해 없는 통일"을 약속했고, 동독의 마지막 총리였던 로타어 데메지에르(Lothar de Maizière)는 동독의 소멸은 "눈물 없는 이별"이라고 하면서 통일을 축하했다. 그러나 동·서독이 통일을 성취한 지 25년이 지난 오늘날의 독일 현실이 증명하듯이 체제통합의 통일은 완성된 것이 아니다. 많은 사람이 아직도 독일은 제도적으로는 하나의 국가로 통일되었지만 내적인 국민통합은 아직도 진행 중이라는 것을 부인하지 않는다.

2) 진행 중인 독일의 통합작업

동·서독이 베를린장벽 붕괴 후 11개월이 안 되는 기간에 체제통합작업을 이뤄 분단 45년 만에 하나의 국가 독일이 되었다. 그러나 독일 통일은 1990년 10월 3일 체제통합으로 완성된 것이 아니라 4반세기가 지난 오늘 까지도 내적 통합이 진행 중이란 점에 주목할 필요가 있다.

여기에는 통합방식에 따른 문제도 있지만 통합 이전의 과거 동독 공산정권의 유산 청산 문제도 있다. 즉, 동독 정권에서 반(反)법치적 불법행위로 처벌과 박해를 받았던 피해자에 대한 복권과 보상인 과거 청산작업이 아직도 진행 중이다. 예컨대, 동독 비밀경찰 슈타지(Stasi) 문서관리위원회는 슈타지의 문서를 일반에 공개해 피해자 구제를 계속하고 있으며 동독 독재청산위원

회도 동독 독재정권의 유산 청산 작업을 계속하고 있는데, 언제 종료될지 모르는 상황이다.[5]

한편, 체제통합 이후의 문제는 45년간 상이한 체제에서 생활했다는 사실을 감안하면 어느 정도 통합 후유증은 당연한 것이다. 따라서 그 후유증은 사회 전 분야에 걸쳐 나타났다.[6] 특히 경제력 격차에 따른 과도한 통일비용의 문제를 비롯한 경제적 후유증은 일부 국민에게 통일에 대한 불안감이나 기피증까지 갖게 했다. 그뿐 아니라 2013년 현재 동독인이 서독인에 비해 83% 정도의 임금을 받는 것으로 집계된 것에서 알 수 있듯이 여전히 차별은 극복되지 못했다. 군사통합의 경우도 동독 인민군은 16만 8000명 중 연방군에 편입된 숫자는 1만 800여 명에 지나지 않았으나 큰 반발 없이 순조롭게 진행되었던 것은 통일 독일이 동독 군인 연금제도를 인수해 연금을 지급했다는 점이 크게 작용했기 때문이다. 하지만 이처럼 문제를 경제적으로만 해결하다가 결국 그로 인한 경제적 부담이라는 문제에 직면하게 되었다.

이러한 제도적인 체제통합에서 발생한 문제점은 양 체제의 격차와 통합방식에서 비롯된 문제로, 대체로 해답과 처방을 찾을 수 있는 문제이며 외형적으로 현재의 앙겔라 메르켈(Angela D. Merkel) 총리와 요하힘 가우크(Joachim Gauck) 대통령이 동독 출신이란 사실이 독일 통일의 현주소를 상징한다.

그러나 문제는 내적으로 아직도 통합이 완성되지 않았다는 사실이다. 예컨대, 동·서독이 체제를 통합할 당시 독일인들은 "우리는 하나의 국민이다"라는 구호를 외쳤다. 하지만 아직까지도 서독인에 대해 거드름 피며 잘난 척한다는 뜻의 베시(Wessie), 동독인에게는 게으르고 불평만 늘어놓는다는 오

---

5) 김영희, "독일 통일 25년, 내적 통합은 진행 중", ≪중앙일보≫, 2014년 11월 18일 자, 35면.
6) 염돈재, 『독일통일의 과정과 교훈』, 263~343쪽.

제4장 통일한국을 그리다 89

시(Ossie)라는 말을 사용하는 현실을 통해 완전한 하나의 공동체가 되지 못했음을 알 수 있으며 동질성 회복이 과제로 남아 있다.

5. 맺음말: 보이지 않는 마음의 장벽

우리 민족에게 통일은 당위적인 과제임을 부인할 수 없지만 통일지상주의가 되어서도 안 된다. 요컨대 우리가 그리는 통일은 수단으로서 평화적이며 결과로써 인간의 존엄성과 개인의 최선아를 실현할 수 있는 사회로의 통일이어야 한다. 특히 이질적인 사회체제하에서 장기간의 분단으로 상이하게 내면화된 가치체계의 수렴화가 요구되며, 그 과정에는 자유와 평등 사상에 대한 이해와 사회의 민주화가 선행되어야 한다. 현재의 상황을 고려할 때 북한 사회의 민주화의 척도가 문제로 제기될 것이다. 이러한 전제가 충족된 상황에서 제도적인 민족공동체 작업을 통해 통일이 실현되었을 때만 지리적·정치적, 나아가 경제적·사회적 공동체를 완성하는 데 나타나는 문제를 최소화하고 극복할 수 있다. 물론 제도적으로 민족공동체를 형성하는 과정에서 봉착하는 문제점에 대한 해결은 독일의 통일 과정에서 보았듯이 장기간의 노력과 역량을 필요로 한다. 또한 통합방식과 관계없이 불균형적인 결과가 차별의식을 가져와 통합을 저해할 수 있다. 2013년의 경우 동독 노동자들의 평균 임금이 서독 노동자들의 82.8% 수준이며 실업률도 서독의 6%에 비해 배에 가까운 높은 수치에 달했듯이 아직까지도 서독과 동독 간 차이가 존재하고 있다. 그뿐 아니라 동독 지역은 심각한 인구 감소 현상까지 나타나 1991년 인구 수가 1807만 명에서 2013년에는 1629만 명으로 감소했다. 따라서 엠니트(Emnid) 여론조사에서 나타났듯이 "'우리는 하나의 국민이다'라고 느끼는가"라는 질문에 56%가 '그렇지 않다'라고 답했으며 그중에는 동독이

60%로 서독의 55%보다 더 많았다.[7]

　이러한 현상은 우리의 경우도 예외가 아니며 더 심각하게 나타날 수도 있다. 동·서독보다도 분단의 장기화, 교류협력의 열악함, 체제 경쟁과 상호 불신, 동족상잔의 전쟁이 있었기 때문에 제도적인 공동체를 이루었다 하더라도 보이지 않는 마음의 장벽이 허물어지기까지는 분단의 시간보다 더 오랜 시간이 걸릴지도 모른다. 통일 후 남북 주민 간에 존재할 수 있는 마음의 장벽은 현재 탈북자 2만 8000여 명의 한국 생활에서 답을 찾을 수 있을 것이며, 혹시 통일 후 남북 주민이 서로를 비난하고 원망하는 '남선(南鮮)', '북선(北鮮)'이라는 용어가 탄생하는 비극적인 통일이 되어서는 안 될 것이다. 즉, 우리가 그리는 통일의 꿈은 철저한 준비와 노력이 있을 때 현실화될 수 있다.

---

7) 한경환, "장벽 붕괴 25년 … 동독 임금, 서독의 83%까지 쫓아가", ≪중앙일보≫, 2014년 10월 13일 자, 12면.

참고문헌

1. 국내 문헌

강성윤. 2004. 「6·15남북공동선언 제2항의 함의」. ≪북한연구학회보≫, 제8권 제2호.
_____. 2014. "북한연구의 현실적 과제와 역할". 북한연구학회 제1회 세계북한학 학
　　술대회.
김남식. 2004. 『우리민족 이야기』. 통일뉴스.
김영희. 2014.11.18. "독일 통일 25년, 내적 통합은 진행 중". ≪중앙일보≫.
민병천. 2011. 『북한 평화 그리고 통일』. 선인.
박성조·양성철. 1991. 『독일통일과 분단한국』. 경남대학교 극동문제연구소.
염돈재. 2010. 『독일통일의 과정과 교훈』. 평화문제연구소.
정용석. 1992. 『분단국통일과 남북통일』. 다나.
한경환. 2014.10.13. "장벽 붕괴 25년 … 동독 임금, 서독의 83%까지 쫓아가". ≪중앙
　　일보≫.

2. 북한 문헌

≪로동신문≫. 2012년 4월 12일 자.

제2부

남북관계와 대북·통일정책

제5장

남북대화의 역사적 교훈과 통일 정세

유호열 | 고려대학교 북한학과 교수

1. 머리말

한반도가 남북으로 분단된 지 70년이 된다. 남북 분단은 제2차 세계대전 이후 전후 질서를 재구축하는 과정에서 일제강점기의 한반도를 미·소 양국이 분할 통치함으로써 시작되었다. 3년간의 군정 통치기간 동안 남과 북에 등장한 정치세력은 한반도 전체를 아우르는 통합정치, 통일된 독립국가 대신 각기 독자적인 정부를 수립하는 분열상을 보여줬다.

한반도의 분단은 3년간 지속된 6·25전쟁으로 비화되었고 유엔(UN)과 중국의 참전 이후 결국 휴전으로 막을 내렸다. 전 세계적으로 냉전이 심화되면서 한반도의 분단은 고착되었고, 남북한은 상호 적대적이고 이질적인 체제로 진화를 거듭했다. 당연히 상호 접촉과 교류는 차단된 채 냉전의 진영논리에 입각한 체제 경쟁과 불안정한 평화를 유지하는 데 급급했다.

이 같은 민족의 분단과 경쟁적 대결관계는 1950년대 전후 복구기간을 거쳐 1960년대 더욱 격화되었다. 한반도의 항구적 평화와 남북한 상호공존을 모색하는 대신 각기 자신에게 유리한 정세를 조성하고 상대방을 압박하는 데 진력했다. 1960년대 북한은 연방제 통일방안 등 대남 정치공세를 계속하는 한편 중·소 분쟁과 비동맹세력의 대두에 편승하는 자주노선을 채택함으로써 남북관계에서의 주도권을 확보하고자 했다. 반면, 1961년 5·16군사쿠데타로 집권한 박정희 정권이 4·19혁명 이후의 국내 혼란을 정비하는 한편, 한일회담 타결로 고도성장의 발판을 마련하고, 베트남 파병을 통해 한미동맹을 강화해 분단체제에서 대북 주도권을 확보하기 위한 총력을 경주함으로써 6·25전쟁 이후 한반도의 분단 상황과 남북 간 경쟁관계는 새로운 국면을 맞이하게 되었다.

이 글에서는 이처럼 한반도에서 남북 분단이 고착화되는 한편 상호 치열한 경쟁과 대결이 격화되는 와중에 이러한 비정상적인 남북관계를 평화적인 방법, 즉 대화를 통해 정상화하고자 한 다양한 시도를 살펴보고자 한다. 〈표 5-1〉에서 보듯이 6·25전쟁 이후 남북 당국은 1954년 제네바 정치회담이나 1964년 도쿄올림픽을 전후로 만나긴 했으나 합의 없이 결렬되었고 후속 회담도 재개되지 못했다. 남북 간 본격적인 대화와 협상은 1971년 남북 적십자사회담으로 물꼬가 트였으며, 남북한 정상을 대리한 양측 실세 간 대화와 협상 끝에 1972년 7월 4일 발표된 7·4남북공동성명이 최초의 남북 당국 간 합의문이라고 할 수 있다. 이후 남북한 양측은 두 번의 정상회담과 총리 또는 장관급회담 등 고위급 회담 및 정치, 군사, 경제, 사회문화 및 인도적 분야의 다양한 실무회담을 개최하고 적지 않은 수의 합의문을 채택하기도 했다. 단절되고 경쟁적이며 불안정한 남북관계를 감안할 때 남북대화는 유일한 돌파구이자 남북문제를 평화적으로 해결할 수 있는 통로라고 할 수 있다. 다만 7·4남북공동성명 이후 최근까지 남북관계가 악화되거나 경색된 국면에서도

〈표 5-1〉 남북 간 주요 회담과 합의문

남북회담		주요 개최 회담
정상회담		2000년 남북정상회담(김대중 대통령과 김정일 국방위원장 간) ▶ 6·15남북공동선언 채택
		2007년 남북정상회담(노무현 대통령과 김정일 국방위원장 간) ▶ 10·4남북정상선언 채택
남북 고위급회담	총리회담	1차회담(1990. 9. 4~7, 서울), 2차회담(1990. 10. 16~19, 평양), 3차회담(1990. 12. 11~14, 서울), 4차회담(1991. 10. 22~25, 평양) 5차회담(1991. 12. 10~13, 서울) ▶ 「남북기본합의서」 채택 6차회담(1992. 2. 18~21, 평양) ▶ 「남북기본합의서」와 「한반도비핵화공동선언」 정식 발효, 7차회담(1992. 5. 5~8, 서울), 8차회담(1992. 9. 15~18, 평양), 남북총리회담(2007. 11. 14~16, 서울) ▶ '10·4남북정상선언' 이행에 관한 제1차 남북총리회담 합의서 남북고위급 접촉(2014. 2. 12, 판문점 남측), 인천아시안게임 폐회식 계기 남북고위급회담(2014. 10. 4, 인천)
	장관급회담	2000년 7월 제1차 회담을 시작으로 2008년 2월까지 총 21차례 남북장관급회담 진행 ▶ 남북경협 합의서 네 개 서명(2000년 12월 제4차 남북장관급 회담) 제1차 남북국방장관회담(2000. 9. 25~26, 제주도) 제2차 남북국방장관회담(2007. 11. 27~29, 평양)
실무회담	정치	1980년 남북총리회담을 위한 실무대표 접촉 1990년 이후 남북고위급회담 개최를 위한 실무대표 접촉 1994년 남북정상회담을 위한 실무대표 접촉 2000년 남북정상회담 개최를 위한 남북 특사/준비 접촉 2007년 남북정상회담 개최 관련 남북 특사/준비 접촉
	군사	2000년 11월 제1차 회담을 시작으로 2011년 11월까지 총 39차 례 남북 군사 실무회담 진행 2004년 5월 제1차 회담을 시작으로 2007년 12월까지 총 7차례 남북 장성급 군사회담 진행
	경제	1984년 11월부터 1985년 11월까지 총 5차례 남북 경제회담 진행 2000년 12월부터 2007년 4월까지 총 13차례 남북 경제협력추 진위원회의 진행 2002년 10월부터 2007년 5월까지 총 13차례 남북 철도·도로 연결 실무 접촉 2013년 9월부터 2014년 6월까지 개성공단 남북공동위원회의 진행 2013년 개성공단 남북 당국 실무회담 진행 2014년 개성공단 상사중재위원회 운영을 위한 제1차 회의

사회 문화	1991년 국제경기 단일팀 구성·참가 위한 남북체육회담 2002년 부산아시아경기대회 참가를 위한 실무 접촉 2003년 대구 하계유니버시아드대회 실무 접촉 2004년 아테네올림픽 공동입장을 위한 실무 접촉 2005년 남북 단일팀 구성을 위한 남북체육회담 2014년 인천아시안게임 남북실무 접촉
인도	1972년 8월부터 1985년 8월까지 총 10차례 남북 적십자회담 본회담 진행 2000년 6월부터 2010년 10월까지 총 11차례 남북 적십자회담 진행 2013년 8월, 2014년 2월 남북 적십자 실무 접촉

지속되었던 수많은 남북회담 결과 채택된 주요 합의서들의 성과와 역할에 대한 회의적이거나 비판적인 시각을 감안해 좀 더 객관적이고 종합적인 평가가 이뤄져야 할 필요성이 커졌다. 따라서 이 글에서는 이러한 7·4남북공동성명 이후 남북 간 이루어진 주요 회담과 합의문의 성격과 의의를 살펴보고, 이러한 남북회담과 합의문의 실질적 구속력을 제고해 지속적으로 효력을 발휘할 수 있는 방안과 이를 가능하게 할 수 있는 전략적 구상과 구조적 토대를 검토하고자 한다.

2. 남북한 체제 경쟁과 7·4남북공동성명

한반도를 둘러싼 제반 정세가 급변하던 1970년대 초반, 남북은 1971년 8월 20일 남북 적십자회담 개최를 위한 양측의 파견원 접촉을 시작으로 이산가족 문제를 실무적 차원에서 해결하기 위한 적십자회담과 최상위급에서 남북관계를 정치적으로 논의하기 위한 남북조절위원회 등 두 개의 채널을 개설해 남북대화를 전격적으로 진행했다. 남북 적십자회담의 경우 예비회담을 거쳐 1972년 8월 30일부터 1973년 7월 11일까지 일곱 번의 본회담이 평양과 서울에서 번갈아 개최되었다. 그러나 남북의 법률적·사회적 조건과 환경이 상대방에 적대적이어서 적십자회담은 결국 상대방에 대한 탐색 수준에서 종결되고 말았다.

남북 적십자회담과 같은 시기에 남북한은 좀 더 포괄적인 남북문제를 다루기 위한 고위급회담을 추진했다. 1972년 5월, 남한 이후락 중앙정보부장이 평양을 방문해 김일성과 회담하고, 이후 북한 박성철 제2부수상이 박정희 대통령을 방문함으로써 남북한은 7·4남북공동성명에 합의했다. 공동성명에서 남북한은 자주, 평화, 민족대단결의 3대 원칙에 합의하고 이 합의 정신에 따라 남북조절위원회를 구성했다. 남북조절위원회는 1972년 11월 30일부터 1973년 6월 13일까지 서울과 평양을 오가며 세 번의 본회의를 개최했으나 쌍방의 정치공방 끝에 1973년 8월 북한 대표인 김영주 명의의 남북대화 중단 선언으로 회담은 종결되었다.

7·4남북공동성명은 6·25전쟁 이후 남북 당국이 합의한 최초의 문서다. 총 일곱 개 항으로 구성된 성명은 조국통일을 위한 3대 원칙뿐 아니라 상호 신뢰 구축을 위한 제반 교류 활성화와 인도적 문제 해결, 군사적 긴장 완화 등 남북 간 핵심적 현안 과제들을 평화적으로 해결하기 위한 포괄적인 합의를 담고 있다. 아울러 이러한 기본 원칙과 과제를 실천하기 위한 창구로 고위급 조절위원회를 구성하고 남북 군사 당국 간 핫라인 구축에도 합의하는 등 매우 구체적이고 전향적인 합의라고 할 수 있다.

7·4남북공동성명은 남북 간 최초 협상 채널임과 동시에 남북대화의 선례를 만들어냄으로써 남북 상호 간 협상 전개 과정을 학습할 수 있었다는 데 의의가 있다. 물론 7·4남북공동성명에서 남북이 합의한 정치적 배경에 대해 논란도 있고, 내용 자체가 함의하는 바에도 의견이 분분한 것이 사실이다. 그럼에도 7·4남북공동성명 채택 과정에서 남북한이 국제 정세를 적절히 수용했다는 점이 내부 갈등을 관리하는 데 중요한 요소로 작용했으며 당사자

원칙을 준용해 한반도 정세 국면을 전환할 수 있는 가능성을 확인했다는 점에서도 의의를 찾을 수 있다.[1]

사실 1970년대 초 북한이 남북대화에 관심을 갖게 된 배경은 결과적으로 주한미군의 철수 가능성이 크게 작용했던 것 같다. 베트남전쟁에서 철군하는 명목으로 미국은 아시아는 아시아인 손에 맡긴다는 구상하에 아시아 주둔군을 재배치하면서 한반도에서도 미군 일부를 철수시켰다. 주한미군의 철수를 대남 통일전선전략을 효과적으로 수행할 수 있는 최상의 조건으로 간주한 북한은 미·중 화해에 편승해 남북 간 대화채널을 마련함으로써 군사적 긴장 완화와 병력 감축을 포함한 군비 축소 문제를 논의할 수 있으며 나아가 한반도에서 미군이 완전 철수할 수 있는 분위기를 조성할 수도 있다고 판단했던 것으로 보인다. 이러한 정세 변화와 이에 대한 북한 나름의 판단을 통해 분단 이후 처음으로 남북 간 본격적인 대화가 시작되었다고 할 수 있다.

따라서 남북대화에 임했던 북한의 진정한 의도는 7·4남북공동성명에 따라 구성된 남북조절위원회 첫 회의에서 그대로 표출되었다. 북한은 조국통일의 원칙으로 남북이 합의한 3대 원칙에 입각해 남한에서 미군이 철수하고 외세의 내정간섭을 배제해야 하며, 평화통일을 위해 남북이 군비 경쟁을 중지하고 군대를 축소해야 하며, 결국 민족대단결의 원칙에 따라 남한이 반통일적인 제도적 악법들을 제거해야 한다고 회담 내내 우리 측을 압박했다.

그러나 북한은 분단 이후 개최된 최초의 고위급 남북대화에서 기대했던 남북 간 병력 감축 문제가 의제로 다뤄지지 않고 남측이 선(先)신뢰 구축 주장만을 되풀이한다는 불만을 표출하면서 회담을 통한 한반도 정세 변화에 회의를 갖게 되었다.[2] 아울러 남한에서의 유신체제 성립으로 대내적 통제체

---

1) 박정진, 「냉전시대 한반도 갈등 관리의 첫 실험, 7·4남북공동성명」, ≪북한연구학회보≫, 제16권 제1호(2012).

제가 강화됨으로써 대남 통일전선 구축이 어려워지자 남한과의 대화 필요성을 상실했다. 또한 베트남의 무력통일이 가시화됨으로써 유화적 시도에 대한 매력도 감소했다. 결국 7·4남북공동성명 발표로 분단 후 남북 정부 당국이 최초로 상대방을 인정하는 데 합의했으나 평화공존을 구체화하는 수준에는 이르지 못했다.

7·4남북공동성명이 채택되던 무렵 남북한은 분단 후 최초로 상호체제를 사실상 인정한 상태에서 대화를 추진했으나 내부적으로 남과 북은 각각 체제 강화를 위한 정지작업을 병행했다. 분단된 한반도 상황에서 7·4남북공동성명이 역사적 의의를 갖고 있음에도 당시 국민적 공감대를 바탕으로 남북 합의를 도출한 것이 아니었기 때문에 지속적으로 이어질 수 없었다. 국민적 통일 여망을 반영한 것이었으면서도 추진 과정에서 국민의 참여와 동의에 기반을 둔 것이 아니라 대내외적 환경변화에 대처하기 위해 비밀외교라는 형식을 빌렸다는 측면에서 문제가 있었다. 따라서 7·4남북공동성명에 대한 국민적 기대가 있었음에도 공동성명 발표 후 3개월 만에 남한이 유신체제로 전환됨에 따라 남북관계 개선보다는 대내적으로 정권을 강화하기 위한 정략적 수단이었다는 비판을 피하기 어렵게 되었다. 북한 역시 후계체제를 강화하기 위한 수단으로 남북대화에 응했던 것으로 유추 해석할 수 있다는 점에서 발전 지향적 7·4남북공동성명체제를 유지하기에는 한계가 있다고 할 수 있다. 즉, 7·4남북공동성명의 정신을 바탕으로 남북한 긴장 완화를 도모하겠다는 의지 결여의 한계를 극복하지 못했다. 따라서 휴전 후 20년 만에 마주앉아 당국 간 합의를 도출했던 남과 북은 결국 서로 지향하는 통일에 대한 개념적 차이를 극복하지 못하고 상반된 주장으로 평행선을 달릴 뿐이었다.[3]

---

2) S. S. Harrison, *Korean Endgame*(Princeton, NJ: Princeton Univ. Press, 2002), pp. 140~141.

3. 남북대화 탐색과 다변화 시도

남북대화가 교착상태에 봉착하자 남한 정부는 1973년 6·23선언을 발표해 분단의 현실과 한반도에 사실상 두 개의 국가를 인정하는 토대 위에서 새로운 대외관계 및 남북관계를 추진했다. 유엔 동시 가입과 교차 승인을 골자로 하는 남한의 6·23선언에 대해 북한은 남북 간 군사적 대치상태의 완화와 고려연방공화국이란 단일 국호로 유엔에 가입하자는 자주적 평화통일 5대 방침으로 응수했다. 5대 방침은 주한미군의 철수와 군비 축소로 남북 간 군사적 대치상태를 해소하자는 북한의 현실적 고민이 드러나 있는 동시에 남북 간 다방면에 걸친 합작과 교류, 남북 각계각층이 참여하는 대민족회의 소집과 연방제 실시 등 전통적인 통일전선전략을 포함하고 있다.

북한의 한반도 군축방안과 고려연방제 성립의 전제조건으로 주한미군의 철수가 최우선적 고려사항이었다. 베트남 공산화 통일이 파리 평화협정에 근거한 미군 철수 조건에서 가능했다는 점은 북한에 고무적인 현상이었다. 1974년 3월 북한 최고인민회의에서 북·미 평화협정을 체결할 것을 제안한 반면, 남한이 제기한 불가침협정안은 거부한 것도 이러한 북한의 전략적 고려가 작용했기 때문이다.

북한이 남북대화를 중단하고 국제사회를 통한 우회적 방식의 통일 구상을 확대한 것은 1970년대 중반 친북성향의 비동맹세계가 비약적으로 성장하고, 남한의 유신체제에 대한 비판이 국내와 서방세계에서 점차 거세졌기 때문이다. 이러한 기회를 포착한 북한은 국제사회에서 남한을 고립시키기 위해 수적으로 우세한 유엔을 적극 활용하는 동시에 반한(反韓) 분위기가 고조된 미

---

3) 박광득, 「7·4남북공동성명(1972)의 주요내용과 쟁점분석」, ≪통일전략≫, 제14권 제3호(2014).

국과 일본 등 서방세계 접근을 가속화했다.

1979년 말부터 1980년 초까지 남한 내에서 발생한 정치적 소용돌이는 4·19혁명 이후 가장 심각한 정치적 혼란이었다. 이는 북한으로 하여금 남한 내부에서 제2의 혁명 분위기가 고조되고 있다는 인식을 갖게 했다. 남한 사회 내부의 균열과 지역갈등의 심화, 그리고 1980년 5월 18일 광주민주화운동에 대한 신군부의 폭압적 진압 등은 남한의 국제적 입지를 극도로 약화시켰다. 더구나 1970년대 말 불어닥친 제2차 석유 파동으로 20년간 고도성장을 구가하던 남한경제가 치명적인 타격을 입음으로써 북한의 대남 혁명전략은 매우 유리한 분위기를 맞이했다.[4]

1980년대에 접어들어서도 남한 국내 정치의 파행으로 남북관계는 답보 상태에 머물러 있었다. 1983년 10월 버마암살폭파사건(아웅산테러 사건)이 북한 소행으로 밝혀지면서 남북 간 긴장이 고조되고 북한에 대한 국제사회의 비난이 거세지자 북한은 남북대화를 제의함으로써 국면 전환을 모색했다.[5] 명분은 1984년 미국 로스앤젤레스에서 개최되는 올림픽에 남북 단일팀을 구성하자는 체육회담이었으나 3차에 걸쳐 진행된 남북회담은 성과를 도출하지 못했다.

그러나 정작 남북관계의 해빙기는 뜻밖에도 남한의 극심한 수재로 인해 이루어졌다. 1984년 북한적십자회가 남한의 수재 복구 지원 의사를 표명하자 전두환 정부가 이를 즉각 수용함으로써 7·4남북공동성명 발표 이후 중단되었던 남북관계가 재개되었다. 수재 복구를 위해 북한의 구호물품이 남한으로 인도되면서 자연스레 남북 적십자 본회담도 평양과 서울에서 번갈아

---

4) B. Cumings, *Korea's Place in the Sun: A Modern History*(New York: W. W. Norton & Company, 1997), pp. 373~377.

5) 전현준, 『북한의 대남정책 특징』(2002), 40쪽.

개최되었다. 적십자회담을 통해 1985년 9월 분단 후 최초로 남북 이산가족 상호 방문과 예술단 교환이 이루어졌다.

적십자회담 진행 시기와 같은 시기에 남북 간 경제교류와 협력을 위한 남북경제회담도 판문점에서 총 5회 개최되었다. 1970년대 부분적으로 서방의 자본을 도입해 경제발전을 꾀했던 북한은 자본주의 국가와의 경제 운영경험 부족으로 실패하자 1984년부터 중국의 개방 경험을 따라 합영법을 제정하는 등 새로운 경제발전전략을 모색하던 중 남한의 회담 제의에 응했다. 그러나 그동안 현격히 벌어진 남북격차로 인해 경제교류·협력 절차와 방안에 대한 합의를 도출하지는 못했다.

북한은 정통성이 취약한 남한 정부를 상대로 정치회담 개최에 열의를 보였다. 북한은 초창기부터 각계각층을 망라한 대규모 남북 연석회의를 제의했지만 남북관계가 새로운 해빙기에 접어든 시점에서 각계각층 대표자들의 집합체라는 의미에서 남북국회회담을 제안했다. 그러나 국회회담은 1985년 7월과 9월 두 번의 예비 접촉이 판문점에서 개최되었을 뿐 실제로 성사되지는 못했다. 국회회담을 비롯해서 여타 진행 중이던 남북대화는 1986년 팀스피릿 훈련(Team Spirit)을 구실로 중단되었으나, 1986년 서울에서 개최된 아시안게임에 사상 처음으로 중국이 참가하고 1988년 서울올림픽에는 소련을 비롯한 대부분의 사회주의 국가들의 참가가 예정된 상황에서 더 이상 이런 상태로 남북관계를 지속할 수도 없었다.

1980년대 중반 소련의 미하일 고르바초프(Mikhail Gorbachev) 대통령의 신사고 외교 전개 이후 동서 냉전의 틀이 허물어지기 시작했다. 동유럽, 중국 등 사회주의 국가들과 달리 북한은 가급적 이데올로기의 순수성을 고수하며 김일성·김정일체제 유지를 위해 노력했으며, 북한의 대외적 고립과 경제난은 심화되어갔다. 반면, 이 시기 남한은 민주화에서 급진전을 이루고 제2의 성장기를 맞아 경제적 번영을 구가했다. 1988년에는 하계올림픽을 성공리에 개최해 국제사회에서의 위상도 대폭 강화되었다. 이를 배경으로 남한은 북방정책을 적극 추진해 소련, 중국을 비롯한 동유럽 사회주의 국가들과의 관계 개선에 이어 남북한 교역과 문호 개방 등 여섯 개 항으로 된 '민족자존과 통일번영을 위한 특별선언(7·7선언)'을 발표하는 등 남북관계를 전향적으로 개선하려는 조치들을 발표했다.

급변하는 정세 속에 북한은 동요하는 엘리트들을 진정시키고 체제 안정을 도모하기 위해 사상 교양 사업을 강화하는 등 체제 결속을 위한 노력을 기울였으나 그것만으로 분단이란 특수 상황에 놓인 북한체제의 안정을 보장할 수는 없었다. 북한을 통일 대상으로 간주하는 남한과, 남한을 지배하는 미국으로부터 불가침 등의 안전을 보장받는 것이 북한의 급선무였다. 이러한 배경에서 1988년 8월 남북국회회담을 시작으로 남북고위급회담, 체육회담 및 적십자회담 등 각종 남북대화가 재개되었다.

4. 남북 정부 간 회담과 기본합의서 및 비핵화공동선언

남북대화가 재개된 뒤 1990년 9월, 분단 후 처음으로 남북 양측의 총리를 대표로 하는 고위급회담 본회담이 서울과 평양을 번갈아가며 총 8회 개최되었다. 남북고위급회담은 한·소 수교와 한·중 관계 개선 및 독일 통일 등 주변 환경이 급변하고 급기야 남북한이 유엔에 동시 가입하는 상황에서 추진되었다. 특히 남북고위급회담은 1991년 10월 제4차 회담 이후 북한의 적극적인 태도 변화와 한반도 핵부재 선언 등으로 급진전하면서 사상 처음으로 1991년 12월 13일 남북한 정부 대표가 서명하는 「남북기본합의서」와 12월 31일 「한반도비핵화공동선언」을 채택했다. 「남북기본합의서」에 명시된 남북 간 분야별 분과위원회 및 공동위원회가 잇달아 개최됨으로써 분단 이후 최대 규모의 남북대화가 이루어졌다.

남북고위급회담이 진행되면서 남북 적십자 간 제2차 남북이산가족 고향 방문 및 예술단 교환 관련 회담이 개최되고 각종 체육회담도 성사되었으나 남북통일축구와 탁구, 청소년축구 부문에서 남북 단일팀을 구성해 출전한 것 외에는 별다른 성과를 거두지 못했다. 사회주의권의 급속한 붕괴로 위기에 처한 북한이 「남북기본합의서」 발효로 고비를 넘기면서 남북대화에 대한 열의가 감소하고 북한의 핵개발 의혹이 제기되는 등 새로운 남북, 미·북 간 긴장이 조성되면서 남북관계는 또다시 전면 중단되었다. 실제로 북한은 한반도에서의 냉전체제를 허물고 남북 간 교류와 협력의 물꼬를 틀 수 있는 계기를 마련한 「남북기본합의서」에 대해 남한과 달리 매우 제한적이고 정치적인 입장을 견지했다. 북한은 「남북기본합의서」가 "북남대화가 시작된 이래 20년 동안 지속된 서로 다른 두 입장과 두 로선 사이의 대결에 결판을 내린 일대 사변"이라고 평가하면서 이는 "동유럽사태를 기화로 더욱 악랄하게 감행되고 있는 미국을 비롯한 제국주의자들의 반공화국 책동과 남조선의 '승공통일'전략을 짓부시기 위한 강력한 정치사상적 공세속에서 이룩한 승리"라고 자평하기도 했다.[6]

그럼에도 「남북기본합의서」와 「한반도비핵화공동선언」은 그 자체로 남북 관계 역사에 새로운 이정표를 제시하고, 결과적으로 탈냉전기 한반도에서의 남북관계 흐름에 또 다른 변화의 서막이었다는 점에는 이론이 없다. 「남북기본합의서」와 「한반도비핵화공동선언」을 채택하면서 남북한은 한반도 통일을 결과가 아닌 과정으로 전제하고, 남북 관계 개선과 평화공존, 나아가 통일을 향한 기본 틀을 제시했으며, 남북한이 화해, 불가침 및 교류·협력을 통해 점진적으로 평화통일을 지향하는 관계로 발전시키는 데 합의한 것이

---

6) 심병철, 『조국통일 문제 100문 100답』(평양: 평양출판사, 2002), 113쪽.

다. 이는 통일 과정과 접근방법에 대해 남북한이 최초이자 구체적으로 합의했다는 데 그 의미를 둘 수 있다. 남한 입장에서도 분단 이후 유지해온 기존의 대북·통일정책과 '한민족공동체통일방안'에 내재된 점진적·단계적 접근 방법과 동일한 것으로 볼 수 있다. 동시에 「남북기본합의서」는 제3자의 개입, 중재, 조정 없이 남북한이 당사자로서 독자적인 공식 협의를 거쳐 채택한 최초의 공식적인 합의문서라는 점에서도 의의를 찾을 수 있다. 「남북기본합의서」는 남북 분단 상황의 극복을 남북한이 주체적으로 해결하려는 의지의 표출이었으며, 쌍방 총리를 대표로 하는 책임 있는 당국 간 회담을 통해 이루어졌다. 아울러 「남북기본합의서」는 남북 간 정치적 화해, 군사적 불가침, 경제를 포함한 제반 분야의 교류협력 등 남북 간 해결해야 할 모든 사안을 포괄하고 있으며, 이 같은 현안 과제들을 대화를 통해 해결할 수 있는 창구로 본회담 외에 3개 분과위, 핵 통제 공동위, 4개 부문별 공동위, 남북 연락 사무소, 2개 실무협의회 등 총 12개 협의기구를 구성했다는 점을 높이 평가할 수 있다. 즉, 「남북기본합의서」, 부속 합의서의 합의 내용을 '제도적 틀' 안에서 이루어나갈 수 있는 기반을 함께 구축했다고 할 수 있다. 한반도 핵문제 해결의 기본 방향을 제시하는 「한반도비핵화공동선언」에서는 한국 측의 원안이 거의 그대로 관철되어 핵 문제 해결의 중대한 진전으로 받아들여졌다. 북한이 강력히 주장하던 '비핵지대화' 명칭을 포기하고 한국 측 안대로 '비핵화'를 수용하는 한편, 미국 핵우산을 보장할 수 있는 내용이 관철되었기 때문이다.[7]

그러나 이 같은 「남북기본합의서」의 전향적 내용과 이를 담보할 수 있는 구체적이고 현실적인 제도적 장치가 마련되었는데도, 「남북기본합의서」 체제는 그렇게 오래 가지 못했다. 우선, 「남북기본합의서」 체결에 접근하는 남북

---

[7] 정규섭, 「남북기본합의서: 의의와 평가」, ≪통일정책 연구≫, 제20권 제1호(2011).

한 정부의 기본 인식과 「남북기본합의서」를 통해 도달하고자 하는 정치적 목표가 각기 달랐다. 동독체제의 급속한 붕괴로 서독 중심의 평화적 통일을 이룩한 과정을 목격한 남한은 유사한 체제인 북한의 붕괴 가능성과 남한 주도의 흡수통일을 염두에 두고 남북관계 개선을 논의했고, 북한은 동독의 전철을 밟지 않기 위해 핵무기를 개발하는 등 독자적인 체제 생존방식을 마련하는 데 박차를 가하면서 체제 유지와 사회 내부 안정에 모든 역량을 기울였기 때문에 「남북기본합의서」와 「한반도비핵화공동선언」은 선언 자체보다는 이면의 목표를 우선시하고 남과 북 모두 회담이나 합의 자체는 부차적인 것으로 간주했을 가능성이 높다. 한반도에 가로 놓인 정치군사적 현실과 여전히 냉전논리가 지배하는 현실에서 「남북기본합의서」와 같은 전격적이고 포괄적인 화해와 협력을 위한 합의가 이행될 가능성은 별로 없었다. 남북한이 각기 자기 체제로의 완전한 통일을 목표로 했기 때문에 남북한 평화공존에 대한 신뢰 수준은 매우 미약했다고 평가할 수 있다. 따라서 합의서 내용이 상세하고 구체적이었음에도 구체적인 실천 사항을 담고 있는 것이 아니라 다분히 정치선언적인 내용 위주였으며, 실천적인 합의의 경우도 자의적인 해석이 가능해 논란과 갈등의 소지가 많았다. 특히 쌍방이 합의사항을 위반하고 이행하지 않을 경우 이에 대한 규제의 내용과 방법이 없었다. 「남북기본합의서」뿐 아니라 「한반도비핵화공동선언」에도 결정적인 문제점이 있었는데, 제4조에서 '상대방이 선정하고 쌍방이 합의하는 대상들'에 대해 사찰한다고 했기 때문에 북한이 핵 의혹 시설에 대한 사찰 요구를 합법적으로 거부할 수 있게 되었다는 점에서 향후 남북관계의 파행을 예고했다고도 할 정도로 규정력이 약했다고 평가할 수 있다.[8]

---

8) 김진무, 「중장기적인 남북기본합의서에 기초한 한반도 평화체제 구축방안 정립」, ≪북한≫, 제439호(2008).

5. 남북 간 신뢰 구축과 6·15남북공동선언

1990년대에 접어들면서 동유럽과 소련에서 개혁의 물결이 거세게 일고 북방정책 추진 결과 남한은 소련 및 동유럽 국가들과 국교를 수립하고 중국과도 관계 정상화를 이룩했다. 동독이 서독에 편입해 통일 독일이 출현한 상황에서 김일성은 1991년 신년사를 통해 1990년대식 '고려민주연방공화국창립방안'을 제시했다. 1980년 6차 당대회에서 제시한 '고려민주연방공화국창립방안'과 비교할 때 1990년대식 방안은 남북 지역자치정부에 국방, 외교 등 더 많은 권한을 부여하는 방식의 낮은 단계의 연방제라고 할 수 있다.

반면 같은 시기 북한은 핵 문제를 놓고 미국과의 직접 대화를 추진하고 이를 통해 미국과의 제반 문제를 일괄 타결하려고 했는데, 이러한 시도는 수세에 놓인 처지에서의 벼랑 끝 전술인 동시에 에너지원 확보를 비롯한 경제적 이익의 도모와 한반도 문제에서 주도권을 확보하려는 전략의 일환이었던 것으로 보인다.[9]

북·미 간에 북핵 문제를 논의하는 과정에서 우여곡절 끝에 남북대화가 개최되기는 했으나 양측의 불신과 적대감으로 회담 중 '서울 불바다론'이 튀어나오는 등 험악한 분위기 속에서 파행적으로 진행되었다. 1994년 6월 지미 카터(Jimmy Carter) 전 미국 대통령의 평양 방문으로 북핵 문제 해결의 돌파구가 마련되고 남북정상회담 개최에 합의한 것은 남북관계에서 새로운 전기가 되었다. 그러나 남북정상회담을 준비하는 과정에서 김일성의 돌연한 사망과 남한에서 발생한 조문 파동으로 남북관계는 다시 냉각기를 맞이했다.

북핵 문제와 조문 파동, 그리고 북한 잠수정 침투 사건으로 남북관계는 상당 기간 냉각되었다. 북핵 문제가 북·미 제네바 합의로 일단락되고 후속조치

---

9) 전현준, 『북한의 대남정책 특징』, 48쪽.

로 금호지구에 경수로를 건설하기 위한 한반도에너지개발기구(KEDO)가 구성되었다. KEDO의 이사국으로 경수로 건설에서 중심적 역할을 담당한 남한은 미국, 일본 등과 함께 북한과의 협상에 참여함으로써 남북관계에도 물꼬가 트이기 시작했다.

냉각된 남북관계는 북한의 극심한 식량난으로 해빙되기 시작했다. 1995년 6월 남북한은 차관급을 대표로 베이징에서 2차에 걸쳐 개최된 회담을 통해 남한 쌀 15만 톤을 북한 항구를 통해 전달했다. 국제식량기구를 통해 인도적 차원에서 식량을 지원하기 위한 남북 적십자 대표 접촉도 이루어졌고, 기타 각종 구호물자 전달을 위한 적십자회담도 1997년 5월 3일부터 베이징에서 꾸준히 진행되었다. 더구나 1998년 남한에서 새로 출범한 김대중 정부는 햇볕정책을 채택해 전향적인 남북교류협력과 지원책을 발표하고, 민간차원의 교류협력도 적극 장려하는 등 남북관계 개선을 위한 분위기가 새롭게 조성되었다.

김일성 사망 이후 3년간의 '유훈통치' 기간을 거쳐 김정일은 1997년 조선로동당 총비서에 취임하고, 이어 새로 구성된 최고인민회의 제10기 1차 회의에서 국가의 최고 수위인 국방위원장에 추대되면서 명실공히 김정일시대가 개막되었다. 1997년 8월 4일 김정일은 「위대한 수령 김일성 동지의 조국통일 유훈을 철저히 관철하자」라는 논문을 통해 7·4남북공동성명의 '조국통일 3대 원칙', '전민족대단결 10대 강령', '고려민주연방공화국창립방안' 등을 통일의 3대 헌장으로 규정하면서 김일성의 통일방안을 그대로 실천할 것을 다짐했다.

남한의 김대중 정부가 출범하면서 화해 협력에 기초한 햇볕정책을 적극적으로 추진하자 이에 대응해 김정일은 1998년 4월 18일 「온 민족이 대단결하여 조국의 자주적 평화통일을 이룩하자」라는 '민족대단결 5대 방침'의 내용을 담은 서한을 발표했다. 민족대단결 5대 방침은 남북관계에 임하는 김정일체제의 원칙과 전략을 담고 있다. '외세 의존을 배격하고 우리 민족끼리 대동단결해 자주적으로 모든 문제들을 해결하자'는 주장으로 남북관계를 개선하기 위해서는 남한이 반북대결정책을 버리고 연북화해정책으로 바꿔야 한다고 주장했다. 또한 이 방침은 경제난을 타개하기 위해 금강산 관광 사업과 남한 기업의 대북 진출을 통한 경제적 실익을 추구하며 각종 민간단체의 대북 지원 사업을 활성화할 수 있는 명분을 구축할 의도도 담고 있다.

남한의 김대중 정부는 역대 어떤 남한 정부와 비교할 때 가장 북한에 관대하고 우호적이었다. 햇볕정책은 북한을 개혁개방으로 유도하려는 전략을 내포하고 있었으나 김정일 또한 체제를 보존하며 실리를 획득할 수 있다는 자신감이 있었다. 민간 차원에서 전개되는 경협이나 교류협력 사업도 대내외적으로 통제 가능한 수준과 범위에서 진행되었다. 북한의 모든 사정이 과거와 같이 공세적 대남정책을 추진할 수 없는 상황이었으나 남한의 햇볕정책이 일관되게 추진되는 조건에서는 수세적이고 방어적일지라도 내부 사상 교양을 강화하고 대남정책을 효율적으로 구사하면 명분과 실리를 모두 얻을 수 있다고 판단했으며, 그 결과 2000년 6월 정상회담이 성사되었다.

분단 이후 최초로 성사된 남북정상회담은 반세기만에 남북한 최고지도자가 상봉함으로써 상호 신뢰를 통해 남북 간 현안을 풀 수 있는 여건을 조성했다는 데 의의가 있었다.[10] 7·4남북공동성명과 「남북기본합의서」이 채택되었음에도 남북관계는 일정 기간 진행되다가 여건 악화로 중단되곤 했는데, 실상은 남북 간 불신과 오해가 가장 큰 걸림돌로 작용했기 때문이다. 이런 점에서 남북의 최고지도자가 직접 만나 신뢰를 형성할 수 있다면 상호 간 호혜적 협력관계를 지속적으로 발전시킬 수 있다는 점에서 기대를 모았다.

특히 6·15남북공동선언을 통해 남북이 한반도 냉전 구조 해체와 통일 문

10) 도진순, 『분단의 내일 통일의 역사』(당대, 2001), 101쪽.

제에서 민족적 접근의 중요성에 합의함으로써 한반도 문제의 '한반도화'를 이루었고, 급격한 국가적 통합을 이루는 것이 아니라 체제 인정과 평화공존의 단계를 통해 통일을 지향한다는 것에 합의함으로써 '체제 인정과 평화공존'의 토대를 마련한 것에 의의를 둘 수 있다. 특히 정상회담의 결과 도출된 6·15 남북공동선언은 오랫동안 유지된 적대적 대결관계를 청산하고 화해적 공존 관계의 첫발을 내딛음으로써 상호 체제 인정과 평화공존을 토대로 한 남북 간 평화, 화해, 협력의 실질적 토대를 마련했다는 종합적 의미를 갖는다고 볼 수 있다. 나아가 6·15남북공동선언은 선언적 의의만이 아니라 핵심적 현안인 이산가족 문제 해결과 경협을 비롯한 다방면의 협력을 통해 본격적인 화해 협력관계를 구축함으로써 사실상 통일 단계로의 진입을 가능하게 했다고도 평가할 수 있다.11)

이처럼 2000년 남북정상회담에서 합의된 6·15남북공동선언은 선언적 의미와 함께 구체적 사업들을 실천할 수 있는 구속력도 함께 가졌다는 점에서 기대를 모았다. 실제 6·15남북공동선언에 따라 남북관계는 이전과는 확연히 구분될 만큼 양적으로나 질적으로 확대 심화되었다. 남북관계를 총괄 지휘하는 장관급회담이 정례화되었고, 비무장지대를 관통하는 도로와 철도가 동서 양쪽에 개설되고 금강산 육로관광의 실현과 개성공단 건설도 이루어졌다. 비전향장기수들이 그들의 희망대로 북한으로 송환되었으며, 이산가족 상봉 행사도 성사되었다. 민간 차원의 교류협력 사업도 대폭 확대되었으며, 대북 인도적 지원 사업도 쌀과 비료를 포함한 대규모 지원물품이 북한 내 각 지역으로 전달되기도 했다.

이러한 상황에서도 북한은 6·15남북공동선언의 의미를 화해와 교류협력

---

11) 김근식, 「남북정상회담과 6·15공동선언: 분석과 평가」, ≪북한연구학회보≫, 10권 2호(2006).

에 두기보다는 통일의 이정표를 세웠다는 점을 명분으로 내세워 그 이행을 위한 투쟁을 병행함으로써 남북 간, 남남 간 갈등 표출의 원인을 제공했으며 경우에 따라 남북관계가 소강상태에 빠지게 하기도 했다. 북한 내부적으로 는 남북정상회담과 6·15남북공동선언을 김정일의 탁월한 사상과 영도, 대용 단의 고귀한 결실이라고 주장하고, "내외의 반통일, 분렬세력의 책동이 아무 리 노골화되어도 우리 겨레, 우리 민족의 숙원인 조국통일의 의지를 꺾을 수 없다"라는 점을 지속적으로 선전했다.[12] 이는 북한체제의 속성상 체제 선전 의 일방적이고 과도한 측면임을 인정하면서도 실질적인 의도를 표출했다는 점에서 주목할 만하다. 북한은 남북한이 화해와 교류협력을 확대하고 있음 에도 6·15남북공동선언이 민족 공조에 기초한 조국통일 실현을 약속한 것인 만큼 남한의 한나라당을 비롯한 반통일 극우세력과 맞서 싸우고 통일을 방 해하는 미국의 지배와 간섭을 물리쳐야 한다는 주장을 변함없이 고수했고, 남북관계에 임하는 자세인 민족 공조는 결코 외세와의 공조와 양립될 수 없 다는 기존의 주장을 굽히지 않았다.

이러한 6·15정상회담과 남북공동선언의 한계와 제약점은 6·15남북공동 선언의 합의문 자체에서도 드러난다. 합의문 발표 당시부터 논란이 된 사실 이지만 합의문 제1항의 '자주적'이라는 표현의 의미가 무엇인지 명확하게 일 치를 보지 못했고, 제2항에서 '남측의 연합제' 표현에 대한 정리도 여전히 숙 제로 남아 있었다. 남북 간 진정한 신뢰가 구축되지 않은 상황에서 통일의 구체적 방법을 거론한 것은 주객이 전도된 논리라는 비판도 끊임없이 제기 되었다. 제2항의 경우 현행 대한민국 헌법에 위배될뿐더러 각기 다른 해석 으로 비합리적 선언을 했다는 측면에서 불신을 증폭시키는 결과를 초래했 다.[13] 따라서 6·15남북공동선언도 앞서 남북 간 이루어진 숱한 시행착오를

---

12) 심병철, 『조국통일 문제 100문 100답』, 160~161쪽.

극복하려는 의지와 노력이 있었음에도 결국 북한에 핵무기 개발의 시간과 비용, 명분을 축적할 수 있는 기회만 제공했다는 비판을 모면할 수는 없게 되었다.

6. 맺음말: 10·4남북정상선언 이후의 과제

6·15남북공동선언 이후 남북관계는 당국 간 회담이 정례화되고 각종 교류와 협력이 활성화됨으로써 점차 제도화 단계로 접어드는 듯한 모습을 보이기도 했다. 김정일 이후 북한의 후계 구도를 구축하는 과정에서 북한은 남북관계를 체제 유지와 경제 건설에 활용할 수밖에 없었던 만큼 남북관계가 이러한 목적에 부합하는 한 지속될 수 있었으나 실제로 남북 간 새로운 과제들도 끊임없이 제기된 것이 사실이다.

김대중 정부에 이어 노무현 정부도 북한에 대한 포용정책을 지속했고, 북한이 핵개발을 지속하는 상황에서도 임기 말 전격적인 남북정상회담(10·4정상회담)을 성사시켜 6·15남북공동선언을 재확인하고 이를 계승, 발전하는 차원에서 '남북관계 발전과 평화번영을 위한 선언(10·4남북정상선언)'에 합의했다. 아울러 노무현 대통령과 김정일 위원장의 정상회담에서 채택된 10·4남북정상선언에 따라 그 이행을 위한 제1차 남북총리회담을 11월 14일부터 16일까지 서울에서 개최해 방대하고 포괄적인 내용을 담은 '10·4남북정상선언' 이행에 관한 제1차 남북총리회담 합의서를 채택했다.

노무현 정부는 김대중 정부의 대북·통일정책의 기본 목표와 정책 방향에 대해서는 대동소이하지만 실제 정책 추진 환경과 리더십에서 차이가 있었으

---

13) 정규섭, 「6·15 선언과 10·4 선언의 평과와 과제」, ≪북한학보≫, 제37권 제2호(2012).

며, 북한 역시 2000년대 초반과 중반 이후 동일한 지도자인데도 정책환경과 추진 목표를 차별화했던 점을 주목해야 한다. 10·4정상회담에서 합의한 10·4 남북정상선언 제1항과 제2항에서 2000년 6·15남북공동선언을 적극 구현하고 사상과 제도의 차이를 초월해 남북 간 존중과 신뢰의 관계를 확고히 하려고 한 측면은 있었으나, 10·4정상회담의 가장 중요한 의제는 6·15남북공동선언에서 의도적이든 전략적이든 간과했던 한반도 평화와 안전에 관한 부분을 명시적이고 적극적으로 포함시키는 것이었다. 따라서 한반도 평화체제 구축을 위한 기본 틀을 짜고 평화번영의 시대를 열어가기 위해 제3항, 제4항에 한반도에서 군사적 적대관계를 종식시키고 항구적인 평화체제를 구축하기 위한 종전 선언을 추진하는 데 협력하자고 구체적으로 명문화하려는 노력을 기울였다.

동시에 10·4남북정상선언에서는 한반도 평화 정착과 공동 번영을 위해 남북한 간 경제공동체 기반을 조성하는 것이 필요하다고 역설하고 이를 좀 더 세분화, 구체화하는 데 역점을 두었다. 이를 위해 남과 북은 경제 기반시설 확충과 자원 개발을 적극 추진하고 이 사업을 위해 각종 특혜를 우선적으로 부여하기로 했다. 또한 남북한 신뢰관계를 촉진하고 정착하는 핵심동력으로 남북경협을 강화시키는 방안에 합의했는데, 이는 남북경협을 미래 지향 단계로 발전시켜 공동 번영의 틀을 마련하자는 것이었다. 또한 10·4남북정상선언에서는 군사 분야 등 상위 정치 영역의 이슈를 남북한 공식 논제로 정착시키는 데 기여했는데, 정상회담을 통해 종전 선언 문제를 남북한 최고지도자가 합의했다는 점에 의미를 부여할 수 있다. 북한이 지속적으로 주장한 '평화협정의 당사자는 미국이다'는 입장을 변경시켰다는 것도 후속조치의 이행에 따라서는 높이 평가할 만한 진전이라고 할 수 있다.[14]

---

14) 김창희, 「노무현 정부의 평화번영정책과 제2차 남북정상회담」, ≪통일전략≫, 제8권

반면, 10·4남북정상선언 자체에 대한 비판적인 평가도 만만치 않다. 즉, 제1항에서 '6·15공동선언의 이행'과 '우리민족끼리' 및 '통일 문제의 자주적 해결'이 합의·강조된 것은 김정일의 통일론에 기초한 통일전선의 낮은 단계 연방제론, 평화 공세의 민족대단결론과 민족 공조론과 연계될 수 있기 때문에 남한 사회에서 남남갈등·이념갈등·보혁갈등을 일으킬 수 있는 하나의 요인이 될 수 있다는 비판이 본격적으로 제기되었다.[15] 제3항의 통일 지향의 법률적·제도적 장치 정비에 관한 합의는 필연적으로 남한의 '국가보안법'과 북한의 '조선로동당규약'에 관한 문제와 연결되어 있다. 북한에서 주장하는 통일 지향의 법률적·제도적 장치 정비란 정치적·물리적 통일 장애물의 제거라는 선결 조건, 즉 국가보안법 철폐, 주한미군 철수, 민족 공조 강화, 반미자주화투쟁 강화, 민족 대 미국의 대결구도 실천, 선군정치 지지 등으로 표출된다. 이는 7·4남북공동성명 이래 남북 간에 이루어진 모든 합의문이 공통적으로 초래한 남한 내부의 남남갈등·이념갈등·보혁갈등을 일으킬 수 있는 또 하나의 요인이라고 지적할 수 있다.

이처럼 10·4정상회담과 여기에서 합의된 정상선언, 그 후속 합의인 남북 총리회담의 합의서는 시기적으로 적절치 못했고, 따라서 합의 자체가 오히려 남북관계의 진정성 있는 발전에 역행하는 오류를 범했다는 지적에서 자유로울 수 없다. 대선을 불과 2달 앞둔 시기에 남북이 정책, 특히 남북관계와 같이 매우 민감하고 정치적인 사안에 전격적으로 합의한다는 것은 남한은 물론 남한 사정을 잘 알고 있는 북한도 무모하고 현실성 없는 합의를 도출했다고 할 수 있다. 더구나 대선의 향방이 이미 보수 정당의 압도적인 우세 속에서 진행되었음을 감안하면 선두 주자인 야당 후보 입장과 무관하게 진행

제1호(2008).

15) 윤황, 「제2차 남북정상회담의 성과와 과제」, 《통일전략》, 제7권 제3호(2007).

되었고, 경우에 따라서는 적대적인 입장에서 남북한 지도자가 합의하는 형국이 되어 결국 대선에 직접적인 영향을 주기 위한 남북한 당국의 속내를 읽을 수 있는 대목이라고도 할 수 있다.

남북관계, 그리고 한반도의 상황을 감안할 때 북핵 문제의 평화적 해결 없이 순탄한 남북관계는 기대할 수 없다. 김정일에 이어 세습 후계자인 김정은은 3차 핵실험을 단행하고 핵 무력을 증강하는 데 전력을 기울이고 있다. 스스로 핵보유국임을 자처하고 핵·경제병진정책을 핵심정책으로 표방함으로써 사실상 남북관계를 규정하던 「남북기본합의서」와 「한반도비핵화공동선언」을 실질적으로 파기함은 물론 할아버지인 김일성이 합의한 7·4남북공동성명과 아버지가 약속한 6·15남북공동선언 및 10·4남북정상선언의 기본 정신과 취지를 정면으로 부정하고 있다.

북한 김정은 정권은 핵무기 보유와 선군정치를 통해 북한체제를 온전히 유지할 수 있다고 믿는다. 선군정치를 통해 고난의 행군을 성공적으로 극복할 수 있었으며, 이명박 정부에 이어 박근혜 정부에 이르러서도 보수세력의 흡수통일 기도를 막아낼 수 있고, 핵·경제병진정책을 통해 미국이나 중국 등 주변 강대국은 물론 국제사회의 압박과 제재를 분쇄하고 고립된 수령세습체제를 유지할 수 있다고 판단하고 있다. 그러나 김정은 주도의 핵·경제병진정책을 통해 자체 무력이나 강압적 통제장치에만 의존할 경우 한반도에서의 군사적 긴장이 해소되지 못할 것이며 북한 내부에서도 의사결정의 왜곡으로 적실성 있는 해법 마련이 불가능할 것이다.

남북관계는 민족이란 공통 분모를 바탕으로 체제 경쟁보다는 상호 신뢰와 협력을 중시해야 공존공영할 수 있는 특수한 관계다. 그럼에도 남북회담과 합의서의 이행 여부를 분석해보면 남북한 모두 진정성이 부족하고 합의 이면의 정치적 목표에 집중했던 과오를 반성해야 한다. 합의 이행에 실패한 것보다 더 큰 손실은 이러한 남북관계 파행과 경색이 남북한에 씻을 수 없는 불신을 초래했고, 이는 회담 당사자나 합의 주체에 국한된 것이 아니라 전체 구성원과 주변국들에 대해서도 남북한의 실상과 의도를 왜곡하고 폄하하는 결과를 초래했다는 점이다.

남북한은 비록 상이한 체제하에서 70년간 분단과 불안정한 평화를 유지하고 있지만 상호 신뢰와 평화적 공존, 국제적 협력이 새로운 남북관계의 출발점이 되어야 한다. 제로섬 방식으로 경쟁함으로써 지출해야 했던 막대한 비용과 민족역량의 무모한 소모전 대신 함께 협력함으로써 공통의 이익을 창출하는 것이 새로운 남북관계의 목표가 되어야 한다. 광복 70주년과 분단 70년이 흐르는 동안 숱한 갈등과 반목이 점철된 한반도에서 지난 40년간 지속된 대화와 협상 국면이 재개되기 위해서는 과거 남북 간 합의 실패 경험과 교훈을 되새기며 상호 이익과 공존을 위한 신뢰를 구축해야 할 것이다.

참고문헌

1. 국내 문헌

김근식. 2006. 「남북정상회담과 6·15공동선언: 분석과 평가」. ≪북한연구학회보≫, 제10권 제2호.

김진무. 2008. 「중장기적인 남북기본합의서에 기초한 한반도 평화체제 구축방안 정립」. ≪북한≫, 제439호.

김창희. 2008. 「노무현 정부의 평화번영정책과 제2차 남북정상회담」. ≪통일전략≫, 제8권 제1호.

도진순. 2001. 『분단의 내일 통일의 역사』. 당대.

박광득. 2014. 「7·4남북공동성명(1972)의 주요내용과 쟁점분석」. ≪통일전략≫, 제14권 제3호.

박정진. 2012. 「냉전시대 한반도 갈등 관리의 첫 실험, 7·4남북공동성명」. ≪북한연구학회보≫, 제16권 제1호.

윤황. 2007. 「제2차 남북정상회담의 성과와 과제」. ≪통일전략≫, 제7권 제3호.

전현준. 2002. 『북한의 대남정책 특징』(통일연구원 연구총서 02-08).

정규섭. 2011. 「남북기본합의서: 의의와 평가」. ≪통일정책 연구≫, 제20권 제1호.

_____. 2012. 「6·15 선언과 10·4 선언의 평과와 과제」. ≪북한학보≫, 제37권 제2호.

2. 북한 문헌

심병철. 2002. 『조국통일 문제 100문 100답』. 평양: 평양출판사.

3. 외국 문헌

Cumings, B. 1997. *Korea's Place in the Sun: A Modern History*. New York: W. W. Norton & Company.

Harrison, S. S. 2002. *Korean Endgame*. Princeton, NJ: Princeton Univ. Press.

제6장

남한은 북한을 변화의 길로 이끌 수 있는가?

전현준 | 동북아평화협력연구원장

1. 머리말

통일은 당위론적 측면뿐 아니라 현실론적 측면에서도 반드시 달성해야 할 우리 민족의 절대 목표다. 당위론적 측면에서는 한민족의 조상인 단군이 B. C. 2333년 고조선을 수립한 이후 신라·고구려·백제로 갈라진 삼국시대 700여 년과 후삼국 시대 35년, 현대 남북 분단시대 70여 년을 제외하고 약 3600여 년 동안 우리는 하나의 민족으로 살아왔기 때문에 통일국가로 회복하는 것은 당연한 일이다. 현실론적 측면에서 남북 분단으로 인해 주변국들의 정치적 간섭이 심하고, 경제적으로도 남북 모두 어려운 상황에 직면했기 때문에 통일을 통해 경제적 난관을 극복하는 것은 매우 필요한 일이다.

그러나 통일은 어느 일방의 주장만으로 되는 일은 아니다. 남북 공히 통일을 원해야 가능하다. 현재로서는 남북 모두 통일의 필요성에 공감한다. 다만 어떤 통일을 이루는지에 대한 남북 간 차이가 심하다. 통일이념, 통일 시기, 통일방안 등을 놓고 남북 간 첨예한 대립이 일어나고 있다. 북한은 '사회주의식 연방제'를, 남한은 '자유민주주의식 단일국가'를 주장한다.

남북 간 통일방식에 대한 합의가 없는 한 평화통일은 요원할 것이다. 양측이 자기 방식의 통일을 끝까지 고수할 경우 '제2의 6·25전쟁'이 발생할지도 모른다. 따라서 어떤 수단을 동원해서든 남북은 통일방식에 대한 간극을 줄여야 한다. 특히 북한의 사회주의적 요소와 남한의 자본주의적 요소가 적절히 배합된 '제3의 통일이념'이 창조되어야 한다. 이를 위해서는 남북이 모두 일보씩 양보해야 한다. 양보와 타협 없이는 상호 간 접점을 찾지 못할 것이고 평화통일도 그만큼 지연될 것이다.

양보와 타협을 위해서는 남북 각각이 상대방을 동족이나 진정한 대화상대로 생각해야 한다. 상대방을 '타도대상'으로 보는 한 정상적인 접촉은 어렵다. 특히 경제력이 40배나 높은 남한이 북한을 '포용대상'으로 보지 않는 한 북한의 공포심은 커질 것이고 북한이 진정성을 가지고 대화에 나오기란 쉽지 않을 것이다. 또한 남한이 북한을 변화시킬 수 있는 대상으로 인식하는 것이 중요하다. 북한은 절대 변하지 않을 것이라는 편견은 접촉과 지원이 불필요하고 무가치한 것으로 치부될 수 있다. 아울러 북한에도 '변화의 맹아'가 자라고 있음을 인정해야 한다. 최근 북한의 '밑으로부터의 변화'는 괄목할 만하다. 경제난으로 수령에 대한 충성심이 줄어들고 개인주의 사조가 증가하고 있다. 북한에 변화의 맹아가 없는데도 대화와 대북 지원을 해야 한다고 주장할 경우 "밑 빠진 독에 물 붓기"라는 냉소가 등장할 것이고, '북한불변론'의 논리적 근거가 될 것이다. 중요한 것은 북한 내 변화의 맹아가 없으면 우리가 맹아를 만들어주어야 한다는 점이다. 맹아를 만들어주는 것은 통일 주도권 장악과도 깊은 관계가 있다. 공들이지 않는 '통일대박'은 연목구어다.

대북 주도권을 장악하기 위해서는 북한의 대남 의존(dependence)도를 높여야 한다. 대남 의존이 심화되어야 북한 변화를 위한 레버리지를 갖게 된다. 현재 북·중 간 상호의존 정도를 보았을 때 북한에 대한 주도권은 중국이 차지하고 있는 형국이다. 우리는 최선을 다해 하루속히 중국으로부터 주도권을 찾아와야 한다. 문제는 주도권 장악을 위해 대북 지원이 선행되어야 하는데 이에 대한 찬반 논쟁이 발생한다는 점이다. 한반도 통일 주도권 장악과 관련해 김대중·노무현 정부 시기에 북한에 '퍼줬'는데 붕괴 직전의 북한이 회생해 남한에 감사해 하기는커녕 남한의 대북 지원 자금을 이용해 핵, 미사일, 장거리포 등을 개발함으로써 오히려 남한을 군사적으로 위협하게 되었다는 논리가 지배적이다. 이른바 '북한불변론'이다. 그러나 이는 사실과 다르다.

이 글의 목적은 대북·통일정책과 관련된 오래된 논쟁인 '북한변화론'과 '북한불변론'을 재검토하고 과연 북한은 결코 변하지 않는 정권인가, 남한의 대북포용정책은 북한의 변화를 가져올 수 있는가, 북한 지도부와 북한체제의 변화를 가져올 수 있는 조건은 어떤 것인가 등을 논의하고 우리의 대북정책 방향에 대한 의견을 제시하는 데 있다.

2. 북한 변화 문제에 대한 논쟁

대북정책과 관련해 대북 지원에 따른 북한 변화 여부 문제는 큰 논쟁점이었다. '북한변화론'과 '북한불변론'의 대충돌이 일어났다. 북한 변화 여부의 경우 어느 입장과 관점으로 북한을 바라보느냐에 따라 전혀 상반된 평가가 나왔다. 진보진영은 '북한 변화'를, 보수진영은 '북한불변'을 주장했다. 진보진영은 북한의 비본질적이며 작은 변화까지도 쉽사리 변화로 진단하는 '최소주의적(minimalist)' 경향을, 보수진영은 북한체제의 본질적 변화만을 변화로 간주하는 '최대주의적(maximalist)' 경향을 채택했다.[1] 진보진영은 대북 지원을 지속하려 했고, 보수진영은 대북 지원을 중지시키려 했다. 결국 북한 변화에 대한 평가 문제는 특정 진영의 정치적 목적과 연관되었다.

이처럼 변화(change)에 대한 평가는 다양한 입장에서 정의될 수 있다. 변화 범위에 따라 체제 내 변화(change within the system)인가, 체제의 변화(change of the system)인가로 구분할 수 있다. 체제 내 변화는 제한적 변화를 의미한다. 중국처럼 사회주의체제 내에서 자본주의적 요소가 채용되는 것이다. 체제의 변화는 구동유럽 국가처럼 체제 자체가 다른 체제로 변하는 것이다. 변화 수준에 따라 사상, 정치, 군사 등의 고준위(high politics) 변화와 경제, 사회, 문화 등 저준위(low politics) 변화로, 변화의 속도에 따라 급진적(radical) 변화와 점진적(gradual) 변화로, 변화의 깊이에 따라 미시적(micro) 변화와 거시적(macro) 변화로, 근본적 변화인가 표피적 변화인가 등으로 구분할 수 있다. 또한 변화의 주체에 따라서는 위로부터의 변화, 옆으로부터의 변화, 밑으로부터의 변화 등으로 나눌 수 있다. 따라서 북한의 변화를 한마디로 정의하기는 어렵다.

북한의 변화 문제는 특정한 논자가 북한의 변화 수준을 어딘가에 맞추고 "북한이 변했다, 안 변했다"라고 판단할 수밖에 없다. 만일 북한의 변화 수준을 '체제의 변화', '급진적 변화', '높은 수준의 변화', '거시적 변화', '밑으로부터의 변화', '근본적 변화' 등으로 요구했는데 그에 부합하지 않으면 "변하지 않았다"라고 평가한다. 반대의 경우 "많이 변했다"라고 평가한다. 따라서 북한 변화에 대한 평가는 평가자가 어떤 수준의 변화를 기대하느냐에 따라 다양하게 나타난다. 북한 변화를 어떻게 평가하느냐는 평가자의 자유이지만 문제는 서로 다른 평가 수준을 제시하고 그 결과를 놓고 평가자 간 심한 논

---

1) 김근식, 「북한체제의 변화진단 및 전망(정치 부문)」(통일정책 연구소 제3차 남북한관계 학술회의, 2001), 2쪽.

쟁이 벌어진다는 점이다. 그것이 곧 '남남갈등'이다.

여기에 더해 '북한을 어떤 상대로 볼 것인가', '북한을 어떤 방식으로 변화시킬 것인가' 등을 중심으로 남남갈등이 벌어진다. 북한을 어떤 상대로 볼 것인가에 대해서는 '협력대상'이라는 대답이 점점 낮아지고 있다. 서울대학교 통일평화연구원의 2013년 여론조사에 따르면 북한을 '협력대상'으로 보는 응답이 40.4%(2012년 50.5%), '경계대상'으로 보는 응답이 21.2%(2012년 21.3%), '적대대상'으로 보는 응답이 16.4%(2012년 10.9%)였다. 협력대상으로 보는 응답이 현저히 낮아지고 적대대상으로 보는 응답이 높아졌다. 북한에 대한 부정적 인식이 높아진 것이다. 대북 인식에 대해서 일치된 의견이 나오지 않는 것이다.

북한을 어떻게 변화시킬 것인가 하는 문제는 '대북포용'과 '대북압박'이 맞서고 있다. 두잇서베이에서 "가장 적절한 대북정책은?"이라는 질문으로 실시한 여론조사 결과 대북정책과 관련해 노무현 정부(북한에 대한 경제 원조와 양국 간 교류) 32%, 김대중 정부(햇볕정책은 남북 간 긴장관계를 완화하고 북한의 개혁개방을 유도) 28%, 박근혜 정부(비핵화 후 협상하는 조건부) 26%, 이명박 정부(비핵화 후 경제를 개방하는 조건부) 13% 등의 지지율을 보였다.[2] 전반적으로 대북포용정책 60%, 대북압박정책 39%의 지지로 나타나 상호 경쟁이 벌어지고 있다.

한편 북한 변화 문제의 경우 1990년대 초·중반 북한경제의 '최악의 상황'은 북한 주민들에게 많은 변화를 가져다주었다. 특히 1995~1997년 3년간의 '고난의 행군'은 북한 주민들의 의식 구조 변화에 결정적인 영향을 끼쳤다. 첫째, 수령에 대한 충성심이 약화되었다. 수령이 '일용할 양식'을 배급해주지

---

2) 두잇서베이(http://ww w.dooit.co.kr/)에서 2014년 10월 13일부터 10월 20일까지 전국 10~99세 남녀 4954명을 대상으로 의식조사 실시 결과임.

못한 상태에서 북한 주민들과 하급 관료들은 수령을 믿지 못하고 자신만을 믿는 상황이 발생했다. 수령과 노동당, 정권의 말을 믿었다가 많은 사람이 아사했기 때문이었다.

둘째, 집단주의 의식이 약화되었다. 주민 모두가 어려운 상황에서 개인주의와 이기주의가 성장했다. 국가에서도 "자신이 주인"이라는 논리를 강조했다. 사실 주체사상은 수령절대주의로서 "수령이 주인"이라는 논리인데, 경제난으로 인해 수령과 국가가 먹는 문제를 해결해주지 못하자 개인의 중요성을 강조하기 시작했다. 이런 상황에서 개인보다 집단이 중요하다는 논리는 설 자리를 잃었다. "쌀독에서 인심난다"라는 속담처럼 개인의 삶이 어려운데 이웃을 도와주는 인심이 나오기 어려웠다.

셋째, 중국과 남한에 대한 인식이 변했다. 경제난이 심화되면서 중국에 대한 의존도가 높아졌다. 중국에 친·인척이 있는 북한 주민들은 중국 방문을 통해 먹거리를 해결했다. 중국과의 장사나 밀거래가 성행했고 자연히 대중(對中) 의존도가 높아졌다. 김정일 위원장도 2000년 이후 8회나 중국을 방문해 우호를 확인하고 경제적 지원을 받았다. 북한 주민들은 중국에 감사할 수밖에 없었다. 2000년대 이후 남한의 대북 지원이 증가하면서 북한 주민들은 남한에도 감사하기 시작했다. 남북 관계 개선으로 북한 주민들 사이에서 남한에 대한 적개심이 약화되면서 '한류'에 대한 경계심도 줄어들었고, 남한의 국력이 어느 정도인지 알게 되었으며, 남한에 의한 통일 가능성이 높다는 것도 알게 되었다. 북한 중간 간부들은 남한에 의한 통일이 될 경우 자신의 안위가 어떻게 될지를 걱정할 정도였다.

3. 북한 붕괴 문제에 대한 논쟁

남한 내에서 일어난 주요 갈등 중 하나는 '북한 붕괴론'이었다. 곧 붕괴될 북한을 지원할 필요가 없다는 논리였다. 대북포용정책은 김대중·노무현 정부에서 시행되었던 것으로 북한을 동족으로 보고 남북교류와 대북 지원을 지속할 경우 북한은 자연스럽게 '정상국가화'될 것이라는 전제가 있었다. 김대중 정부의 '햇볕정책'은 대북 지원을 통해 '사회주의 갑옷을 벗기는' 것을 목표로 했다. 김정일체제를 자본주의식으로 변화시키는 정책이었지 도와주는 정책이 아니었다. '대북 퍼주기론'은 현상에 대한 왜곡이었다. 북한에 '퍼주지 않았다면' 북한은 붕괴되었을 것이라는 주장이다. 그러나 이것은 사실과 다르다.

북한이 1990년대 초·중반 '체제 붕괴' 직전까지 몰린 것은 사실이다. 사회주의권 붕괴로 인한 외부 원조 감소, 소련·중국의 한국 수교(1990년, 1992년) 이후 우호가격 거래 중지, 북·미관계 악화(1993년), 김일성 주석 사망(1994년), 자연재해 및 고난의 행군(1995~1997년) 등은 북한을 붕괴 상황으로 몰았다. 40만~400만 명에 이르는 주민이 굶어 죽었다. 이때 등장한 논리가 '북한 붕괴론'이었다. 그러나 북한은 예상과 달리 생존했다. 후계자 김정일의 충분한 후계 준비, '선군정치'를 통한 강력한 통제, 주민들의 '일심단결'과 자력갱생, 체제 붕괴의 불안감으로 인한 핵심 엘리트 단결 등이 복합적으로 작용한 결과였다. 특히 주민들은 초근목피(草根木皮)로 끼니를 때우면서 피나는 자구책을 마련했고, 중국과의 공식·비공식 무역을 통한 식량 구입으로 근근이 버텼다. 1997년 10월 김정일이 당 총비서로 선출되어 정치 전면에 나서면서 체제는 안정기로 접어들었다.

'북한 붕괴론'은 크게 두 시기로 구분할 수 있다. 가장 대표적인 사례가 1994년 10월 북·미 간에 이루어진 '북·미 제네바 합의'였다. 이 합의는 과정도

건성건성이었고, 합의도 제대로 이행되지 않았다. 그 배경에는 당시 미국 측 회담대표였던 로버트 갈루치(Robert Gallucci)가 실토했듯이 '북한 붕괴론'이 있었다. 1994년 7월 김일성 주석 사망 직후 '사이비' 북한 전문가들이 언론에 나와 김정일 후계체제는 "3일 아니면 3년 내에" 붕괴될 것이라고 호언장담했다. 이러한 정세 분석이 1994년 10월 '북·미 제네바 합의'를 가능하게 했다. 북한이 곧 붕괴될 터이니 북한이 원하는 북·미관계 개선 및 경수로 건설을 합의해도 별문제가 없을 것이고 경수로 건설 중 북한이 붕괴되면 그것은 어차피 남한 것이 될 것이기 때문에 남한이 비용의 70%를 부담해야 한다는 논리가 나왔다.

더 큰 문제는 북·미 제네바 합의를 이행하면서 북한 붕괴를 기다리는 바람에 공사가 지연됨으로써 북한의 대미 불신이 매우 커졌고, 북한이 미국의 대화 진정성을 의심하는 시발점이 되었다. 즉, 미국은 북한체제를 결코 인정하지 않을 것이고, 어떻게든 북한이 붕괴되기를 바란다는 인식이 북한 지도부에 각인된 것이다. 북한 지도부는 북·미관계 개선이나 평화체제의 정착 없이는 어떤 합의나 성명일지라도 그 뒤에 북한 붕괴 의도가 숨어 있다는 극단적 생각까지 하게 된 것이다.

이명박 정부 시기에도 '북한 붕괴론'이 팽배했다. 폭로 전문 사이트 '위키리크스(Wikileaks)'에 따르면 이명박 정부 시기 통일·외교·안보 분야의 최고책임자 모두가 '북한 붕괴론'을 믿고 있었다. 이런 믿음은 대북압박정책으로 나타났다. 대북 지원을 끊으면 "북한이 붕괴되든지 무릎을 꿇고 나올 것"이라는 판단이었다. 그러나 대북 강경책은 엉뚱한 결과를 낳았다. 북한이 중국과 더욱 밀착하는 계기가 된 것이다. 북한은 부존 광물자원을 중국에 팔기 시작했고, 2008년부터는 붕괴는커녕 오히려 6% 이상의 경제성장을 이루었다. 이명박 정부는 중국 변수를 고려하지 못했다. 북한이 남한의 대북 지원으로 지탱한다고 오산한 것이다.

그 배경에는 '대북 퍼주기론'이 자리 잡고 있었다. 김대중, 노무현 정부 시기 북한에 '퍼주어서' 붕괴될 김정일 정권이 살아남았기 때문에 그것을 끊으면 북한은 붕괴될 것이라는 계산이었다. 그러나 이는 큰 오산이었고, 우리의 숭고한 민간인과 군인의 희생을 야기했다. 정부의 철학 부재와 오판이 얼마나 무서운 결과를 가져오는가를 우리는 당대에 목도한 것이다.

그렇다면 지금의 '김정은 정권 붕괴론'은 어떠한가? 김정은 제1비서가 어리고 경험이 없어 권력 엘리트들을 장악하지 못한 데다 정책 혼선까지 빚어 언제 어떻게 될지 모른다는 것이다. 그러나 그것은 너무 과한 평가이자 예측이다. 수령체제의 특징은 수령제를 유지하기에 적합한 시스템이 모두 구축되어 있고, 시스템의 머리만 바뀐다는 점이다. 따라서 최고지도자가 교체되어도 제도나 법, 인물들이 모두 그대로 유지된다. 자유주의 국가의 권력 교체와는 근본적으로 다르다. 따라서 김정은의 경험 유무는 별문제가 안 된다. 핵 문제나 미국 문제만 보더라도 강석주를 비롯해 1980년대 후반부터 활동한 노회한 관료들이 그대로 남아 있다. 정책의 일관성 문제만 보더라도 북한은 전통적으로 '벼랑 끝 전술'을 구사했고, 김일성 빨치산 시기부터 난국 돌파를 위해 반드시 강·온 양면책을 구사했다. 이것은 최악의 상황에서 난관을 돌파하면서 상황의 주도권을 잡아가는 북한의 '빨치산식' 생존전략으로 일관되게 적용되었다.

우려되는 것은 혹시나 박근혜 정부도 이전 김영삼 정부나 이명박 정부가 그랬던 것처럼 '북한 붕괴론'에 빠져 있지 않나 하는 것이다. 아직까지는 '북한 붕괴론'이 대세는 아니지만, 현 정부의 '통일대박론'이 혹여 대통령을 비롯한 고위 관료들의 마음속에 '북한 붕괴론'을 기초로 나온 것은 아닌가 하는 의구심이 든다. 잘못된 대북 인식은 '통일대박론'을 '통일쪽박론'으로 만들 수 있다. 더욱 위험한 것은 '북한 붕괴론'에 빠지면 한반도 문제의 주도권이 미국이나 중국으로 넘어갈 가능성과 대북압박정책 가능성이 있다는 것이다.

모두 다 피해야 할 사안이다. 인간 간의 관계에서 '신뢰'나 '원칙'은 매우 중요하다. 특히 불신과 증오가 가득한 남북관계에서는 더욱 그렇다. 따라서 남북은 상대방을 무력이나 공작으로 붕괴시키려 한다는 불신을 서로에게 주어서는 안 된다.

4. 대북 '퍼주기론'의 문제

'북한 붕괴론'의 연장선상에서 발생한 것이 대북 '퍼주기론'이었다. 우리가 '퍼주지 않았다면' 북한은 붕괴되었을 것이라는 주장이다. 그러나 이 주장 또한 오류다. 북한의 생존에 우리는 아무런 역할도 못했다. 1995년부터 시작된 북한의 '고난의 행군' 시기는 김영삼 정부 시절이었고, '햇볕정책'을 구사한 김대중 정부는 1998년 2월 출범했다. 금강산 관광은 1998년 11월 18일 시작되었다. 북한이 경제난 속에서도 살아남을 수 있었던 것은 중국과 일본 때문이었다. 북한은 피나는 자구노력과 중국과 일본의 경제 지원 덕분에 서서히 기력을 회복하기 시작했다. 북한은 여세를 몰아 1998년 8월 31일 '대포동 1호' 로켓을 발사했다. 매우 '바보 같은 짓'이었지만 시기적으로 김대중 정부의 대북 지원과는 아무 상관없는 일이었다. "대북 지원이 포탄이 되어 날아온다"라는 말은 허구일 뿐이었다.

1999년 2월 남한은 창구 다원화정책을 폈다. 그 이후 민간단체의 대북 지원이 활성화되었다. 1999년 대북 지원은 대한적십자사와 민간단체를 포함해 233.8억 원(1900만 달러, 1달러 당 1208원으로 환산)이었다. 대북 지원 규모만 보면 보수 정권이었던 김영삼 정권, 이명박 정권이 더 많았다. 김영삼 정부 36억 달러(북한 경수로 건설비 포함), 김대중 정부 13억 4000만 달러, 노무현 정부 14억 1000만 달러, 이명박 정부 15억 3000만 달러 등이다.

한편 김대중·노무현 정부의 대북 지원이 북핵개발에 도움을 줬다는 주장도 반드시 맞지는 않다. 미국 중앙정보국(CIA)은 정치적 의도가 있는 판단이기는 했지만 1993년 2월에 북한이 이미 핵무기 제조능력을 보유한 것으로 판단했다. 이러한 CIA의 판단이 '제1차 북핵위기'를 불러왔다. 이러한 사실은 북한의 핵개발이 우리의 대북 지원과는 무관하게 진행되어왔다는 증거다. 개성공단 사업에 대해 '퍼주기'라고 비난하는 사람들이 많은데, 여기에는 '평화비용'이나 남북 모두에 이익을 주는 '윈윈 비즈니스'에 대한 고려가 빠져 있다. 김대중·노무현 정부가 10년간 27억 달러를 "퍼줬다"는데 노무현 정권 말기 2006년 국방비는 22조 5129억 원(225억 달러, 1달러 당 1000원으로 환산)이었으니 10년 동안 북한에 퍼준 금액은 사실상 한 해 국방비의 10%, 10년간 국방비의 1%에 지나지 않았다.

한편, 김대중·노무현 정부 시기(1998. 2~2008. 2) 10년간의 대북정책은 대북포용 또는 대북개입(engagement) 정책이라 할 수 있다. 대북포용정책은 한반도 평화통일을 위해서는 북한을 방치하거나 포기하지 않고 적극적인 남북교류협력을 통해 상호 신뢰를 쌓아 북한이 유연하게 자본주의 시장경제를 받아들이도록 하는 것이었다. 대북포용정책은 금강산 관광, 개성공단, 남북경협, 정상회담, 각종 당국 간 회담, 이산가족 상봉 등이 성사된 배경이 되었다.

그러나 대북개입정책을 통한 북한 변화 유도라는 목표는 단기간 내에 큰 성과를 내지는 못했다. 1998년 8월 대포동 1호 발사, 1999년 6월 제1차 연평해전, 2002년 6월 제2차 연평해전, 2006년 10월 제1차 핵실험 등 굵직한 군사적 사건이 발생함에 따라 보수진영의 포용정책에 대한 공격이 거세졌다. 보수진영은 1998년 8월 대포동 1호 발사 이후부터 김대중 정부의 '햇볕정책'을 거세게 비판하기 시작해 2000년 6월 남북정상회담이 성사된 시점에 더욱 거세졌다. '북한불변론', '퍼주기론', '포탄회귀론' 등이 주류였다. 특히 남북정상회담 성사가 발표된 2000년 4월 10일 직후 실시된 제16대 국회의원 선거에서 야당의 승리로 끝날 정도로 김대중 정부의 대북정책에 대한 부정적 심리는 컸다. 김대중 정부의 '햇볕정책' 동력은 떨어질 수밖에 없었다. 국회 통과를 통한 대북 지원은 이뤄지지 못했다. 단지 정부 차관, 적십자를 통한 인도 지원, 금강산 관광을 포함한 민간 차원의 경제협력, 개성공단 가동 등만 이루어졌다.

여기에서 문제는 과연 남한은 10년 동안 북한이 남한 없이는 못 살 정도로 대남 의존도를 높였는가다. 즉, 북한이 남한의 대북 지원 때문에 '적화'통일 의지를 버리고 핵개발 포기 등 모든 군사적 무장 해제를 결단할 정도로 남한의 대북 지원이 이뤄졌는가 하는 것이다. 대답은 "그렇지 않다"이다. 가장 상징적인 사업이었던 개성공단 사업은 지지부진했다. 2007년까지 100만 평 부지 조성과 기업 입주를 마치기로 되어 있었으나 시범단지 형식으로 30만 평만 조성되었고 입주 기업도 20여 개에 지나지 않았다. 개성공단 조성을 위해 인민군의 반대를 무릅쓰고 개성 지역 네 개 보병연대·전차대대를 후방으로 물리친 당시 김정일 위원장은 불만이 컸다. 이 시기는 북한의 대남 의존도가 높아지는 대신 오히려 대중 의존도만 높아졌다.

5. 맺음말: 북한 사회 변화에 따른 한국의 대북정책

북한 정치는 김정은 건강 문제에도 불구하고 그런대로 안정화되고 있었지만 사회는 급격히 변해갔다. 한 국가에서 정치가 독립변수일 수는 있지만 종속변수가 될 수도 있다. 즉, 사회세력이 확장되어 정치를 압박하면 정치는 사회의 요구에 조응해야 한다. 물론 북한에는 아직까지 시민사회나 사회세력이 존재하지 않는다. 그러나 그 맹아가 자라고 있는 것으로 보인다. 우리는 이 부분을 활용하는 대북정책을 구사해야 한다.

북한 정치는 최소한 '중국식'의 집단지도체제 정도가 되어야 한다. 북한은 현재 3대 세습체제이고, '4대 세습'까지 이어질 수도 있다. 북한의 정치세습은 유훈통치를 낳고, 이것은 북한체제의 답보상태를 세습하는 결과로 이어진다. 따라서 북한 내에 최우선적으로 민주집중제 또는 집단지도체제가 등장해야 '빈곤의 세습'을 막을 수 있을 것이다. 이를 위해서는 주민들이 의식화되어야 한다. 주민들의 의식화는 외부 정보의 유입이나 접촉으로만 달성될 수 있다. 모든 대북전략은 이러한 기조로 마련되어야 할 것이다.

첫째, 대북정책은 대남 의존도를 심화시키는 방향으로 나아가야 한다. 북한의 대남 의존도를 심화시킬 수 있는 전략을 수립해 북한이 더 이상 우리를 위협하지 못하도록 해야 할 것이다. 물론 단기적으로는 적절한 채찍정책을 통해 북한이 남한을 경시하지 못하도록 하는 조치가 필요하다. 북한이 남한을 독립적인 변수로 고려하지 않고 미국과의 관계 개선을 위한 부차적인 변수로만 취급해 왔던 과거를 불식시킬 필요가 있다. 그러나 이것이 근본적인 치료책은 되지 못한다. 따라서 우리는 북한이 '근본적 변화'는 아니지만 '전술적 변화'라도 보인다면 이 기회를 포착해 북한 내 변화의 맹아를 심기 시작해야 한다.

중기적으로는 우리의 우세한 경제력을 활용해 '드레스덴 선언'을 비롯한 대규모 대북 프로젝트를 통해 자본주의 사상을 북한 주민들에게 전수시켜야 한다. 북한은 '비사구루빠'를 통해 대대적인 '한류' 차단을 시도하지만 역사의 힘은 높은 데서 낮은 데로 흐르기 마련이므로 남한의 우세한 자유민주주의 정신은 북한의 독재정신을 압도할 것이다. 비록 북핵 문제가 있기는 하지만 이는 6자회담 등 다자간 회담을 통해 해결하고 북한 변화 문제는 남한이 주도적으로 추진해야 할 것이다. 이를 위해서는 남한의 국론통일이 필요하다. 대북 지원을 '퍼주기'로 인식하는 한 북한 변화전략은 무용지물이 될 수밖에 없다. 국론통일을 위해서는 '북한을 어떻게 관리할 것인가'에 대한 국민대토

론회를 개최할 필요가 있다.

만일 국민적 합의가 이루어지면 개성공단 외에 해주공단이나 남포공단 조성을 통해 대남 경제의존도를 심화시켜 우리가 북한경제를 좌우할 수 있는 주도권을 장악해야 한다. 남북관계에서는 주도권 장악이 매우 중요하기 때문에 비록 북한이 거부하더라도 미리미리 의제나 대화 기조를 선점해야 한다. 북한이 도저히 상상할 수 없는 사안을 가지고 북한을 리드해야 한다. 만일 북한이 남한의 직접 지원을 꺼리면 중국 및 러시아를 경유한 우회로를 통해 '한국의 바이러스'를 북한에 들여보내야 한다.

북핵 문제 해결 과정에서 자연스럽게 등장할 문제이기는 하지만 미국 및 국제금융기구의 대북 지원을 통한 자본주의 유입 전술이 필요하다. 2005년 9월의 방코델타아시아(BDA) 사건 이후 미국은 북한의 외화자금 흐름을 소상히 파악할 수 있는 기제를 개발한 것으로 판단되기 때문에 국제금융기구의 대북 차관 동선도 미국에 의해 파악될 것으로 보인다.

김정은을 비롯한 핵심 권력층이 개혁개방을 거부하는 명분은 '흡수통일' 시 보복 문제인데, 이러한 사태가 핵심 관계자 몇 명 외에는 관계가 없는 일임을 선무(先務)해야 한다. 북한은 독일 통일 이후 관료들이 노예와 같은 생활을 하는 것으로 선전해 북한 관료들이 이를 사실로 믿고 있을 가능성이 높다. 따라서 우리는 공개·비공개적으로 이것이 사실이 아님을 전파해야 한다. 북한 내부의 정치적 저항 없이는 북한체제 변화를 기대하기 힘들기 때문이다. 상층 권력 엘리트들에 대한 '안심전술'이 구사되어야 한다는 의미다.

주민들에게는 남한체제가 매력적이라는 것을 각인시켜야 할 것이다. 조지프 나이(Joseph Nye)의 스마트 파워(smart power) 개념에 입각해 '삐라'가 아닌 '영리한 방법'으로 북한 주민들에게 남한의 정치문화가 매우 우월하다는 것을 알릴 필요가 있다. 독일 통일의 경우 동독 주민들이 서독의 문화를 흠모해 '항복'했다는 것을 유념할 필요가 있다.

둘째, 대북정책은 북한 자체의 변화세력 육성에 맞춰져야 한다. 흔히 우리는 "북한은 언제 붕괴되는가?"라는 질문에 봉착한다. 그러나 엄밀한 의미에서 북한체제는 '붕괴되는' 것이 아니라 누군가가 '붕괴시키는' 것이다. 북한 붕괴의 주체는 크게 두 가지다. 하나는 외부의 힘이고, 또 하나는 북한 내부의 힘이다. 북한 외부는 미국, 중국, 일본, 러시아, 남한 등이 있을 수 있고, 여러 가지의 연합군도 가능하다. 내부의 주체는 김정은 자신, 당·정·군 권력 엘리트, 북한 주민 등이다. 먼저 내부에서 북한체제를 붕괴시킬 수 있는 주체가 있는가를 살펴보자. 김정은이 소련의 고르바초프처럼 스스로 주체사회주의를 해체할 수 있는가? 현재로서는 불가능할 것 같다. 만일 그러한 사건이 일어난다면 그것은 기적일 것이다. 김정은이 어느 날 북한 사회주의체제의 해체를 주장하고 자유로운 선거를 통해 북한의 지도자를 선출한다든지, 남한과의 합병을 추진한다면 그것이야말로 혁명적 사변일 것이다. 그러나 현재로서는 그것을 기대한다는 것은 '연목구어'다.

다음으로 당·정·군 권력 엘리트 중 누군가가 쿠데타를 일으키는 것이다. 그중 가능성이 큰 것이 군부 쿠데타다. 그러나 군부는 3중, 4중의 통제를 받고 있다. 일반 보병들은 군 총 정치국과 모든 훈련을 상의해야 하고, 군 보위사령부의 감시를 받는다. 따라서 일반 부대가 쿠데타를 일으키는 것은 쉽지 않다. 다음으로 12만 명에 달하는 호위사령부 소속 군대인데, 이들 또한 철저한 감시하에 있어서 쿠데타가 쉽지 않다. 더구나 이들은 장교들이고 사상성이 뛰어날 뿐 아니라 특별 대우를 받기 때문에 김정은과 운명을 같이하려는 마음이 강하다. 최측근들만 모이는 회합 시 참석자 중에서 누군가 김정일을 시해할 가능성도 고려할 수 있으나 철저한 검색과 감시, '도청'이 병행되기 때문에 이 또한 쉽지 않다.

마지막으로 민중 폭동에 의한 체제 전복이다. 경제난으로 인한 광범위한 불만이 민중에 의해 현재화되어 북한 전역에서 민중 폭동이 일어난다면 체제 붕괴나 군부 쿠데타의 가능성이 있을지도 모른다. 그러나 민중이 정치적 자각을 못하고 있고, '나라님'에게 저항하는 것은 천벌을 받을 일이라는 의식 때문에 감히 저항할 엄두를 내지 못한다는 것이 문제다. 북한 주민 대부분은 수령이나 정권을 비판하는 말을 들어보지 못하고 성장했다. 비록 저항할 의사가 있는 사람이 있다 할지라도 2중, 3중의 철저한 감시망 속에서 살아야 하기 때문에 그것이 집단화되기는 힘들다. 만일 반체제 계획을 도모하다 발각되면 삼족이 멸족을 당하기 때문에 감히 이를 실행에 옮기기도 쉽지 않다. 민중이 할 수 있는 일은 겨우 탈북하는 수준에 지나지 않는다.

결국 북한체제 변동은 외부의 지원으로 달성될 수 있다는 결론에 이른다. 북한 주민들이 외부 정보를 입수하고 민주주의를 위해서는 희생이 뒤따른다는 정치적 자각을 해야 만난을 무릅쓰고 정치적 저항을 할 것이다. 이를 위해서는 외부와의 접촉이 지속적으로 증대되어야 한다. 그 방법은 다른 '꼼수'가 아닌 정상적인 남북 간 접촉이 최선이다. 정상적 대북정책을 통해 대남 의존도를 높여야 한다. 경험에 의하면 북한 보위부원들도 남한과의 접촉이 잦으면 변한다. 변화의 '맹아'가 있는 것이다. 더구나 '한류'로 인해 남한에 대한 북한 주민의 인식이 매우 좋아졌다. 우리 스스로가 남북대화를 멀리할 필요는 없다. 그것은 오히려 북한 당국이 해야 할 일이다. 물론 남한의 대북전략을 북한 당국이 간파하고 대결을 조장할 것이다. 그러나 우리는 북한 지도부의 차단정책에 대응해서 그보다 훨씬 더 정교한 돌파정책을 수립해야 한다. 북한은 '생존' 문제가 해결되어야 '발전'전략을 세울 것이다. 그래야만 '변화'의 여지가 생기고 '북한판 고르바초프'가 등장할 것이며 민중혁명이 발생할 것이다.

특히 북한은 최근 중국까지 북한에 대한 '저강도' 제재에 가담함으로써 극도의 '피포위(siege mentality)'의식에 사로잡혀 있는 것 같다. 인간이나 동물이 일단 궁지에 몰리면 긴장과 스트레스가 최고조에 달해 최악의 선택까지 고려하게 된다. 북한은 늘 궁지에 몰렸을 때 '항복'보다는 '정면돌파'를 시도했다. 따라서 우리는 최악의 상황은 만들지 말아야 한다. 우리는 북한이 자신이 언제 공격받을지 모르고, 대화를 해봐야 아무 소용이 없을 것이라고 생각하지 않게 해야 한다. 북한체제가 안정적으로 갈 것을 전제로 남북대화가 진행되어야 하고 그래야만 진정성 있는 대화가 된다. 비록 북한이 진정성 없이 대화에 임하더라도 우리는 진정성 있게 임해야만 북한의 '빨치산 식' 협상방식을 변화시킬 수 있다. 개인이나 회사 간 거래에서도 상대방이 곧 죽을 것이라고 생각하거나 상대 회사가 곧 망할 것으로 판단한다면 진정성 있는 대화는 불가능하다. 우리는 북한을 '제대로' 보아야 하고 '제대로'된 대북정책을 펴야 한다.

참고문헌

강성윤 외. 2010. 『김정일과 북한의 정치: 어제 오늘 그리고 내일』. 선인.

김근식. 2001. 「북한체제의 변화진단 및 전망(정치 부문)」. 통일정책 연구소 제3차 남
    북한관계 학술회의.

_____. 2012. 『대북포용정책의 진화를 위하여』. 한울.

서옥식. 2003. 『통일을 위한 남남갈등 극복 방향과 과제』. 도서출판 도리.

유호열. 2012. 「이명박 정부의 대북정책 성과: 대북 억지력 확보와 통일기반 조성을
    중심으로」. ≪지역사회≫, 제67호(가을).

정성장. 2011. 『현대 북한의 정치』. 한울.

최진욱 외. 2008. 『북한 체제의 안정성 평가』. 통일연구원.

제7장

블루오션 북한? 남북경협과 한반도 경제권

이상만 l 중앙대학교 경영경제대학 교수

1. 머리말: 통일경제권의 형성

2012년 한국은 인구 5000만 명을 돌파하며 세계에서 일곱 번째로 '20-50클럽' 반열에 올라섰다. 20-50클럽이란 1인당 소득 2만 달러, 인구 5000만 명을 동시에 충족하는 국가들을 뜻한다. 이는 선진국으로 들어서는 소득 수준이자 인구 강국의 기준이 된다. 지난 1996년 영국이 진입한 이후 16년 만에 한국이 진입한 것을 보면 이 기준 충족이 얼마나 어려운 것인지 알 수 있다. 또한 2015년 한국경제는 1인당 소득이 3만 달러로 확대될 것으로 예상되기 때문에 한국은 곧 '30-50'클럽의 일원이 될 가능성이 농후하다.

이와 같은 성과가 있긴 하지만 미국, 독일, 일본 등의 선진복지국가와 비교할 때 아직 갈 길이 멀다. 복지국가가 되기 위해서는 지속적인 발전을 통해 소득 5만 달러 시대의 기반을 닦아야 하며, 경제 규모도 더욱 확대해야 한다.

하지만 연 4%에 못 미치는 현재의 성장률로는 역부족이며, 저출산, 고령화 등의 인구 문제 역시 경제성장에 걸림돌이 될 가능성이 높다. 통계청의 인구 추계에 따르면 한국의 인구는 5000만 명을 넘어섰지만, 2030년 5216만 명을 정점으로 계속 감소해 2045년에는 4981만 명으로 떨어질 것으로 전망된다.

한국 경제에 던져진 지속적인 성장과 인구 문제라는 당면 과제는 현재의 상황에서 해결하기 쉽지 않다. 그러나 통일이라는 민족의 과제를 해결할 수만 있다면 결코 불가능한 목표는 아니다. 통일된 한반도는 7200만 명의 인구를 갖고, 경제 규모 또한 커져 불안정한 해외 의존형 성장보다 내수 위주의 좀 더 안정된 성장을 이룰 수 있다. 즉, 통일 후 후유증을 극복하고 지속적인 성장을 이룬다면 한국경제는 세계적인 슈퍼파워로 불리는 '40-80'클럽에도 진입할 수 있다. 1인당 국민소득 4만 달러, 인구 8000만 명을 의미하는 '40-80'클럽에 진입한 나라는 현재 미국, 일본, 독일뿐이다.

물론 남북의 국민소득 차이가 21배라는 현실을 감안하면 통합은 한국 경제성장에 악영향을 줄 수도 있다. 독일 통일 당시 동·서독의 소득 격차는 남북보다 양호한 3배 수준이었는데도 경제적 부작용이 많았음은 통일 후의 어려움이 어느 정도인지를 시사한다. 특히 이제 막 20-50클럽에 진입한 한국의 잠재력으로 볼 때 통일은 분명 큰 부담으로 작용할 것이다. 오히려 통일 준비를 제대로 하지 않으면 경제가 후퇴할 수도 있다. 하지만 통일은 비용만 발생하는 것이 아니다. 통일에 따른 장기적 편익도 클 것으로 추정된다. 안정적인 투자환경, 내수시장 확대, 노동력과 풍부한 자원 확보 등을 통한 경제 활성화로 지속적인 성장과 발전이 가능할 것이다. 따라서 통일은 독일과 같이 세계적인 강대국으로 발돋움할 수 있는 기회도 제공할 수 있다.

한편 남북 간에 불필요한 긴장과 대립은 한국 경제에 치명적인 영향을 미칠 수도 있다. 남북대화 재개와 경제협력 확대를 통해서 남북경제가 동반 성장할 수 있는 교류의 장을 열어야 하며, 이를 통해 민족 경제의 잠재력을 키워야 한다. 한국경제가 국민소득 3만 달러를 넘어서 4만 달러 시대로 진입하기 위해서는 경제협력을 통해 남북이 통일경제권을 형성해야 하며 이를 통해 부작용 없는 남북 경제통합을 이룰 수 있는 토대를 마련해야 한다.

2. 통일의 경제적 영향: 통일비용과 통일 편익

1) 합리적 통일 시나리오

한반도에서 예상할 수 있는 통일 시나리오는 크게 두 가지다. 하나는 점진적 통일 시나리오이고, 다른 하나는 급진적 통일 시나리오다. 점진적 통일 시나리오는 남북이 장기간 점진적이고 단계적으로 화해 협력 과정을 거쳐 상호 신뢰를 쌓아가며 정치, 경제, 사회 등 각 분야에서 단계적인 통합을 이루는 과정으로 한국 사회가 추구하는 이상적 시나리오에 해당한다. 점진적 통일방안이란 본격 통합 전에 북한의 개혁개방을 유도하고 교류협력과 단계적 구조조정을 통해 낙후되어 있는 북한경제를 재건하며, 사회 인프라를 구축해 통일 시 남북 경제에 미치는 급격한 충격을 완화하는 방안이다. 이 과정은 중국의 개혁개방 과정과 유사한 형태로 진행되어 현재 정치적으로 사회주의체제와 경제적으로는 시장경제가 혼합되어 있는 중국의 모습과 유사할 것으로 보인다. 이는 남북의 경제교류 활성화를 통해 경제적 격차와 사회적 이질감을 완화해 통일 시 부작용을 최소화할 수 있다는 이점이 있다.

반면 급진적 통일 시나리오는 대내외적인 요인으로 북한체제가 붕괴되는 과정에서 북한체제가 남한체제로 흡수 통합되는 시나리오다. 급진적 통일 시나리오는 흡수통일을 전제로 하며 남북 양측에 심각한 영향과 충격을 줄 것으로 보인다. 그리고 막대한 통일비용을 남한이 부담해야 한다. 경제적 부담 외에도 급속한 통합에 따른 주민 간 이질감이 통합에 장애요인으로 작용해 결과적으로 외형적으로는 제도적 통합을 이루어도 정서적인 통합에서 어려움이 발생한다. 독일의 사례를 볼 때 급진적 통일의 경우 한 체제가 이질 체제로 통합되면서 혼란이 유발되었다. 통일한국 또한 막대한 통일비용의 재정적 부담이 따를 것이며, 최악의 경우 통일이 남북 모두에 부정적인 영향을 끼쳐 통일 시너지가 발생하기보다 통일비용이 이익을 상쇄하는 결과를 가져올 수 있다. 즉, 통일이 재앙이 되는 것이다.

남북이 어떤 형태로 통일을 이룰 것인지 현재로서는 불확실하다. 따라서 점진적 통일 시나리오와 급진적 통일 시나리오 외에도 발생 가능한 여러 시나리오를 설정해 그 대처방안을 사전에 마련해야 한다. 특히 막대한 통일비용을 수반하는 급진적 통일 시나리오에 따른 세부 대처방안도 사전에 마련할 필요가 있다. 일부 흡수통일을 전제로 한 통일방안보다 남북 양 체제가 공존 가능한 연방제 방식의 통일방안을 주장하는 학자도 있으나 실현 가능성은 낮다. 대신 공존형 통합방식 중 하나로 중국과 홍콩 같은 일국양제형 통일방안도 대안이 될 수 있다. 현재 중국은 홍콩을 통합해 1국가 2체제를 표방하고 있다. 중국과 홍콩의 사례는 궁극적으로는 하나로 통합되기 위한 과도기적 조치로 50년의 완충 단계를 설정해 점진적 통합으로 양측에 미치는 혼란을 최소화하기 위한 통합방식이다.

남북 또한 중국과 홍콩의 사례처럼 통합 후 남북을 한시적으로 분리하되 궁극적으로는 하나의 통일국가를 이룰 수 있는 점진적 통합방식이 합리적 대안이 될 것으로 보인다. 이는 점진적 통일 시나리오에서는 통일국가로 가기 위한 남북 연합 단계에 해당하는 한편, 급진적 통일 시나리오에서는 남북의 한시적 분리방안으로 볼 수 있다. 한시적 분리방안을 수립할 때 우선 고려해야 할 점은 통합에 따른 불안정성을 최소화하고 남북의 변수들을 좀 더 안정적으로 관리하는 것이다. 즉, 통합에 따른 충격을 최소화하고 남북의 경제적 성장동력을 최대한 유지 발전시킬 수 있는 방안 도출이 필요하다.

역사상 양 체제가 공존한 통일의 사례는 많지 않다. 공존형 통합은 진정한 의미의 통일이라기보다 사회 일부의 통합에 지나지 않기 때문이다. 한반도 통일도 남북통합에 따른 부작용의 최소화를 위해 중국과 홍콩의 사례를 참고해 통합 초기 과도기 상황을 관리할 필요가 있다. 최근 홍콩에서 벌어진 민주화 시위는 본래 원칙이 무시되어 발생한 과도기상의 부작용이다. 한국은 오히려 통합 초기의 상황을 우려해야 한다. 가장 중요한 정책 과제는 북한 주민들의 대량 이주를 어떻게 통제할 것인가 하는 점이다. 이에 대한 합리적 해법을 도출하지 못할 경우 통일 이후 남북의 산업 구조조정과 경제 재건에 심각한 영향을 미칠 수 있다.

2) 통일 편익: 경제성장 효과

통일 초기 남한 경제는 통일 특수로 호황을 보이는 한편 북한은 산업 구조조정으로 경제가 침체되는 양극화 현상을 보일 것이다. 그러나 북한 지역 인력의 재교육과 산업 구조조정이 일정 부분 이뤄지고, 사회간접시설(SOC)에 대한 투자가 활성화되면서 통일경제의 지속적인 성장이 가능할 것으로 보인다. 남북의 경제통합은 자연적·경제적·사회적 여건 변화를 통해 남북의 경제성장에 영향을 미칠 것이다. 이 중 자연적·경제적 여건의 변화는 성장 촉진요인으로 작용할 것이며, 사회적 여건 변화는 성장억제요인으로 작용하게 될 것이다. 자연적 여건 변화란 경제통합이 지하자원 등 자연 자원의 활용에 미치는 영향을 말한다. 경제적 여건 변화란 경제통합이 노동력과 자본 등 생산요소의 투입량을 변화시키며 신기술의 도입과 운수, 통신 등 사회간접자본 형성에 영향을 미쳐 생산성을 증가시키는 것을 말한다. 한편 사회적 여건 변화는 이질체제의 통합에서 발생하는 사회문화적 여건의 변화를 뜻한다.

남북 경제통합이 이루어지면 철광석, 석탄자원 등 북한 지역의 풍부한 지하자원 개발과 이용이 가능해지며 이는 자원의 해외 의존도를 감소시켜 경제성장을 촉진시키는 요인이 될 것이다. 한편 남한의 5000만 명, 북한의 2400만 명을 합친 7400만 명의 풍부한 인적 자원을 보유하게 된다. 이와 같은 경제활동인구의 증가는 내수 규모 증대와 경제성장의 동력으로 작용할 것이다. 특히 통일 후 군비 감축에 따른 군 동원인력이 생산인력으로 전환되어 경제성장에 크게 기여할 것이다.

한편, 남북 모두 과도한 군사비 부담을 안고 있다. 따라서 통일 후 군사비 부담의 경감은 북한경제의 구조조정을 위한 투자 재원으로 전용할 수 있고, 경제성장에 기여할 수 있다. 이와 같이 통일경제는 장기적 측면에서 자연 자원과 인적 자원, 그리고 투자재원의 증가를 통해 총 공급 측면에서 경제성장을 촉진시킬 것이다. 또한 남북 경제통합에 따른 국내 시장의 확대는 국내 총 수요 확대를 통해 지속적인 성장에 기여할 것이다.

이 외에도 통일은 한반도의 지정학적 이점을 활용해 새로운 통합 물류 시스템을 구축하고, 철도, 도로, 해운업의 발달과 이로 인한 물류비용의 감소로 경제성장을 촉진시킬 것이다.

3) 통일비용: 경제적 부담

경제통합은 발전 단계와 부문 구조가 상이한 두 경제를 하나의 경제로 동질화하는 과정이다. 이질체제인 남북의 통합은 과도기적으로 심한 부작용과 통일비용을 초래할 것이다. 통일비용은 그동안의 분단 상황에 따른 이질적 요소들을 제거하기 위한 일체의 사회경제적 기회비용으로 정의할 수 있다. 동·서독의 사례에서 통일비용 발생 요인을 살펴보면 통합 전 여건 조성을 위해 지불해야 할 통일 여건 조성비용과 경제통합의 각 단계에서 양 체제의 동

〈표 7-1〉 통일비용에 대한 기존 연구

연구자·기관(발표 연도)	통일 시기 (기간)	통일비용	추정 방법 및 기준
KDI(1991)	2000	점진적: 2102억 달러 급진적: 3121억 달러	-
이상만(1993)	2000	10년간 2000억 달러	독일과 비교
KDI(1994)	2000	9800억~1조 달러	목표 소득방식
한국산업은행(1994)	1994~2000	1조 5463억 달러(100%) 8050억 달러(60%)	목표 소득방식 (소득 격차 해소)
민족통일연구원(1996)	2000~2010	3600억 달러(외자 1800억 달러) 남한의 60% 수준	목표 소득방식 항목별 추정방식
김덕영·국방대학원(1996)	10년간	점진적: 2700억 달러 급진적: 1300억 달러	정부 투자비용
황의각(1996)	2000~2005	1조 2040억 달러 (남한과 동일 생활 수준 달성)	목표 소득방식
마커스 놀랜드(1996)	2000	4150억 달러(1990), 9830억 달러(1995), 2조 2420억 달러(남한의 60% 수준 달성)	목표 소득방식 (CGE 모형)
Manfred Wegner(1996)	2000~2025	6100억 달러(통일 후 5년간 지원 금액)	항목별 추정방식
박태규(1997)	1995~2005	통일 후 1~5년: 남한GNP 8.7~11.3% 통일 후 6~10년: 남한 GNP 7.5%	항목별 추정방식 (위기 관리비용 + 경제 투자비용)
조동호(1997)	1995	1996~2020년: 143.1조~221.3조 원	항목별 추정방식 (SOC 투자비)
고일동	2001~2010	4600억 달러(초기 5년간 2800억 달러)	남한의 순재정 부담액
Economist(1997)	2000	2400억 달러(남한의 60% 달성)	목표 소득방식
신동천·윤덕룡(1998)	—	887억~2808억 달러	목표 소득방식
골드만삭스(2000)	2000~2010 2005~2015	8300억~2조 5400억 달러 1조 700억~3조 5500억 달러	목표 소득방식 (남한 60%)
박석삼(2003)	—	점진적: 8300억 달러 급진적: 3121억 달러	항목별 추정방식 (위기 관리비용)
이영선(2003)	5~11년간	점진적: 732억 달러 급진적: 1827억~5614억 달러 (남한 60% 달성에 10년 소요 가정)	항목별 추정방식 (위기 관리비용 중심)
SERI(2005)	2015	546조 원(최저생계비, 산업화 지원)	항목별 추정방식
랜드硏(2005)	—	500억~6670억 달러 (통일 후 4~5년 내 2배 수준 향상)	목표 소득방식
신창민(2007)	2015~2030 (15년)	8577억~1조 3227억 달러 (GDP 대비 6.6~6.9%)	목표 소득방식
한국은행(2007)	—	5000억~9000억 달러	목표 소득방식

조세연구소(2008)	2011	통일 후 10년간 매년 남한 GDP 7~12%	—
피터 벡(2010)	—	30년간 2조~5조 달러(남한의 80%)	목표 소득방식
미래기획위원회 (2010)	2011	점진적: 3220억 달러 급진적: 2조 1400억 달러	—
찰스 울프(2010)	-	620억~1조 7000억 달러(현재 북한GDP 700달러 → 남한 수준 2만 달러로 향상)	목표 소득방식
전경련(2010)	—	3500조 원	전문가 설문조사
김유찬(2010)	2010	1548.3조~2257.2조 원 (통일 후 20년 비용)	항목별 추정방식 (위기관리 + SOC)
현대경제연구소(2010)	2010 (10~18년)	1인당 3000달러: 1570억 달러 1인당 7000달러: 4710억 달러 1인당 1만 달러: 7065억 달러	목표 소득방식 (한계자본계수)
통일부 용역과제 (2011)	2020 (20년)	379.2조~1261.1조 원 (2030년 1인당 GDP 남한의 20%)	항목별 추정방식 목표 소득방식 (통일 후 10년간 포함)
	2030 (30년)	813조~2836조 원 (2040년 1인당 GDP, 남한의 36%)	
	2040 (40년)	1000.4조~3277.6조 원 (2050년 1인당 GDP, 남한의 40%)	

질화를 위해 지불해야 하는 체제 조정비용으로 나누어볼 수 있다. 여기에서 통일 여건 조성비용이란 통합 전 경제교류협력 단계에서 남한 정부가 지불해야 할 남북 경제교류협력 확대를 위한 지원비용이 주요 내용이 될 것이다.

한편, 남북통일 시 발생할 통일비용에 대한 기존의 추정 결과는 통합방식과 통일 시기 등에 따라 엄청난 격차를 보인다. 따라서 이와 같은 추정이 통일 후 한국 경제가 당면할 불확실한 상황에 비추어볼 때 가공의 수치인 것은 사실이지만 이를 통해 남북 경제통합이 막대한 비용을 수반한다는 것을 알 수 있다.

구조적인 문제를 안고 있는 북한경제의 현실을 감안할 때 향후 북한이 고도의 경제성장을 실현할 가능성은 아주 낮다. 남북의 경제력 격차와 통일비용은 밀접한 영향이 있는데, 남북이 단일 경제권으로 통합될 경우 경제사회의 이중구조를 해소하기 위한 비용이 필요하며, 이는 경제력 격차가 확대될

<표 7-2> 통일 편익에 대한 기존 연구

연구자·기관 (발표연도)	통일 시기 (기간)	통일 편익	추정 방법 및 기준
이상만(1991)	1992	통일 10년 후(2001): 806억~848억 달러	노동, 자본 투입의 성장 기여율 증가 효과
조동호(1997)	1995	1996~2020년: 39.4조~121.4조 원 (1996년: 2조 5570억 원 → 2020년: 16조 4680억 원)	항목별 추정방식(국방비, 병력 감축 등)
신창민(2007)	2015~2030	GDP 대비 11.25%	항목별 추정방식(국방비 절감, 투자로 경제 활성화 등)
현대경제연구소 (2010)	2010	1인당 3000달러: 2197억 달러(10년 소요) 1인당 7000달러: 5362억 달러(15년 소요) 1인당 1만 달러: 8350억 달러(18년 소요)	항목별 추정방식(부가가치 유발 효과, 국방비 절감, 국가위험도 감소 등)
통일부용역 과제(2011)	2030	유형의 편익 2021~2030년: 140.83억 달러 2031~2040년: 494.56억 달러 무형의 편익(분단비용 해소, 경제 활성화, 비경제적) 49.21조 원	통일 후 10년간 포함
통일연구원 (2013)	2030	통일 후 20년간 총 6300조 원 (북한 지역 1인당 GDP는 2030년에 남한의 5% → 2040년 24% → 2050년에는 39% 도달)	목표소득방식 (GDP 증대 효과)

자료: 김은영, 「통일비용 관련 기존 연구 자료」, ≪KDI 북한경제리뷰≫, 8월호(2010), 64~65쪽; 양문수, 「경제적 측면에서 본 통일비용과 통일 편익」, 『통일기반의 효과적 조성 방안과 과제』, 2011년도 전국대학통일 문제연구소협의회 학술회의(2011. 5. 12), 84쪽; 신동진, 「통일비용에 대한 기존연구 검토」, ≪경제현안분석≫, 제64호(국회예산정책처, 2011); 조동호, 「통일에 따른 경제적 편익」, 『통일기반의 효과적 조성 방안과 과제』, 2011년도 전국대학통일 문제연구소협의회 학술회의(2011. 5. 12), 437~505쪽; 통일연구원 외, 남북공동체 기반조성사업 결과보고회(통일부 용역과제, 2011. 10. 7); 홍순직·유병규·최성근, 「남북통일, 편익이 비용보다 크다」, ≪경제주평≫, 통권422호(현대경제연구원, 2010), 8쪽.

수록 증대되기 때문이다. 따라서 남북의 경제력 격차는 향후 더욱 커질 것으로 보이며 통일이 늦어질수록 통일비용은 증가할 것으로 예상된다.

통일비용의 조달방법으로는 일반적으로 다음과 같은 방안 등이 논의된다. 첫째, 경제통합 후 발생하는 내수 확대 효과(통일특수)와 경제적 효율성 증대에 따라 예상되는 세수 증대에 의한 재정 수입의 증가다. 둘째, 국방비 등 그동안 지불했던 분단비용 감축을 통한 조달방법, 셋째, 통합 후 북한경제의 시장경제체제로의 체제 전환 과정에서 시행될 국유재산의 매각 등을 통한 재원 조달방안이다. 넷째, 국내외 자본시장에서 장기 정부공채(통일채) 발행으로 조달하는 방법 등이다.

4) 통일비용 최소화 전략

통일비용을 최소화하기 위해서는 시장기능 회복을 위한 북한의 경제 구조조정이 필요하다. 동독의 체제가 붕괴될 시점에 독일은 동독 주민의 대량 이주를 막기 위해 통화통합을 단행했으며, 동독경제의 재건을 위해 동독 지역의 산업 구조 개편과 기업의 경영 합리화정책을 펼쳤다. 하지만 이 과정에서 발생한 대량 실업과 동독 지역 재건을 위한 투자재원 조달, 근로자들의 재교육 등 경제 구조조정과 복지 수준 개선을 위한 투자에 들어간 막대한 경제적 비용이 통일비용의 증가로 이어져 경제적 후유증이 심각해졌다. 남북의 통일 과정에서도 통일의 후유증, 즉 통일비용을 최소화할 수 있는 방안이 마련되어야 한다. 북한경제의 구조조정과 재건을 위한 정책들과 더불어 남북경제의 연계를 통한 한반도의 장기적 발전전략 수립도 필요하다. 통일 후유증과 부작용을 최소화할 수 있는 남북의 합리적 통합방안을 사전에 마련해 남북 통합의 경제적 효과가 극대화될 수 있도록 유도해야 할 것이다.

경제 구조조정이란 통일 후 북한에서 시장경제가 제대로 기능을 발휘하게 하기 위해 북한의 경제구조를 개편하는 것이다. 통합 경제체제는 시장경제를 기반으로 점진적 통합을 유도해야 한다. 일반적으로 이러한 경제 구조조정은 여러 단계를 거쳐 이뤄지는데, 그 첫 번째 단계에서는 시장경제의 기초가 되는 사유재산제도를 도입하기 위한 법적·제도적 장치가 마련되며, 두 번째 단계에서는 시장기구가 제 기능을 발휘할 수 있도록 그동안 정부에서 통제한 가격을 자유화하고, 세 번째 단계에서는 사유재산제도와 가격자유화를 통해 형성된 새로운 시장경제체제에 맞게 산업 구조를 조정·개편한다.[1]

북한 지역에 집중적으로 신규 투자를 위한 자본 유입을 촉진하며, 기존 생산시설의 활용과 현대화를 통한 북한경제 기반의 붕괴를 방지하고 북한 근로자들의 임금을 일정 기간 생산성 수준에 맞춰 지속적으로 상승시켜야 한다. 독일의 통일 과정과 같은 상황이 북한에서도 나타난다면 급작스런 임금 상승으로 기업 경쟁력의 상실 및 도산이 발생할 수 있고, 대량의 실업이 발생해 북한경제 활성화에 심각한 영향을 미칠 수 있다.

따라서 북한의 노동시장이 남한 근로자들의 임금 수준에 영향을 받지 않게 하기 위해 일정 기간 노동시장 분리 등의 남북 경제적 분리가 필수적이다. 특히 급작스럽게 남북 경제력 격차를 축소하기 위한 정책을 시행하는 경우에는 천문학적인 통일비용이 발생할 것이므로 북한 국영기업의 도산과 북한경제제체의 붕괴를 막기 위해 일정 기간 남북 간 국경을 존속시키거나 인구의 자유이동을 제한하는 등 점진적 구조조정을 도모해야 한다.

남북의 분단 기간이 길었던 만큼 통합으로 가기 위한 완충기가 필요하다. 점진적 통일 과정에서는 통합을 위한 환경도 단계적으로 조성될 수 있다. 하지만 급진적 통일이 이뤄질 경우 인위적으로라도 완충 단계를 설정해 통합을 위한 환경을 조성할 필요가 있다. 일정 기간 남북을 분리하고 인구 이동을 억제해 낙후된 북한경제를 재건하는 데 우선권을 두고, 북한의 특성에 맞는 경제정책을 점진적·단계별로 추진해야 재정적 부담이 적을 것이다. 남한 사회의 임금 수준과 생활환경은 북한 주민에게는 이주에 대한 동기를 제공할 것이다. 특히 일자리가 많은 수도권 지역과 대도시에 집중될 가능성이 크

---

1) 이상만, 「남북한경제통합과 북한의 경제구조」, 북한경제포럼 엮음, 『남북한경제통합론』(오름, 1999).

다. 이와 같은 인구 이동은 노동력의 유출로 북한경제발전에 부정적인 영향을 미칠 것이다. 통일 과정에서 발생할 수 있는 대규모 인구 이동을 억제하기 위한 합리적 인구 이동정책이 사전에 마련되어야 한다.

3. 남북경협의 현주소

2000년대에 지속적으로 확대되던 남북경협은 북한의 군사적 도발 이후 남북 간 대치국면이 장기화되면서 개성공단을 제외하고는 전면 중단된 상황이다. 1998년 이후 지속되던 금강산 관광은 2008년 관광객 피격 사건 이후 6년 이상 중단된 상황이다. 협력 사업의 경우 그동안 10건에 이르던 남한 기업의 북한 광산 개발 투자는 중단되었으나 상대적으로 중국기업의 북한 광산 투자는 늘어나 2002년 약 5000만 달러였던 북한의 대(對)중국 광물 수출액은 지난 2013년 13억 8900만 달러로 27배나 급증했다.

이처럼 북·중경협은 그 규모가 날로 확대되고 있다. 압록강 하구의 황금평과 위화도의 북·중 공동 개발, 북한 나진항과 훈춘을 잇는 도로 개설도 한창 진행 중이다. 중국의 동북 지역 개발과 연계되는 경우 향후 북·중경협은 지속적으로 확대될 것으로 보인다. 북·중경협의 급격한 확대는 단기적으로는 북한의 개방을 촉진시키는 긍정적인 영향도 있겠지만, 북한의 급속한 대중국 의존과 남북경협과의 균형을 깨뜨린다는 측면에서 장기적으로는 부정적인 영향이 클 것으로 보인다.

중국의 동북아시아 개발정책의 가속화로 북·중경협이 지속적으로 확대되는 상황에서 기존의 남북경협 사업이 장기적으로 중단된다면, 그동안 쌓아온 남북경협의 기본 틀이 붕괴될 가능성도 있다. 남북 경색국면이 장기화되어 남북경협의 재개비용이 점차 증대되면 대북 투자에 대한 위험부담이 높

<표 7-3> 남북교역 전반

(단위: 천 달러)

연도	반입			반출			합계		
	건 수	품목 수	금액	건 수	품목 수	금액	건 수	품목 수	금액
1989	66	24	18,655	1	1	69	67	25	18,724
1990	79	23	12,278	4	3	1,188	83	26	13,466
1991	300	43	105,719	23	16	5,547	323	57	111,266
1992	510	69	162,863	62	25	10,563	572	92	173,426
1993	601	69	178,167	97	37	8,425	698	103	186,592
1994	708	80	176,298	267	87	18,249	975	158	194,547
1995	976	109	222,855	1,668	167	64,436	2,644	244	287,291
1996	1,475	130	182,400	1,908	167	69,639	3,383	258	252,039
1997	1,806	143	193,069	2,185	284	115,270	3,991	365	308,339
1998	1,963	136	92,264	2,847	379	129,679	4,810	449	221,943
1999	3,089	172	121,604	3,421	405	211,832	6,510	488	333,437
2000	3,952	204	152,373	3,442	527	272,775	7,394	578	425,148
2001	4,720	201	176,170	3,034	492	226,787	7,754	549	402,957
2002	5,023	204	271,575	3,773	493	370,155	8,796	570	641,730
2003	6,356	186	289,252	4,853	530	434,965	11,209	588	724,217
2004	5,940	202	258,039	6,953	575	439,001	12,893	634	697,040
2005	9,337	381	340,281	11,828	712	715,472	21,165	775	1,055,754
2006	16,412	421	519,539	17,039	697	830,200	33,451	757	1,349,739
2007	25,027	450	765,346	26,731	803	1,032,550	51,758	853	1,797,896
2008	31,243	482	932,250	36,202	813	888,117	67,445	859	1,820,366
2009	37,307	486	934,251	41,293	771	744,830	78,600	822	1,679,082
2010	39,800	448	1,043,928	44,402	740	868,321	84,202	795	1,912,249
2011	33,762	363	913,663	40,156	676	800,192	73,918	702	1,713,855
2012	36,504	377	1,073,952	45,311	705	897,153	81,815	731	1,971,105
2013	20,566	359	614,243	25,562	644	520,603	46,128	674	1,135,846
총계	287,522	823	9,752,036	323,062	1,101	96,669,017	610,584	1,118	19,428,053

자료: 통일부 「남북교류동향」 각 연도 자료 정리.

아져 장기적 관점에서 대북 사업에 대한 투자 의욕을 저하시키는 요인으로 작용할 것이기 때문이다.

　　남북경협의 전반적인 위축과 5·24조치에 따라 신규 투자가 허용되지 않는 불리한 상황에서도 개성공단만은 남북교역을 주도하고 있다. 남북교역 전체에서 개성공단이 차지하는 비중은 지난 2004년 6.0%에 지나지 않던 것이 매년 높아져 현재는 99% 이상을 차지한다. 또한 2010년 3억 2332만 달러, 2011

<표 7-4> 개성공단 입주 기업 수 및 생산액 현황

(단위: 명, 만 달러)

구분	'05	'06	'07	'08	'09	'10	'11	'12	'13	'14. 9	계
입주 기업 수	18	30	65	93	117	121	123	123	123	125	
생산액	1,491	7,373	18,478	25,142	25,648	32,332	40,185	46,950	22,378	35,072	255,050

자료: 통일부.

년 4억 185만 달러, 2012년 4억 6950만 달러로 꾸준한 생산 증가세를 보였다. 2013년에는 개성공단 잠정 중단사태에 따라 2억 2378만 달러로 잠시 주춤했지만 다시 정상궤도로 올라서고 있으며 누적 생산 총액 25억 달러를 돌파했다. 또한 개성공단은 가동 중단사태를 극복하며 개성공단 내 자체 브랜드인 시스브로(SISBRO)를 개발해 외국 기업의 투자 등을 통한 발전적 정상화를 꾀하고 있다.

개성공단 사업과 금강산 관광 사업 외 남북 경제공동체의 추동력이 되고 있는 것은 남북 철도·도로 연결 사업이다. 현재 진행 중인 남북·대륙 철도 인프라 사업은 시베리아횡단철도(TSR), 중국횡단철도(TCR), 몽골횡단철도(TMGR), 만주횡단철도(TMR) 등이며, 유라시아 철도망과 동북아시아 철도망으로 업그레이드해야 할 시점에 놓여 있다. 초기에는 남·북·러 3자 간 한반도종단철도(TKR)-TSR 연결 사업으로 추진하고, 중장기적으로 아시아 통합 인프라 협력모델로 확대·발전시킬 필요가 있다.[2]

최근 논의되고 있는 남·북·러 3각 협력 사업 중 하나가 나진-하산 프로젝트다. 정부의 '유라시아 이니셔티브' 구상의 초기 단계라 할 수 있다. 이 프로젝트는 상업적으로 성공할 가능성이 높으며 남북 및 대륙 철도 연결 사업의 시범 사업으로서 그 의미가 크다. 나진-하산 프로젝트는 나진항 제3부두에

---

[2] 나희승, 「한반도 통합철도망의 꿈을 이루려면」, 이상만 외 지음, 『이제는 통일이다』 (헤럴드경제·한반도개발협력연구네트워크, 2014).

서 하산까지 철도(54km)를 개보수하고, 화물터미널 건설과 화물열차 확보를 통해 나진항과 TSR을 연계하는 물류 사업이다. 이 프로젝트 수행에 따른 나선 지역의 전략적 가치를 확보한다는 점에서 정치적·경제적 효과가 큰 사업이다.

남북경협의 활성화는 당국 간, 그리고 민간 차원의 남북대화를 촉진시키는 요인으로 작용하며 북한의 개혁개방을 위한 분위기 조성 측면에서도 중요하다. 따라서 남북경협의 복원을 위해 최선의 노력이 필요하다. 현 시점에서 좀 더 유연한 대북정책을 통해 남북관계를 경색국면에서 대화 국면으로 전환시킬 수 있는 전환점을 만들 필요가 있다. 남북 경색국면의 전환을 위해 정부는 이념보다 실용적 측면에서 대북정책을 수행해야 한다. 그 추진 방향으로 중앙정부와 지방정부 그리고 정부와 민간의 역할 분담을 통해 경색된 남북관계를 타개할 필요가 있다.

김정은체제에 들어서면서 개혁적 경제실험의 정황이 지속적으로 포착되고 있다. 6·28방침과 개방 지역의 확대 등의 새로운 행보들은 무언가 새로운 실험적 조치를 준비하고 있다는 느낌을 준다. 또한 2013년 3월 10년 만에 경공업대회를 개최하며 경제부흥 의지를 표방했고, 2002년 7·1경제관리개선조치 당시 실무 책임을 맡았던 박봉주 전 내각 총리를 복귀시킨 점과 노동당 중앙위원회 전원회의를 열어 경제·핵 병진노선을 표방한 전략은 경제 활성화를 위해 노력하고 있음을 시사한다. 더불어 300만 명으로 추정되는 휴대전화 가입자, 중국에서의 지속적인 물자와 정보 유입, 장마당 및 암시장의 지속적인 확대 등은 이미 북한경제 변화의 흐름을 주도하고 있다.

그러나 북한의 경제 개혁은 내부 변화라는 필요조건과 함께 남북관계의 변화라는 충분조건이 충족되어야만 그 시동이 걸릴 수 있다. 따라서 북한의 경제 개혁을 지속적으로 유도하기 위해서는 좀 더 새롭고 창의적인 대북정책 추진이 필요하다.

4. 맺음말: 통일경제 실현을 위한 과제

남북관계가 변화의 시점에 있는 오늘날, 객관적인 평가를 통해 과거 정부의 공과를 아우를 수 있는 대북정책의 수립이 필요하다. 또한 남북관계를 정상화, 제도화해야 한다. 지난 정부에서 진행된 대북정책의 장점들은 계승해야 하며 버려야 할 것은 과감히 버려야 한다. 이를 통해 남북관계를 갈등의 관계에서 대화, 협력의 관계로 발전시켜야 한다. 남북관계의 안정을 통해 국민의 불안을 해소하는 것도 중요하다.

남북갈등 구조도 시급히 해소되어야 한다. 남북갈등은 한반도의 안정에 도움이 되지 않으며 우리 국가의 발전에도 위험 요소가 될 수 있기 때문이다. 또한 미국과 중국의 글로벌 패권 구도 속에서 원하지 않는 선택을 강요받을 수도 있다. 무엇보다 통일은 우리 민족의 잠재력 결집을 통해서 세계 강국으로 나아가기 위한 민족의 장기 발전전략이며, 한국 경제의 발전을 위한 성장동력으로 활용되어야 한다. 통일을 이루기 위해서는 남북관계의 안정적인 발전이 필수적인 것이다.

남북관계의 발전을 위해서는 먼저 통일과 남북협력에 대한 의식 전환이 필요하다. 통일은 우리가 알고 있는 것처럼 비용만 발생하는 것은 아니다. 통일에 따른 장기적 이익도 클 것으로 추정된다. 안정적인 투자환경, 내수시장의 확대, 노동력과 풍부한 자원 확보 등을 통한 경제 활성화로 한국 경제의 지속적인 성장과 발전이 가능할 것이다. 통일 후유증을 극복하고 지속적인 성장으로 국민소득이 높아지면 한국경제는 세계적인 슈퍼파워의 길로 진입할 수 있다.

남북 간 불필요한 긴장과 대립은 한국 경제에 치명적인 영향을 끼칠 수 있다. 특히 북한의 정치, 군사 문제는 한국 사회와 경제에 엄청난 충격을 줄 수 있다. 만약 남북 간 예견되지 않은 군사적 충돌이 벌어진다면 한국 사회가 받을 충격은 심각한 수준 이상이 될 것이다. 그런 충격은 국가 이미지에도 타격을 입히고 한국 경제에 부담으로 작용할 것이다.

남북 경제협력 활성화와 이를 통한 남북관계의 안정은 군사적 갈등에서 발생하는 북한 리스크를 완화시킬 수 있다. 북한 리스크 완화는 남북관계뿐 아니라 한국 경제의 안정적인 발전을 위해서도 필수적이다. 남북 간 대화와 교류협력의 활성화는 북한 리스크를 사전에 차단할 수 있는 효율적인 방안이다. 따라서 정치, 군사 부문의 불안정한 요인을 최소화해 남북교류협력에 미치는 영향 또한 줄일 필요가 있다.

우리는 남북대화의 재개와 경제협력의 확대를 통해 남북경제가 동반성장할 수 있는 교류의 장을 열어야 하며, 이를 통해 민족경제의 잠재력을 키워야 한다. 한국경제가 '40-80클럽' 시대로의 장기적인 발전을 이루기 위해서는 남북 경제협력을 통해 통일경제권을 형성해야 하며 부작용 없는 경제통합의 토대를 마련해야 한다.

이런 관점에서 볼 때 단기적으로는 경제적 실익이 보장되는 남북 경제교류 확대방안에 대한 연구가 필요하며, 장기적 관점에서는 남북 경제통합을 위한 추진 방향과 그 문제점, 경제통합이 우리 민족 경제에 미치는 영향, 통일 과도기에 나타날 수 있는 부작용들과 이를 최소화할 수 있는 합리적인 경제통합 방안들에 대한 연구가 필요하다.

우리보다 먼저 통일을 이룬 독일의 통합 과정에서 나타난 혼란과 사회적 부작용은 남북통일의 길이 순탄치 않을 것임을 예고한다. 특히 동·서독의 사회·경제적 편차보다 남북의 편차가 더욱 심한 편인데도 그에 대한 대비는 오히려 미비한 현 시점에서 통일이 가져올 충격은 쉽게 예상할 수 있다. 독일 사례에서 제기되는 문제점들을 사전에 대비하고 통제 가능한 범위를 넓혀야 한다.

통합 초기 과정에서 가장 우려되는 점은 앞서 지적했듯이 북한 주민들의 대량 남하현상이다. 이것을 새로운 삶의 기회로 포착하는 사람들과 헤어졌던 가족과의 결합을 추진하는 사람 등 복합적 요인이 작용할 소지가 크다. 북한의 열악한 생활환경은 북한 주민들에게 충분한 이주 동기를 부여할 것이다. 그중에서도 이주가 두드러질 것으로 예상되는 북한의 젊은 층과 고급인력의 유출은 북한의 성장동력을 약화시킬 뿐 아니라 남한의 노동시장 혼란과 사회 문제를 야기할 것이다. 이는 통일 독일에서도 발생한 현상으로 독일경제의 구조조정을 더디게 만든 요인으로 작용했다. 따라서 남북통합은 급진적이기 보다 점진적으로, 개방적인 인구 이동정책보다 통제적인 인구 이동정책으로 이뤄지는 것이 바람직하다. 통일이 우리 사회에 혼란으로 다가온다면 또 다른 사회적 분열과 갈등으로 이어질 가능성이 크다. 설사 예상치 못한 급진적인 통합의 상황이 도래하더라도 그 안에서 과도기적 단계를 상정해 인위적이고 점진적인 통합이라도 유도해야 한다. 이 과정에서 제기될 수 있는 권리 침해 소지에 대해서는 사전 설명과 이를 통한 국민적 공감대 형성이 중요하다. 이는 경제, 사회적 통합 이전에 정치적 통합과 합의가 전제되어야 함을 의미하기도 한다.

우리가 그리는 이상적인 통일 미래는 남북협력으로 통합의 효과를 극대화하는 것이다. 이를 위해서는 북한 지역에 집중적인 투자가 이뤄져야 하며 기존의 기업환경을 개선해 북한경제의 기반을 재구축할 시간이 필요하다. 북한의 경제 재건을 통해 남북 간 경제력 격차를 줄이고 경제뿐 아니라 사회문화적 영역까지 진정한 통합이 이뤄질 수 있도록 안정적인 환경을 조성해야 한다. 이 모든 정책 추진은 남한의 수용능력 범위 내에서 단계적·지속적으로 이뤄져야 한다.

남북의 통합은 한반도 도약의 기회가 될 수 있다. 독일은 통일 후 미국, 일본과 함께 소득 4만 달러, 인구 8000만 명의 '40-80클럽'에 진입했다. 한국의 경우 '30-50'클럽의 일원이 될 가능성은 농후하지만 향후 40-80클럽 대열에 들어갈 수 있는 방법은 통일국가를 실현하는 길뿐이다. 오랜 기간 서로 다르게 지내온 두 체제가 하나의 체제로 통합되고, 진정한 통일을 이루는 과정은 떨어져 있던 시간보다 더 오래 걸릴지도 모른다. 제도적 안착과 남북 주민의 진정한 통일을 위해서는 다양한 정책 검토와 사전 대비가 필요하다. 이 과정에서 남북 모두 감내해야 할 것이 많을 수밖에 없다.

우리의 목표가 통일이라는 시점에 국한되어 있는 것이 아니듯 장기적인 안목으로 통일 이후의 사회까지 바라보아야 한다. 분단이 70년이나 이어져 온 상황을 감안할 때 통일 또한 그에 상응한 적용 과정이 필요하다. 남북경협 활성화는 기나긴 통일 여정 속 서로 다른 두 체제의 이질감을 최소화하고 내적 갈등을 완화할 수 있는 최적의 방안이다. 새로운 블루오션을 확보하기 위해서는 그에 대한 투자와 기회를 잡을 수 있는 노력이 필요하다. 정체되어 있는 한국경제가 한 단계 더 도약해 세계경제를 선도하는 강대국이 되는 데 북한만 한 투자처, 통일이라는 기회만큼 확실한 것이 있을까.

참고문헌

김은영. 2010. 「통일비용 관련 기존 연구 자료」. ≪KDI 북한경제리뷰≫, 8월호.

나희승. 2014. 「한반도 통합철도망의 꿈을 이루려면」. 이상만 외 지음. 『이제는 통일이다』. 헤럴드경제·한반도개발협력연구네트워크.

신동진. 2011. 8. 「통일비용에 대한 기존연구 검토」. 국회예산정책처. ≪경제현안분석≫, 제64호.

양문수. 2011. 「경제적 측면에서 본 통일비용과 통일 편익」. 『통일기반의 효과적 조성 방안과 과제』. 2011년도 전국대학통일 문제연구소협의회 학술회의(2011. 5. 12).

이상만. 1999. 「남북한경제통합과 북한의 경제구조」. 북한경제포럼. 『남북한경제통합론』. 오름.

조동호. 2011. 「통일에 따른 경제적 편익」. 『통일기반의 효과적 조성 방안과 과제』. 2011년도 전국대학통일 문제연구소협의회 학술회의(2011. 5. 12).

통일부. 「남북교류동향」, 각 연도.

통일연구원 외. 남북공동체 기반조성사업 결과보고서(통일부 용역과제), 각 연도.

홍순직·유병규·최성근. 2010. 「남북통일, 편익이 비용보다 크다」. 현대경제연구원. ≪경제주평≫, 통권 제422호.

제8장

남북은 서로 얼마나 알고 있나?

_ 사회문화공동체인가 문화적 공존인가?

김영수 ㅣ 서강대학교 정치외교학과 교수

1. 머리말: 너무 오래 떨어져 살았다

분단 이후 우리 모두는 다시 하나가 되기를 매일 기다려왔다. 그리고 그날이 머지않아 올 것이라고 믿으면서 지내다 보니 벌써 70년 이상이 훌쩍 지나고 있다. 철저한 단절 속에 가족조차 만나지 못한 채 세상을 떠난 이산가족도 셀 수 없이 많다. 무엇이 가족조차 만나지 못하게 만들었을까? 다시는 만나지 못할 것이라고 했다면 더 악착같이 만나려고 애쓰지 않았을까? 조만간 만날 수 있으리라고 생각했기에 기다리다 그만 한 생을 다 보내고 말았다.

한 민족, 한 핏줄이었던 우리가 이제 다시 만나면 옛날같이 합쳐질 수 있을까? 말은 별로 변하지 않았다고 하더라도 살아가고 생각하는 방식이 많이 달라졌다. 다시 만나서 언제 그랬냐는 듯이 잘 지낼 수 있을지 걱정이다. 생각하는 방식도 많이 다르고, 일상적인 말투도 생소하고, 살아가는 품새도 딴

판인 경우가 많아 아무래도 옛날같이 살기는 힘들 것 같다. 북한에서 내려온 '탈북민'이 정착하는 과정을 봐도 그렇다.

동·서독에서도 통합 이후 서로 교차 결혼한 쌍이 전체의 4%밖에 안 된다는 통계를 보면 우리도 '남남북녀'의 만남이 생각보다 어려울 듯싶다. 만나면 언제 그랬냐는 듯이 금방 하나로 동화되는 것이 쉽지 않을 것 같다. 그만큼 떨어져 살아온 후유증은 생각보다 위력적이다. '동질성 회복'을 위해 노력하면서도 '이질성 공존'을 위한 노력을 게을리하면 만나서도 진정으로 하나가 되지 못하는 양상을 초래할 가능성이 높다. 서로 모르고 살아오면서 너무 달라졌기 때문이다.

'적대적 공존'. 이것이 바로 현재 남북관계를 상징적으로 표현하는 단어다. 서로 미워하고 욕하며 지내다 지금은 한반도에 두 개의 정치공동체를 수립해놓고, 주도권을 쥐기 위해 치열한 각축전을 벌이고 있다. 그러면서도 분단의 벽을 뚫는 행사도 몇 차례 치렀다. 이산가족 상봉 행사, 각종 회담, 문화교류 행사 등을 통해 겉으로는 '통일'의 희망을 표방하면서 내심 각기 자신의 강점을 부각시키기 위해 노력했다.

그러나 '정치'가 다른 모든 것을 구속하는 남북관계 구조의 특성 때문에 행사는 일회성, 이벤트성에 그치는 경우가 대부분이었다. 1회로 끝나는 행사가 주를 이루는 것을 볼 때 남북의 화합과 협력이 얼마나 어려운지 잘 알 수 있다.

2. 교류·협력의 비대칭성

분단 이후 어려운 여건에서도 상호 교류와 협력의 끈은 이어져 오기도 했다. 특히 1980년대 중·후반부터는 다양한 회담이 개최되기도 하고, 인적 교

〈표 8-1〉 남북 인원 왕래 현황

(단위: 명)

연도	1989~2003	2004~2007	2008~2011	2012	2013	계
남→북 (방북)	55,257	372,249	553,225	120,360	76,503	1,177,594
북→남 (방남)	3,609	3,667	605	0	40	7,921
계	58,866	375,916	553,830	120,360	76,543	1,185,515

주: 관광 인원 제외.

류도 간간이 이루어졌다.

그러나 남북교류 및 협력의 양상은 늘 '비대칭' 형태를 나타냈다. 남북의 인적 교류 현황을 보면 비대칭 양상을 단적으로 알 수 있다. 〈표 8-1〉에 나타나듯이 1989년부터 2013년까지 남북 인원 왕래현황을 보면 남→북 인원은 약 118만 명에 달하는 데 반해 북→남 인원은 8000명이 안 되는 것으로 나타난다.[1] 무려 약 150배의 현격한 차이를 보이는데, 여기에서 북한 인력을 남한으로 보내지 않으려는 북한 당국의 의도를 잘 읽을 수 있다. 금강산 관광객과 개성공단 방문 인원까지 포함하면 비대칭 양상은 더욱 뚜렷해진다.

북한체제 유지를 위해 북한 인력이 남한으로 방문하는 기회와 규모를 철저하게 통제한 결과라고 할 수 있다. 대신 정해진 장소와 경로에 한해 남한 인력의 방북을 허용한 결과 인적 교류 현황은 교류라고 부르기 어려울 정도로 비대칭 양상을 빚었다. 이산가족 상봉 행사도 처음에는 서로 교차 방문하는 형식을 취하다가 북한의 강력한 요구로 북한 지역인 금강산에서만 상봉 행사를 이어올 수밖에 없었다. 폐쇄성을 체제의 주요 특성으로 하는 북한체제 작동원리 때문에 남북교류의 불균형 양상이 현재까지도 이어지고 있다.

---

1) 통일부 홈페이지 통계자료 참조. http://www.unikorea.go.kr/content.do?cmsid=1513 (검색일: 2014년 11월 30일)

이산가족 상봉 행사 외에도 종교교류, 문화유산 및 예술교류, 체육교류도 간간이 이어지고 있고, 2014년 가을에는 제17회 인천아시안게임에 북한선수들이 참가하고, 폐막식에 북한 당국이 보낸 고위층이 전격 방문함으로써 남북관계의 새로운 전기가 마련되는가 하는 기대도 가졌으나 남북관계의 구조적 특성을 이완시키는 결과를 만들지는 못했다.[2] 한 번의 이벤트로 의미 있는 변화가 초래될 남북관계가 아님을 다시 한 번 인지하는 시금석이 되었다.

한편 남북관계가 '적대적 공존'이라는 구조적 특성하에서도 '할 것은 해야 한다'라는 취지로 남한 정부는 인도적 지원을 꾸준히 시도했으며, 국제기구를 통한 우회적 지원 통로를 활용하려고 노력하고 있으나, 이것이 남북관계를 풀어가는 결정적 지렛대 역할은 하지 못하고 있다.

3. 서로 얼마나 알고 있나

그동안 관광객을 제외하고도 약 120만 명에 가까운 인원이 북한을 방문했다. 그러나 방문자가 많았다고 해서 예전에 비해 북한을 더 많이 알게 되었다고 단정 짓기는 어렵다. 최근 평양을 방문하고 온 대부분의 사람들이 "북한은 몰라보게 변하고 있다. 살기가 훨씬 좋아졌다. 교통체증이 일어날 정도로 차가 많아졌다"라고들 하는데, 정말 그럴까? 북한에서 '손전화'라고 불리는 휴대폰이 300만 대가 넘게 통용되고 있다고 하는데, 이것을 북한 사회 변

---

2) 2014년 10월 4일 오전 10시 북한의 황병서(국방위원회 부위원장, 총정치국장), 최룡해 (국가체육지도위원장, 전 총정치국장), 김양건(대남 담당비서)이 인천아시안게임 폐막식 참가 명목으로 인천공항을 전격 방문함으로써 남북관계 개선의 돌파구가 열릴 수 있다는 기대감을 자아냈으나, 이후 남북관계는 여전히 '적대적 공존관계'를 벗어나지 못한 채 분단의 길을 걷고 있다.

화의 척도로 볼 수 있는가? 북한에도 초고층 아파트들이 속속 들어서고 있다는데 그들의 살림살이는 어느 정도일까? 한 달 공식 급여가 북한 돈으로 3000~4000원이라면서 평양에 새로 문을 연 문수 물놀이장 입장료가 북한 돈 2만 원인 것은 어떻게 설명해야 하는가? 달걀 한 개 값이 1100원 이상 하는데 어떻게 살아가는 걸까?

우리가 오징어라고 부르는 것을 북한 주민들은 낙지라고 부르고, 우리가 낙지라고 하는 것을 북한에서는 오징어라고 부르게 된 배경은 무엇인가? 담배 1보루가 북한에서도 똑같이 10갑으로 통용될까? 땅 1평을 재는 척도는 우리와 같을까?

'이신작칙', '아글타글'은 무슨 뜻일까? '인차'라는 부사는 어떨 때 쓰는 걸까? "일 없어요"라는 표현이 "괜찮아요"라는 의미인 줄은 알겠는데, 직접 현장에서 들을 땐 왜 그렇게도 낯설고 못내 섭섭할까?

삭주군에서 왔다고 소개하는 탈북민을 보고서도 어디라고 되묻지도 못하는 북한 자연지리 감각은 왜 늘 이 모양일까? 통일하자고 하면서도 북한 땅에 대한 친숙도조차 갖추지 못한 배경은 어디서부터 시작되었을까? 칠보산 송이버섯이라고 할 때 왜 지리적 상상력이 떠오르지 않을까?

최근 들어 '통일대박'의 기치 아래 통일에 대한 시나리오가 쏟아져나오고 있지만, 우리만 '통일, 통일' 말한다고 해서 통일이 이뤄질까? 북한 사람들은 우리가 원하고 바라는 통일 구상에 동의하고 적극적으로 따라와줄까? 지금부터 통일이 잘 되어간다면 2050년에 1인당 국민소득이 8만 달러를 상회한다는데 정말 그럴까?[3] 8만 달러 되면 뭐가 그리 달라지고 삶의 만족도가 어

---

3) 2014년 10월 20일 대통령 직속 통일준비위원회는 서울 중구 대한상공회의소에서 '통일 대박 가능하다'를 주제로 첫 공개 세미나를 개최했다. 이날 발제자로 나선 통일준비위원회 김병연 경제분과 전문위원(서울대학교 교수)은 2050년 통일한국의 1인당 GDP 추정치로 7만 3747달러(남한 8만 2421달러, 북한 5만 7396달러)를, 연간 성장률로

떻게 달라지는 것인가? 국민소득이 높아지는 것만 내세우지 말고 그 속에서 나타나는 소득 불평등 문제는 어떻게 해소할지에 대한 고민은 왜 같이하지 않는가? 그리고 모든 것이 '잘 되어간다면'이란 전제가 너무 비현실적인 구호라는 생각이 드는 것은 왜 일까?

「우리의 소원은 통일」이란 노래는 있는데, 왜 통일 이후 소원을 그리는 노래와 영화, 드라마는 눈에 잘 안 보이는 걸까? 통일이 되면 군 복무는 안 하는 걸까? 하게 된다면 복무연한은 어떻게 될까? 확 줄어들까 아니면 통일된 대한민국을 지켜야 한다고 더 늘어날까? 통일이 되면 어떤 전공이 인기가 있을까? 어떤 새로운 비즈니스가 블루오션으로 등장할까?

북한 땅에 있는 수만 개의 김일성 동상은 어떤 운명을 걷게 될까? 온전하게 모아서 황해도 연백평야에 동상공원을 만들면 어떨까? 명산 바위마다 새겨져 있는 수많은 바위 글씨를 지워야 할까 아니면 그대로 두고 봐야 할까? '김일성종합대학', '김책공업종합대학' 등 학교명을 통일 이후 온전하게 쓰지 못할 텐데, 어떤 이름으로 바꿔야 하나? 이름을 바꾼다고 할 때 그 대학을 졸업한 북한 졸업생들이 가만히 있을까? 통일 이후 우리의 국립현충원과 같은 '애국열사릉', '혁명열사릉'은 어떻게 관리하고 유지할 것인가?

북한만 잘 모르는 것이 아니라 찬찬히 짚어보면 우리는 통일의 미래에 대해서 높아질 국민소득 숫자만 외칠 뿐이지 그 모든 것을 무로 돌릴 정도로 강력한 파급 효과를 지닌 '사람의 통일', '마음의 통일' 문제는 거의 무시하고 있다. 분단을 극복하고 새로 만들 '사회문화공동체' 형성이 얼마나 어려운 과업인가를 깨닫지 못한 채 지도층이나 전문가들 모두 통일 성취 분위기에 '붕

4.51%(남한 2.63%, 북한 9.55%)를 제시했다. 한반도가 통일되면 국민소득도 예상 외로 크게 향상되는 등 '통일대박론'이 실현될 가능성이 크다는 주장으로, 2050년 통일한국의 1인당 GDP가 7만 달러에 달하고, 주요 20개국(G20) 가운데 2위를 기록할 것이라는 장밋빛 전망이다.

붕' 떠 있다고 해도 과언이 아니다.

북한 주민들도 '대한민국'을 모른다. 북한 내부에 이른바 '한류'가 분다고 할 정도로 남한 물건에 대한 인기가 높고 영상물에 대한 관심이 급증하고 있다고 하지만, 막상 북한 주민들이 '남한'을 얼마나 잘 아는지에 대한 분석 결과는 우리가 '북한'을 아는 것보다 더 모른다는 것으로 귀결될 것 같다.

'이남', '남조선'은 알아도 북한 주민 대부분이 '대한민국', '한국'이란 용어는 인지하지 못한다. 일상생활에서는 '아랫동네'라는 말을 자주 쓸 뿐 대한민국의 특성과 실상에 대해서는 거의 모른다. 북한 당국이 철저하게 교양시킨 결과다. 그만큼 북한 사회는 외부정보를 입수하기 어렵고, 이를 통용시키기도 어려운 사회이며 체제다. 남한 소식을 퍼뜨리거나 선전했다가는 자신뿐 아니라 가족, 친지까지도 연대책임을 지는 '연좌제'가 '남한'을 제대로 이해하고 판단하는 걸림돌로 작동한다.

더욱이 북한 사회 구성원 대부분은 '남한'에 대한 이중성을 갖고 있다. 우리가 어렸을 때 일제 물건을 선호하면서도 때마다 반일감정을 표출했던 상황과 비슷하다고 보면 된다. 즉, 양가감정을 가지고 '아랫동네'를 선호하다가도 '남조선'을 때려 부수는 궐기대회에 앞장서기도 한다.

북한 주민의 생각을 정확하게 읽어내는 것은 참 어렵다. 설문조사도 할 수 없고, 인터뷰도 가능하지 않기 때문에 어떤 이슈를 어떻게 생각하는지를 정확하게 파악하는 것 자체가 불가능하다고 할 수 있다. 더욱이 물어도 책임질 대답을 소신껏 하지 않는 북한 특유의 정치문화적 특성 때문에 현재로서는 북한 주민들의 생각을 끌어내는 작업은 불가능하다. 대신 추론이 가능한데, 이것도 우리가 생각하는 바가 반영된 '희망적 추론(wishful thinking)'에 그칠 가능성이 높다.

북한에는 민심이 있어도 그 실체를 잡아낼 수 없다는 것이 정확한 표현일 것이다. 아니면 우리가 생각하는 '민심' 자체가 없을 수도 있다. 위에서 만들어지고 강요된 '획일화된 민심'이 북한 전체를 채우고 있다고 보는 것이 정확할지 모른다. 여기서 우리의 과제와 역할이 시작된다. 우리가 노력해서 북한 사회 구성원들의 '마음'을 만들어내고 그 '민심'을 우리 쪽으로 돌리는 것이 바로 그것이다.

통일 과정 및 통합 과정에서 북한 주민의 '민족자결권(right of self-determination)'을 중시하면서 그들이 우리와 같은 생각을 하게끔 미리미리 준비하고 우리를 거부하고 중국을 택하는 비극이 발생하지 않도록 이제부터라도 북한 사회 구성원의 마음을 우리 쪽으로 돌리는 의미 있는 준비와 실천을 해야 한다.

4. 통일시대로 나아가기 위한 과제

'통일(unification)'은 발생하는 시점(역사적 사건)을 중시하는 개념인 반면, '통합(integration)'은 발생 이후 진행되는 상황에 비중을 둔 개념이다. 요컨대, 통합은 제도, 땅의 통일과 함께 '사람의 통일', '마음의 통일'에 비중을 둔 개념이다. '하드웨어'보다는 '소프트웨어' 및 '사회 구성원'에 초점을 둔 개념이다. 누가 먹고 먹히는 상황, 즉 '이기고 지는 통일'이 아닌 '함께 사는 통일'이 통합의 궁극적 목표다.

동족상잔의 전쟁을 치르지 않은 동·서독과 달리 남북은 6·25의 유산을 가진 채 70년 가까운 분단상태로 '적대적 공존관계'를 유지했을 뿐 아니라 철저한 단절 속에서 서로를 자기중심적으로 이해하는 구조를 지녀왔기 때문에 동·서독 양상과 비교할 수 없는 특수성을 지니고 있다.

특히 각자의 정통성 창출에 상대방을 향한 적대적 감정(적개심)을 활용했기 때문에 체제와 사회 구석구석에 미움과 원한이 내재화되어 있어 통합의

걸림돌로 작용할 가능성이 크다. 분단 이후 상호 교류와 접촉이 거의 없는 상황 때문에 체제 간 이질성이 동질성보다 압도적으로 커진 상황에서의 '통합'이 상당 기간 진행될 것으로 예상된다. 요컨대 동·서독 통합이 '바닷물 + 민물'이라고 가정한다면 남북통합은 '물 + 기름'일 정도로 '합침'이라는 목표를 실현하기가 사실상 어려운 형국이 될 것으로 보인다. 여기에 남북통합의 과제가 있다. 이런 상황에서 통일 준비를 위해 필요한 선결과제를 제시하면 다음과 같다.

1) 북한을 알아야 통일이 보인다

현재 상태의 북한 이해력으로는 통일의 길을 찾아내기가 쉽지 않다. 통일을 하려는 상대방을 제대로 이해하지 못한 채 무리하게 통일을 추진해봤자 통일의 목표는 성취하지 못한 채 다시 분열을 맞이할 가능성이 높다. 통일을 하고자 하는 우리의 반쪽인 '북한'이 어떤 상태로 작동하는 체제인지, 또 그속에서 살아가고 있는 2500만 명에 가까운 '북한 주민'은 어떤 생각을 하면서 통일을 희구하고 미래를 생각하는지를 모른다면 통일을 향한 여정은 매우 어려운 길이 될 것으로 예상된다.

이제부터라도 '북한'을 제대로 이해하고 북한 상황을 정확히 읽을 줄 아는 노력이 선행되어야 한다. 가보지 않고 살아보지 않고서도 북한 상황을 제대로 느끼고 읽을 줄 아는 지속적인 노력이 먼저 이뤄지지 않으면 그토록 원하던 통일이 다른 방향으로 흘러갈 수 있다.

남한 중심적으로 북한을 재단하고 일방적으로 결정하는 습관을 버려야 한다. 결론을 내리고 일방적으로 끌고 가려는 경직된 통합방식을 버리지 않으면 통합이 안고 있는 난제를 풀기 어렵다. 이제부터라도 통일을 하려는 상대방인 '북한'을 제대로 이해하고 통합의 미래를 고민하는 좀 더 넓은 시각과 포용력을 갖출 수 있도록 노력해야 한다.

2) 북한 주민이 (우리가 바라는 통일을) 원해야 통일이 이뤄진다

통일을 말할 때 북한에 사는 우리의 반쪽은 무슨 생각을 하는지 제대로 고려한 적이 별로 없다. 남한식대로 통일하려는 생각에 북한 주민들도 동조할 것이란 안이한 생각이 우리 사회에 익숙하게 확산되어 있다.

그러나 북한 주민들이 우리가 원하고 바라는 통일 구상과 미래상에 공감하고 지지하지 않으면 통일은 불가능하다. 통일하려는 다른 한쪽의 생각이 우리와 다르면 통일이 제대로 될 리 없기 때문이다. 이제라도 북한 주민의 통일에 대한 생각은 무엇인지, 우리의 통일 생각을 북한 주민들에게 전할 수 있는 방안은 무엇인지를 진지하게 고민하고 실천해야 한다. 여기에 통일의 성공 여부가 달려 있기 때문이다.

3) 통일 상상력을 키워야 한다

현재 상태의 통일 상상력으로는 통일을 이루기 어렵다. 통일에 대한 동력을 얻기 위해서라도 통일의 미래상을 상상하는 힘을 키워야 한다. 통일 효과의 경제적 측면만 강조하는 것도 문제다. 국민소득이 놀랄 정도로 증가할 것이며, 강대국으로서의 위상을 갖출 것이라는 낙관적 전망은 모든 것이 최상의 상태에서 정상적으로 진행될 때 나타날 수 있는 쉽지 않은 전망이다.

통일을 이뤄가는 과정에서 북한 주민과 상생노력을 어떻게 하느냐에 따라 통일 성취도는 얼마든지 달라질 수 있다. 통일을 이루자마자 통합에 실패하면서 다시 분열될 가능성도 얼마든지 상정할 수 있다. 겉으로는 통일이 되었지만 통합을 이루지 못하고 내적 분열의 심화가 진행되는 상상이 현실로 나타날 수 있다.

사회문화적 통합을 이루지 못하면 정치적 통일, 경제적 통일의 꼴을 갖추었다 해도 땅의 통일, 제도의 통일만 이룬 것이지 마음의 통일, 사람의 통일을 이룬 것은 아니다. 그만큼 사회문화적인 통합은 어려운 과제다. 서로 다른 생활양식과 사고방식을 가진 채 적지 않은 시간을 보내온 사람들이 금방 하나가 될 수는 없다. 이질성을 가진 채 살아간다는 것은 불편하고 갈등이 표출될 가능성이 매우 높다.

그러나 불편함을 참아내면서 살다 보면 자연스럽게 어울리며 살아가는 모습을 발견하게 된다. 이것이 바로 통합의 참모습이다. '동질성 회복'만 강조하지 말고 '이질성의 공존'도 함께 고려하면서 통일의 미래상을 그려나가는 통일 친화적인 사고와 사회 수용력을 길러야 한다.

이와 함께 통일이 되면 일어날 수 있는 상상을 충분히 해야 한다. 그리고 그런 상황에 맞는 매뉴얼과 예비 훈련을 해야 한다. 통일이 되면 군 복무연한은 어느 정도로 해야 '통일 대한민국'을 지켜낼 수 있는지, 통일이 되면 어떤 비즈니스가 떠오를 것인지, 북한체제의 흔적을 어떤 방식으로 지워내면서 또 유지할지를 동·서독, 베트남, 예멘 사례 등을 참고하면서 우리만의 방식을 찾아야 한다.

지금 우리 사회에는 통일의 경제적 효과만 붕붕 떠다니지 사회문화적 과제와 관련된 상상은 매우 부족한 편이다. 이제부터 이 점을 보완하는 노력을 병행해야 한다.

5. 대북 인도적 지원은 통일로 가기 위한 길인가?

종종 대북 인도적 지원이 필요한 것인가라는 질문을 받는다. 대답은 간단하다. "그렇다"이다. 지원하면 군부 식량으로 전환되고, 간부들만 배부르게 된다는 반박도 만만치 않다. 사실 그런 현상도 북한 내부에서 벌어지고 있다.

우리가 애써 모아 보낸 밀가루와 쌀이 북한 군대의 식량으로 전용되는 일도 일어나고 있고, 분배의 투명성을 그렇게 강조하고 모니터링에 주력하지만, 일반 주민들에게 돌아가지 않고 일부 간부들이 착복하는 경우도 일상처럼 일어난다.

그럼에도 인도적으로 필요한 지원은 해야 한다. 지원한 것이 군대로 빼돌려지면 군대가 '인민'의 것을 빼앗지 않기 때문이다. 또 간부들이 배부르면 '질 나쁜 식량이나 부식물'일지라도 그나마 인민의 손에 돌아가기 때문이다.

북한 주민 가운데 1/3은 아무런 대책 없이 매일의 끼니를 걱정해야 하는 상황에 놓여 있다. 하루에 한 끼조차 해결하기 어려운 상황에서 영양 결핍이 가져오는 각종 질병에 시달리고 있다. 영아 사망률이 남한보다 8배 정도 높은 1000명 당 40명을 넘어섰으며, 산모 사망률도 남한보다 3~4배 높은 630명 당 1명꼴로 나타났다.[4]

또한 산모들의 요오드 부족으로 태어날 아이들의 뇌 발달이 제대로 이뤄지지 않는 안타까운 현상도 지속되고 있다. 임신 중에 미역, 김, 다시마 한 조각 먹지 못하는 비정상적인 식생활 때문에 내륙지방에 사는 산모들이 낳은 아이들의 IQ가 80밖에 되지 않는다는 보도가 오래전부터 나오고 있으며, 북한 군인 중에도 요오드 결핍 환자가 증가하고 있다는 소식이 뉴스를 통해

---

4) 『2010 세계인구현황보고서(한국어판)』(유엔인구기금·보건복지부·인구보건복지협회, 2010) 참조.

전해지고 있다.5)

　최근 북한 사회에 빠르게 확산되고 있는 결핵으로 인한 북한 주민들의 고통도 심상치 않다. 약 100만 명이 넘는 것으로 추정되는 결핵 환자들이 일반 결핵약에 내성을 보임으로써 최근 들어 이른바 '다제내성 결핵 환자'들이 속출하고 있다. 즉, 일반 결핵약으로는 치료가 불가능한 환자들이다. 6개월 정도 치료가 아닌, 내성환자용 결핵약을 2년 정도 복용해야 하는 환자들이 급격히 늘고 있을 뿐 아니라 완치율도 50% 미만이라 결핵으로 인한 사망률도 증가하고 있다.6)

　전쟁 중이더라도 적국의 환자는 치료하고 영·유아 등의 취약계층은 돌봐야 한다는 것이 바로 인도적 정신이다. 북한에 대한 인도적 지원은 바로 이런 정신에 입각한 실천이었다. 그동안 대북 지원 공과를 놓고 남남갈등 구조가 형성된 나머지, 모든 대북 지원은 북한을 도와주는 결과를 낳는 잘못된 행위라는 비판이 제기되면서 꼭 필요한 인도적 지원도 함께 비판을 받는 양상이 빚어졌다.

　북한 당국의 책임도 크다. 인도적 지원을 빌미로 대량의 식량 및 비료 등의 지원을 유도하고, 이를 원래 용도와 다르게 전용한 사례가 바로 그것이다. 남북협력기금이 마치 북한을 위해 쓰이는 돈으로 생각하고, 당연히 받아들이는 자세를 보이기도 했다. 공짜로 받는 것이라 후속 관리에도 별 관심을 보이지 않아 지원한 설비와 공장들이 얼마 가지 않아 무용지물이 되는 사례도 적지 않게 발생했다.

---

5) 최경선, "北 군인들, 칼슘·요오드 결핍 심각: 군 당국 실태조사 나서", 코나스넷, 2014. 5. 7. http://www.konas.net/article/article.asp?idx=36028(검색일: 2014년 11월 30일) 참조.
6) 유진벨 재단 홈페이지 '다제내성 결핵 환자 실태 및 치료법' 참조. https://www.eugen ebell.org:50008/v1/main.asp?subPage=271(검색일: 2014년 11월 30일)

이와 같은 시행착오를 줄이는 방안을 대북 인도적 지원의 실천과 함께 고민해야 한다. 그래야 적대적 공존에서도 꼭 필요한 대북 인도적 지원의 명분과 설득력을 확보할 수 있다. 그렇지 않으면 인도적 지원은 지속적으로 비판 대상에 포함될 수밖에 없다. 여기서 서독이 동독을 지원할 때 활용했던 기준과 원칙을 원용할 수 있다.

서독 정부는 첫째, 동독 정부의 공식적인 지원 요청 시에만 지원을 했다. 둘째, 반드시 작은 것이라도 지원에 대한 대가를 요청했다. 셋째, 동독 사회와 주민들이 서독이 지원한 사실을 공유하도록 노력했다. 이것이 서독 정부가 동독을 지원할 때 활용했던 기준과 원칙이다.[7]

우리도 이런 사례를 원용해 앞으로 북한 당국이 인도적 지원을 요청할 경우 지원을 검토한 후 실행하고 작은 것이라도 지원에 대한 대가를 요구하고, 북한 간부들과 주민들이 우리가 지원한 사실을 정확하게 알 수 있도록 다양한 방안을 강구하면 좋겠다. 문제는 세 번째 기준을 어떻게 실천할지다.

분배의 투명성 기준을 제대로 적용하기가 무척 어려운 북한체제를 상대로 우리가 지원할 사실을 제대로 알리려면 우선 우리 신문과 방송을 통해 오늘은 어느 단체가 북한 어디로 무엇을 얼마나 지원했는가를 공식적으로 밝히고, 이를 우리 국민들이 잘 알 수 있도록 해야 한다. 그렇게 하면 우리 단체와 정부가 중복 지원하는 것을 미연에 방지할 수 있고, 평양의 지도층도 북한이 어떤 물품과 식량을 얼마만큼 지원받는지를 알게 되면서 지방 수준에서 은밀하게 처리되던 대북 지원물품에 대한 착복을 막을 수 있고 배달 사고도 방지하는 효과를 거둘 수 있다.

이런 실행 기준을 지키면 지원물품이 분배의 투명성 원칙에 따라 제대로 분배되는가를 확인하는 힘든 실천은 하지 않아도 된다. 북한 내부에서 우리

---

7) 염돈재, 『독일통일의 과정과 교훈』(평화문제연구소, 2010), 130쪽.

의 지원 사실을 공유하는 것만으로도 인도적 지원의 목표는 충분히 충족되었다고 보기 때문이다. 그다음의 분배 문제는 북한체제 기준에 맞게 이뤄지는 것을 지켜만 봐도 된다. 현지 방문을 통한 분배의 투명성을 확보하지 못하는 상황에서는 무엇을 어디에 얼마만큼 줬는지를 투명하게 공개해 북한 당국 및 주민들이 알 수 있게끔 하는 방식이 필요하다. 향후 인도적 지원부터 이 방안을 원용, 실행할 수 있기를 기대한다.

이 방식은 기존 지원방식을 보완, 개선한다는 데 의미가 있다. 이를 통해 중앙에서 모르게 지방 간부들이 지원품목을 착복하거나 빼돌리는 행위를 조기에 차단하고, 중간 간부들끼리 협착해서 나눠 먹는 관행을 차단하는 효과를 거둘 수 있으며, 북한 주민뿐 아니라 한국 국민도 대북 지원에 대한 구체적인 정보를 지속적으로 인지할 수 있다.

통일이 되었을 때 북한 주민들로부터 "우리 어려울 때 도와주지 않고 뭘 했어요?"라는 말을 듣지 않기 위해서라도 인도적 지원은 명분과 실리를 찾는 고민 속에서 지속되어야 한다. 또한 정말로 함께 살게 될 때 우리보다 너무 뒤처지지 않게끔 도움의 의미와 방안을 성찰하면서 최소한의 생존을 위한 도움을 끊지 말고 계속해야 한다. 이것이 인도적 지원이 통일로 가는 길인가라는 질문에 대한 답이다.

6. 맺음말: 통일인가 공존인가?

'통일(統一)'은 '통이(通異)'의 관점에서 출발해야 한다. 즉, 통일은 동질성 회복과 함께 이질성 공존이라는 시각에서 시작해야 '통합'을 이룰 수 있다. 통일은 '현상 유지'가 아니라 '현상 변경'이기 때문에 더욱 그렇다.

흔히 통일을 말하고 상상할 때 지금의 '남한'과 '북한'이 만나는 것을 상정하는데 이것은 대단히 잘못된 발상이고 상상이다. 통일은 지금의 남한이 아닌 훨씬 변화된 남한과 엄청나게 변화할 북한의 '합침'이다. 둘로 쪼개진 거울을 단순히 합쳐 보는 수준의 '합침'이 아니라 도저히 서로 합칠 수 없을 것 같은 두 정치공동체 및 사회문화공동체를 합치는 한 번도 해내지 못한 '정치공학'이며 '통합예술'이다.

통일 상상력과 통일을 감당할 능력이 함께 어우러진 상태에서 서로 다른 것을 참고 받아들이는 '관용'이 없으면 불가능한 새로운 창조가 바로 남북통일이다. 남북 사이의 '상극성'을 줄이면서 '상보성'을 늘이는 것이 바로 통일의 과업이며 통합의 궁극적 목표다. 따라서 서로 불편하지만 참으면서 이룰 수 있다는 신념이 필요하며 이에 대한 공감대를 확산시켜나가는 것이 무엇보다 중요하다.

특히, '차이'가 '차별'로 나타나지 않도록 미리 준비해야 한다. 이것이 통일 교육에서 역점을 두어야 할 가장 중요한 핵심가치이며 기조다. 이미 다문화 교육 및 교양을 통해 통일 예행연습을 하고 있지만, 남한 사회 전체가 '통일 친화적'이며 '통일 수용적'인 그릇이 될 수 있도록 공감대 형성과 감당할 능력 배양에 주력해야 한다.

북한 주민이 원해야 통일도 이뤄지고 통합도 순항할 수 있기 때문에 현재의 탈북민과 함께하는 연습을 통해 통합 매뉴얼을 잘 준비해야 한다. '북한이탈주민 정착 과정'에 대한 패널 연구를 통해 통합의 로드맵도 사전에 마련해야 한다.

한편, 사회문화 통합 준비를 위한 우선 과제로 '북한 변화'를 유도하는 다양한 노력과 집중력도 발휘해야 한다. 북한의 변화 없이는 통일의 성취 가능성도 없다는 점에서 더욱 이 부문의 준비가 절실하고 시급하다. 북한 주민의 '미래 선택권'을 만들어주고, 이 과정에서 북핵 문제의 궁극적 해결도 모색해야 한다.

아울러 통합으로 인해 당장은 불편하지만 참고 지내다 보면 진정한 통합을 이뤄낼 수 있다는 의식을 확산·정착시키는 또 다른 노력을 병행해야 한다. 통합은 아마추어가 아닌 프로의 영역이란 점에서 각 분야의 '통합전문인력'을 미리 꾸준히 양성해 통합 상황에 대비해야 한다. 특히 구체적인 통일 상상력에 기초한 우리 사회의 통합역량을 키워야 한다. 분단이 안겨준 상처를 치유할 수 있는 통합 전문역량을 키우는 것이 서로 너무도 모른 채 자기 생각에 빠져 있는 현상을 극복할 수 있는 지름길이다.

강대국에 의해 분단된 이후 같은 민족끼리 처절한 전쟁을 치렀다. 서로 반목하면서 체제 경쟁에 힘을 쏟다 보니 갈라진 두 개의 민족공동체를 하나로 만드는 작업에는 오히려 소홀한 적이 많았다. 체제 경쟁에서 이기는 것이 우선이지 함께 합치는 것은 뒷전이었다. 말로만 통일을 외쳤을 뿐 실제로 통일을 앞당길 방안이 무엇인지 진지하게 고민한 적은 많지 않았다. 한때는 우리 사회에서 통일을 최우선 국익으로 간주하는 발언이 친북적인 발언으로 매도되는 시절도 있었다. 북한도 무력을 통한 공산화 통일을 때마다 강조했을 뿐 서로 합치는 통일은 생각조차 하지 않았다.

그러다 보니 서로를 이해하는 힘이 너무 약해지는 결과를 낳고 말았다. 체제 수준에서 상대방의 약점을 들춰내는 데 익숙할 뿐 상대 체제의 작동원리나 사회 구성원의 삶을 이해하는 능력은 현저하게 떨어졌다. 살아가는 방식이 다르다 보니 생각하는 방식도 달라져 같은 민족이라고 하기에는 너무 다른 이질성을 띠게 되었다. 동독 지도층이 자만심에 빠져 일찌감치 서독 TV를 보게 하는 조치를 단행(1972년)함으로써 동독 사람들이 통일 이전부터 서독 사회와 생활을 사전 경험할 수 있는 계기도 있었으나 우리는 서로의 방송을 접할 공식적인 계기를 아직 경험하지 못하고 있다.[8]

---

8) 독일 통일 이전 서독 사람들은 "매일 저녁 7시에 동·서독은 통일이 되었다"라고 말했

동·서독 정부의 정치범 석방을 놓고 거래를 중개하던 동독 교회 역할을 할 만한 중개자도 아직 남북에는 없다. 통합의 의견과 동력을 제공하던 동독의 노조도 북한에 기대하기 어렵다. 북한을 방문하고 단기적으로 체험한 방문 인원이 120만 명을 넘고 금강산과 개성을 관광한 인원도 적지 않지만, '북한'을 제대로 읽고 진단하는 전문가는 드물다. 북한에서 살다가 탈출한 '북한이탈주민'이 3만 명에 달하지만 북한체제를 재구성하는 데는 역부족이다.

이런 상태에서 우리는 최근 '통일'에 부쩍 열을 올리고 있다. 통일의 상대인 북한도 제대로 모르면서 통일만 하면 장밋빛 미래가 온다고 부추기면서 통일 논의를 일방통행식으로 밀어붙이고 있다. 통일이 이뤄지면 어떤 상황이 도래하며, 어떤 노력을 기울여야 물과 기름의 합침 같은 어려운 과제를 소화할 수 있는지도 진지하게 고민하지 않는다.

남북은 현재 상태로는 동질성을 회복하기 어렵다. 이질성을 극복한다는 말이 무색할 정도로 완전히 서로 다른 삶과 사고 속에서 살아가고 있다. 동질성을 회복한다고 할 때 우리의 기준에 맞춰 회복하게 되면 북한 사회 구성원 2500만 명은 이방인이 되고 만다. 그리고 2등 시민으로 전락하게 된다. 그러면 통일 이후 또 다시 사회 균열은 심화되면서 왜 통일을 했는지에 대한 근본적인 질문에 봉착하게 된다.

통일은 하나로 만드는 것이지만 실제로는 서로 다른 것[異]이 원활하게 통(通)하는 '통이'를 추구해야 한다. 그러기 위해서는 우리 사회부터 서로 다른 것을 받아들일 수 있는 좀 더 큰 그릇이 되어야 한다. 통일 친화적·통일 수용적이란 용어에는 그런 뜻이 담겨야 한다. 그래야만 통일 과정에서 서로 다르기 때문에 발생하는 불편함과 이질감을 소화하고 감당할 수 있다.

다. 그 시간에는 서독 사람들과 동독 사람들이 모두 서독 TV를 시청했기 때문이다. 양창석, 『브란덴부르크 비망록』(늘품플러스, 2011), 331쪽.

이를 위해 '북한'을 정확하게 읽을 줄 알아야 한다. 김정은 중심의 북한에만 관심을 가질 것이 아니라 북한 사회와 주민들의 삶을 직시할 수 있는 감각과 안목을 길러야 한다. 아울러 북한 주민의 마음을 읽고 그들이 우리를 좋아하고 선택할 수 있도록 지속적으로 우리의 마음과 준비상태를 알려야 한다. 북한 주민이 우리를 선택하고 통일을 이루겠다는 결심을 해야 비로소 통일이 이뤄질 수 있다. 북한 주민이 원하지 않으면 우리가 바라는 통일은 절대로 이룰 수 없다. 이것이 통일을 생각할 때 가장 우선적으로 고려해야 할 명제다.

통일의 상상력을 키워야 한다. 지금 수준에서는 통일의 동력을 일궈내기 어렵다. 통일세대를 길러내는 힘도 너무 미약하다. 통일이 되면 성취할 수 있다는 경제적 통계만 강조하지 말고 실제로 다가올 미래를 사전 체험할 수 있는 근거 있는 상상력을 가상현실로 만드는 능력이 발휘되어야 한다.

이렇게 되면 남북은 서로 얼마나 알고 있는가라는 기초적 질문에서 벗어나 무엇을 잘못 알고 있는지, 그리고 무엇을 더 개선해야 하는지를 고민하는 다음 단계를 준비할 수 있다. 아는 것이 힘이라고 했는데, 우리는 너무 모른 채 무식하게 통일 준비를 하고 있다.

참고문헌

김영수. 2010. 『바른 사회통일교육 길잡이』. 통일교육위원 서울협의회.

김형기. 2010. 『남북관계 변천사』. 연세대학교 출판부.

심지연. 2001. 『남북한 통일방안의 전개와 수렴』. 돌베개.

양창석. 2011. 『브란덴부르크 비망록』. 늘품플러스.

염돈재. 2010. 『독일통일의 과정과 교훈』. 평화문제연구소.

유엔인구기금·보건복지부·인구보건복지협회. 2010. 『2010 세계인구현황보고서(한국어판)』.

최경선. "北 군인들, 칼슘·요오드 결핍 심각: 군 당국 실태조사 나서". 코나스넷. http://www.konas.net/article/article.asp?idx=36028(검색일: 2014년 11월 30일)

통일부 홈페이지 통계자료. http://www.unikorea.go.kr/content.do?cmsid=1513(검색일: 2014년 11월 30일)

제3부

통일환경과
통일외교

제9장

바람직한 통일외교

최대석 | 이화여자대학교 북한학과 교수

1. 머리말

"나는 통일독일을 저지하기 위해 할 수 있는 모든 일을 다 해보았다". 통독 당시 영국수상이었던 마거릿 대처(Margaret Thatcher)가 자신의 자서전에 남긴 말이다. 대처는 1989년 11월 베를린장벽이 붕괴된 뒤 독일 통일 논의가 급속하게 진행되는 것을 심각하게 우려했다. 대처의 반대에도 미국이 처음부터 적극적으로 지지하고 프랑스가 진통 끝에 '유럽 통합의 틀 안에서'라는 조건으로 지지를 약속하자 영국도 마지못해 지지로 돌아서면서 독일 통일은 급물살을 탔다. 그런데 과연 당시 대처의 우려는 지나친 것이었을까? 영국과 프랑스 같은 주변국들로서는 인구 8000만 명의 통일 독일이 히틀러 치하의 독일보다보다 더 위협적일 수 있고, 이로 인해 유럽의 세력 균형이 깨질 수도 있다는 두려움을 갖는 것은 당연한 일이었을지도 모른다.

독일 통일의 사례에서 보듯이 한반도의 통일도 단순히 두 개의 분단국가가 하나의 정치적 독립체로 새롭게 탄생하는 것 이상의 의미가 있다. 통일은 한반도 내에서 발생하는 사건이지만 필연적으로 동북아시아 질서의 근본적인 개편을 의미하므로 주변국 모두가 이해상관자일 수밖에 없기 때문이다. 특히 주변국들은 지금 같이 통일한국이 어떤 나라가 될지에 대한 명확한 비전이 제시되지 않은 상황에서 인구 7500만 명의 통일한국이 출현하는 것에 민감하게 반응할 수밖에 없을 것이다. 따라서 통일을 추진하는 과정에서 한국 사회 내부의 준비와 남북관계 발전 못지않게 우호적인 통일환경을 조성하는 것이 중요하다. 이 글은 먼저 통일외교가 갖는 의미를 살펴보고, 지난 시기 통일외교의 내용과 전개 과정에 대한 분석을 통해 바람직한 통일외교의 추진 방향을 모색하고자 한다.

2. 통일외교, 왜 중요한가?

통일외교란 한국의 국가 목표인 통일을 달성하기 위해 외교라는 수단을 통해서 주변 환경을 능동적으로 변화시키고자 하는 노력을 의미한다. 좀 더 구체적으로는 미국, 중국, 일본, 러시아 등 주변국들과 유엔(UN) 등 국제사회를 대상으로 한국이 통일을 강력히 원하고 있으며, 통일된 한반도를 안정적으로 관리할 능력이 있고, 통일이 주변국에도 이익이 되며 북핵 문제를 푸는 지름길임을 외교적 수단을 통해 설득하는 것이다.[1] 나아가 통일외교는 비핵화의 원칙 아래 시장경제와 민주주의 질서를 존중하고, 동북아시아의 평화와 안정에 앞장설 것이라는 통일한국의 비전을 주변국들에게 전달하는

---

1) 박세일, 『선진통일전략』(21세기북스, 2013), 329~333쪽.

일이다. 이러한 관점에서 볼 때 통일외교는 한반도의 현상 유지가 아닌 현상 변화를 추구하는 능동적이고 적극적인 외교정책이라고 규정할 수 있다.

그런데 분단 70년이 지난 현 시점에서 평가할 때 지난 시기 우리의 통일외교가 성공적으로 전개되어왔는지에는 반드시 긍정적으로 답하기 어렵다. 어쩌면 지난날 한국이 국제사회에 한반도 통일의 당위성을 알리고 통일의 비전을 설득하는 데 소극적이지 않았는지, 지금 이 순간에도 한반도 통일 문제가 주변국들의 첨예한 이해가 상충하는 민감한 이슈가 되어 가는 것을 방치하고 있지는 않은지 등에 대한 진솔한 검토와 성찰이 필요하다.

반면 독일 통일 과정에서 서독의 통일외교는 단연 빛을 발했다고 평가할 수 있다. 흔히 독일 통일에 대해 말할 때 통일을 강력하게 밀고 나간 헬무트 콜(Helmut Kohl) 총리의 적극적인 의지와 능란한 외교력을 높게 평가한다. 그러나 서독은 초대 수상인 콘라트 아데나워(Konrad Adenauer) 시절부터 통일에 대한 서방의 지원을 얻기 위해 지속적인 노력을 기울였다. 분단 초기부터 서독은 나토(NATO)에 가입했고 유럽 통합에 주도적으로 참여해 주변국들과의 관계를 공고히 했다. 또한 사민당의 빌리 브란트(Willy Brandt) 총리와 그의 외교보좌관인 에곤 바르(Egon Bahr)는 '접근을 통한 변화'라는 기치 아래 동방정책을 추진했다. 이러한 일관된 노력이 있었기에 콜 수상을 비롯한 서독의 지도부는 미국의 지지를 이끌어내 주변국들의 반대를 극복하고 통일을 이룰 수 있었다. 한반도 통일도 지도자의 냉철한 국제정치 상황 인식과 정권을 초월한 일관된 외교적 노력이 무엇보다 중요하다.

3. 통일외교의 전개

1948년 대한민국은 정부 수립과 함께 북한 정권을 삼팔선 이북의 대한민국 영토를 불법 점령한 반국가 불법단체로 규정했다. 따라서 초대 이승만 정부는 한반도의 유일 합법 정부로서의 지위를 확고히 하는 것을 외교의 근간으로 삼았다. 그 결과 1948년 12월 제3차 유엔총회 결의를 통해 대한민국이 한반도의 유일한 합법 정부임을 인정받았으며, 1950년 6월까지 미국을 비롯한 22개국에서 공식 승인을 받는 등 국제적으로 대한민국의 정통성 확보를 위한 외교를 전개했다. 제2공화국, 즉 장면 정부(1960~1961)는 이승만 정부에 이어 유엔 감시하 남북 자유총선거에 의한 통일을 외교의 당면 과제로 제시했다. 나아가 미국의 지원을 받아 한국 단독의 유엔 가입을 추진했으나 소련의 거부권 행사로 무산된 바 있다.[2]

'선(先)건설, 후(後)통일'의 정책 기조를 내세운 박정희 정부(1962~1979)는 미국, 독일 등 우방과의 유대 강화를 통한 통일의 국제적 기반 정비에 힘썼다. 집권 초기 베트남전쟁 참전으로 한미동맹을 강화하고 한일 국교 정상화를 통해 안보와 경제발전을 동시에 도모했다. 이후 1970년대 초까지 박정희 정부의 통일외교의 초점은 서방세계와 유엔을 통한 한반도 문제 해결에 있었으며, 그 밑바탕에는 한국의 국제법적·도덕적 우월성과 북한 당국에 대한 불인정이 깔려 있었다. 그러나 1960년대 후반 접어들어 비동맹 세력이 확대되면서 유엔에서의 한국 우세는 점차 약화되었다. 이후 1970년대 중반까지 거의 매년 유엔총회에서 한반도 문제 관련 결의안에 대한 표 대결이 되풀이되는 소모적인 외교전이 지속되었다.

한국 정부가 통일외교라는 용어를 처음 사용한 것은 1973년 '6·23선언'에

---

2) 정규섭, 「통일외교」, 김달중 편, 『한국의 외교정책』(오름, 1998), 237~239쪽.

서다. 7개 항으로 구성된 이 선언에서 정부는 처음으로 북한이 국가는 아니지만 정치적 실체임을 인정하고 남북의 평화적인 관계를 천명했다. 또한 북한의 국제기구 참여와 남북의 유엔 동시 가입을 반대하지 않을 것이며, 이념과 체제가 다른 국가에도 문호를 개방하겠다는 평화공존정책을 공식화했다.3) 이러한 정부의 '대화 없는 대결'에서 '대화 있는 경쟁'으로의 정책 변화에는 1970년대 초부터 남한의 국력이 북한을 앞지르기 시작했다는 점이 중요한 요인으로 작용했다.4)

1981년 출범한 전두환 정부(1981~1988)는 취약한 정통성을 남북관계에서의 우위를 통해 보완하려는 듯 공세적인 통일외교를 전개했다. 1982년에는 건국 이래 최초로 대통령이 아프리카 순방에 나섰고, 중동과 남미 등 제3세계 국가를 대상으로 한국의 위상을 강화하고 통일에 대한 지지를 확보해나갔다. 1985년 10월에는 남북 유엔 동시 가입을 촉구하는 등 통일기반 조성을 위한 대(對)유엔 외교활동도 활발히 전개했다. 반면 북한은 1983년 10월에는 아웅산 묘소 테러 사건을, 1987년 11월에는 대한항공 여객기 격추 사건을 잇따라 저지르면서 국제사회에서의 비난과 고립을 자초했다.

노태우 정부(1988~1993) 시기 통일외교는 '북방외교'의 틀 속에서 진행되었다. 노태우 정부는 집권 초기부터 북한을 민족의 번영을 위해 협력하는 동반자로 규정하는 한편, 중국, 소련 및 동유럽 국가와의 관계 개선을 도모하는 북방외교를 추진하기 시작했다. 북방외교의 성과는 1988년 서울올림픽에 공산주의 진영 국가들이 대거 참가함으로써 가시화되었다. 이후 노태우 정부는 탈냉전의 흐름에 편승해 1990년 10월에는 소련과, 1992년 8월에는 중

---

3) 북한은 같은 날 '6·23선언'에 대응해 남북연방제 실시를 주요 내용으로 하는 '조국통일 5대 강령'을 발표함으로써 공존정책을 거부하고 '하나의 조선' 논리를 강조했다.

4) 정규섭, 「통일외교」, 242~246쪽.

국과 수교를 맺는 성과를 거뒀다. 1991년 9월에는 한국의 주도로 남북 유엔 동시 가입도 성사되었다. 1992년 2월 발효된 「남북기본합의서」는 분단 이후 가장 포괄적이며 구체적인 남북관계의 발전 목표를 담은 합의서로 한국의 적극적인 대북정책과 통일외교의 성과다. 그러나 이러한 한국의 적극적인 통일외교 전개는 역으로 북한 정권의 위기감과 고립감을 고조시키는 결과를 초래했다. 수세에 몰린 북한은 핵개발을 통한 생존과 경제난 타개를 모색했다.

김영삼 정부(1993~1998)는 대통령취임사에서 "민족은 그 어떠한 동맹보다도 우선한다"라고 선언해 통일과 남북관계 발전에 대한 기대감을 높였다. 그러나 1차 북핵위기가 발생했음에도 협상에 직접 참여하지 못하는 외교력의 한계를 보였다. 이후 남북관계는 "핵을 가진 자와 악수할 수 없다"라는 남한과 '통미봉남'전술의 북한이 팽팽히 대립하면서 김일성 사후 조문 파동으로 급속히 악화되었다. 그러나 1994년 10월 북·미 간 합의로 북핵 문제가 일단락 되자 정부는 경수로 건설에 주도적으로 참여하고 한반도의 정전체제를 평화체제로 전환하기 위한 남북과 미국·중국의 4자회담 개최를 제안하면서 통일외교의 불씨를 살려나갔다. 당시 4자회담 제의는 남북이 한반도 문제를 민족적 역량으로 해결하지 못하고 미국과 중국을 끌어들였다는 점에서 아쉬움이 남는다.

김대중 정부(1998~2003)와 노무현 정부(2003~2008)는 흡수통일을 배제하고 남북 간 화해와 협력을 바탕으로 하는 점진적이고 평화적인 통일의 실현을 목표로 했다. 이 시기에 한국은 통일외교보다는 남북관계 발전에 힘을 쏟았다. 금강산 관광, 이산가족 상봉, 인도적 지원, 개성공업지구 등 남북협력이 활성화되었다. 2000년과 2007년에는 두 차례의 남북정상회담이 성사되어 남북관계의 지평을 넓혔다. 통일외교의 측면에서 김대중 정부와 노무현 정부는 남북 교차 승인은 물론 다른 국가가 북한과 협력하는 것에 반대하지 않았다. 이는 북한이 고립되거나 급격히 몰락하는 것보다 국제사회의 일원으로 참여해 발전하는 것이 한반도의 평화와 통일에 유리하다는 판단에서 나온 것이다. 비록 미완성에 그쳤지만 당시 페리 프로세스(Perry Process)로 대표되는 북·미 간 관계 개선 시도는 김대중 정부의 외교적 노력에 힘입은 바 크다.

그러나 2002년 10월 북핵위기가 재발하자 한국 정부는 다시 '한반도 문제의 국제화'를 용인할 수밖에 없었다. 2006년 10월 북한의 1차 핵실험은 한반도를 6·25전쟁 이후 최대의 안보위기 상황으로 내몰았다. 그러나 북한의 의도적인 회피로 핵 문제를 의제로 한 남북 간 의미 있는 협상은 단 한 차례도 성사되지 않았다. 6자회담에서 한국의 역할은 일개 구성원으로 북한을 제외한 나머지 국가들과의 정책협력을 도모하는 데 한정되었다. 이 때문에 당시 노무현 정부가 제시한 '동북아시아 균형자론'은 한국의 실질적인 외교능력이 뒷받침되지 않은 공허한 구호에 지나지 않는다는 비난을 받기도 했다.

이명박 정부(2008~2013)는 "통일은 도둑같이 올 수 있다"라는 인식 아래 통일 준비의 필요성과 통일외교의 중요성을 강조했다. 그러나 이명박 정부에서 남북관계는 최악으로 치달았다. 2008년 7월 금강산 관광객 피격 사건에 이어, 2010년 3월 천안함 폭침, 같은 해 11월 연평도 포격 사건이 연이어 발생하면서 정부는 개성공업지구를 제외한 모든 남북 간 대화와 교류협력을 단절했다. 2009년 5월 북한의 2차 핵실험으로 6자회담이 유명무실되자 대북압박과 한미 공조를 통한 북핵 문제 해결을 추진했다. 이 과정에서 '한반도 문제의 국제화'는 더욱 심화되었다. 반면, 이명박 정부는 이런 상황을 통일의 긍정적인 기회로 간주하고 '3대 공동체통일론'과 '통일항아리' 등 통일담론을 새롭게 가다듬었다. 나아가 유엔을 비롯한 국제사회에 북한 인권 문제의 심각성을 강조하면서 통일외교의 지평을 넓혔다.

박근혜 정부(2013~)는 2013년 2월 북한의 3차 핵실험으로 그 어느 때보다 엄중한 안보상황에서 출범했다. 취임 첫 해 박근혜 정부는 '신뢰외교' 기치 아래 정상외교를 통해 한미동맹과 한·중동반자관계의 조화로운 발전을 성공적으로 도모한 것으로 평가받는다. 2014년에는 '통일대박론'과 '드레스덴 선언'을 통해 국제사회에 통일의 당위성을 알리고 평화통일로 가는 새로운 로드맵을 제시했으나 북한이 즉각 반발해 아직 그 성과를 논하기는 이르다.

4. 기존 통일외교, 무엇이 문제였나?

앞에서 살펴본 지난 70년간의 통일외교 전개 과정에서 우리는 다음과 같은 특징을 발견할 수 있다. 첫째, 탈냉전 이전의 통일외교는 통일에 대한 열망은 담았으나 실상은 안보외교 차원에 머물렀다. 북한을 정치적 실체로 인정하지 않았을 뿐 아니라 북한과의 경쟁에서 승리하기 위한 외교였다. 1970년대 들어 통일외교라는 용어를 본격적으로 사용했지만 추진 의지나 성과 면에서는 미약했다. 또한 신장된 국력을 배경으로 아프리카, 중동 지역 등으로 통일외교의 다각화를 모색했으나 냉전하에서 중국과 소련 등은 통일외교의 대상조차 될 수 없는 구조적인 한계가 있었다.

둘째, 통일외교와 안보외교의 전략적 관리에 실패했다. 노태우 정부의 '북방외교'는 가시적인 성과를 창출했다. 북방외교는 당시 체제 유지에만 급급했던 북한의 폐쇄적 대외관계와 비교할 때 포용력과 융통성 면에서 단연 앞섰으며, 7·7선언과 한민족공동체통일방안을 통해 국제사회에 한국의 통일 비전과 의지를 명확히 제시했다. 그러나 이후의 정권들은 북방외교에 이은 중장기적인 통일환경 조성과 북핵 문제 해결이라는 안보 현안을 전략적으로 관리하는 데 실패해 주변국들에 한반도 통일에 관한 우리의 일관된 비전과 의지를 효과적으로 전달하지 못했다.

예를 들어 김영삼 정부는 김일성의 사망과 경제난으로 북한이 조기 붕괴

할지 모른다는 가능성을 염두에 두고 외교적 역량을 단기적인 북핵 문제 해결에 집중했다. 반면, 북한은 오히려 핵개발을 지렛대 삼아 미국과의 갈등에 편승하는 외교를 통해 생존을 도모하고 중국의 도움으로 경제를 지탱했다. 김대중 정부와 노무현 정부는 명시적으로 흡수통일에 반대하고 통일비용과 독일 통일의 후유증을 강조했다. 통일의 당위성을 부정하지는 않았지만 통일을 가급적 먼 훗날의 일로 미루고자 했다. 나아가 대북정책의 목표를 '법적인 통일(de jure unification)'에서 '사실상의 통일(de facto unification)'로 스스로 제한했다. 이는 한국 통일외교의 비전이 불투명해지고 사실상 분단 관리 외교로 전환되었음을 의미한다. 반면, 이명박 정부에서 다시금 북핵 문제 해결을 대북정책의 최우선 순위에 두면서 남북관계는 거의 단절되었으며, 천안함 폭침 등 북한의 도발로 분단 관리가 심각하게 위협을 받았다. 북핵 문제 등에서 미국과의 협력은 강화되었으나 중국과의 관계에서 불협화가 발생해 균형 있는 통일외교 구현에 실패했다.

셋째, 지나치게 정부 중심으로 전개되었다. 통일외교라는 사안 자체가 본질적으로 비정부 행위자 차원에서 주도하기 어려운 정책 분야이고, 남북 간에는 늘 예기치 않은 문제가 발생하며, 핵 문제가 다른 사안에 비해 지배적인 영향을 미친다는 점 등을 고려할 때 정부 중심의 외교가 타당한 면도 있다. 그러나 오늘날 미디어와 인터넷의 발달로 국제 문제에 대한 국내 여론이 중요한 영향력을 행사하고 있음을 감안하면 주변국들의 정계, 언론계, 학계, 민간단체 등을 대상으로 복합 그물망을 형성하는 공공외교를 통일외교에 접목시키는 노력이 부족했다. 특히 동북아시아에서 미·중 간 갈등이 가열되고 북핵 문제 해법에 대한 이견으로 한국과 중국 정부 간 한반도 통일에 관한 긴밀한 논의가 어려워졌던 이명박 정부에서 중국을 상대로 한 통일공공외교가 적극적으로 추진되지 못했던 것은 아쉬운 대목이다. 2013년 통일연구원이 발간한 통일공공외교에 관한 연구에 따르면 한국이 지난 15년간 추진한 통일공공외교의 성과에 대한 전문가들의 평가는 '보통이다'(50%)에 이어 부정적인 평가(31.6%)가 긍정적인 평가(15.8%)의 두 배에 달했다.[5]

넷째, 결과적으로 한반도 문제가 지나치게 국제화되는 데 일조했다. 탈냉전 이후 한국은 통일 문제와 안보 현안을 자력으로 해결하려고 했으나 '한반도 문제의 국제화'라는 새로운 도전에 직면했다. 물론 한반도 문제의 국제화가 반드시 부정적인 것은 아니다. 북핵, 북한 인권 문제 등은 본질적으로 주변국들과의 협력을 필요로 하는 사안이다. 그러나 1972년 7·4남북공동성명 이후 남북대화가 시작되면서 한반도 문제의 해법은 기본적으로 '남북 당사자 원칙'을 중심으로 탐색되어왔다. 물론 그 과정이 순탄했던 것은 아니다. 냉전 시기 숱한 어려움에 직면했지만 한국 국민과 정부는 남북 당사자 원칙을 포기하지 않았다.

'한반도 문제의 국제화'는 1994년 북·미 제네바 합의에서 처음 가시화되었다. 핵이라는 사안의 특수성이 주변국들의 한반도 개입을 정당화했다. 나아가 북한의 체제 붕괴 가능성 등 불확실한 한반도 정세에 미국과 중국이 선제적으로 대응하는 과정에서 '한반도 문제의 국제화'가 진행되었다. 이 과정에서 남북이 당국 간 대화 및 민간의 교류협력을 통한 상호 신뢰 쌓기에 실패하면서 남북 당사자 원칙은 뒤로 물러나게 되었다. 특히 2010년 3월 천안함 폭침 이후 남북관계가 불신의 늪에 빠지면서 한반도 문제의 해결을 국제사회에 의존하는 '한반도 문제의 국제화'는 더욱 심화되었다. 향후 남북 합의에 의한 통일과 통일 이후 남북 주민 간 순조로운 내적 통합을 위해서는 남북관계 발전이 반드시 선행되어야 한다는 점에서 '한반도 문제의 한반도화'와 '한반도 문제의 국제화' 사이의 조화와 균형을 이루는 것이 중요하다.

---

5) 황병덕 외, 『한반도 통일공공외교 추진전략(II)』(통일연구원, 2013), 84쪽.

5. 통일외교, 어떻게 풀어가야 하나?

한반도 통일을 추진하는 과정에서 주변국과 국제사회에서 지지와 협력을 얻는 일은 결코 쉽지 않다. 독일 통일 과정에서도 전승 4국의 이해관계를 조정하는 것이 동·서독의 통합 과정보다 더 힘든 작업이었다. 독일 통일이 냉전 구조의 해체 과정에서 소련 사회주의체제 몰락이라는 역사적 흐름과 맞물려 이뤄진 데 반해 한반도의 통일은 남북관계의 발전을 추진하면서 주변의 환경을 의도적으로 우호적이게 만드는 과정이 될 것이기에 더욱 지난한 작업이다. 향후 통일외교의 핵심은 주변국과 양자적·다자적 협력체제를 굳건히 다지는 것이다.

이러한 관점에서 볼 때 첫째, 주변국과 한반도 통일의 편익을 공유해야 한다. 최근 한국 사회에 '통일대박론'이 급부상하면서 다시금 통일에 대한 우리의 의지를 국내외에 천명한 것은 매우 바람직하다. 그러나 통일이 남북 주민들에게 막대한 편익을 제공하기 때문에 바람직한 것이며, 따라서 통일이 이뤄져야 한다는 논리는 통일외교의 측면에서는 결코 유용하지 않다. 통일대박론이 한국만의 국가 이익을 위한 통일계기론으로 정착되어서는 주변국들의 지지를 얻을 수 없기 때문이다.[6] 한국은 한반도의 통일을 당당하게 주장하는 동시에 주변국들과 북한이 통일대박론이 주장하는 통일 편익의 향방에 민감한 관심을 가질 수밖에 없음을 인식해야 한다.

따라서 통일 편익을 경제적 관점만이 아니라 주변국들과의 '전략적 이익의 공유'라는 국제정치적 관점에서 바라볼 필요가 있다. 예들 들어, 미국은 한반도의 평화와 안정이 저해되지 않는 한 한반도의 통일을 지지할 것으로 예상되지만 통일 이후 한미동맹의 성격 변화에 민감하지 않을 수 없다. 중국

---

6) 전재성, 「통일전략과 대북전략의 조화 필요성」, JPI 정책포럼(2014. 3. 21) 발표자료, 4쪽.

은 한반도의 통일이 동북 3성의 불안요인으로 작용할 수 있다는 점과 북한이라는 군사적 완충 지역이 없어지고 한반도가 전적으로 미국의 영향력 아래 놓일 가능성을 우려한다. 일본은 공식적으로는 한반도의 통일을 지지하지만 실질적으로는 한반도 분단 상황을 자국의 정치적·외교적 발언권 강화에 유리하게 활용한다. 러시아는 통일에 적극 개입할 것으로 보이지는 않으나 최근 들어 연해주 개발과 연계해 한반도에서의 경제적 영향력 확보에 적극적이다. 특히 세 차례의 핵실험을 통해 핵보유국을 자임하는 북한이 한국의 통일대박론을 흡수통일 시도로 간주하고, 향후 통일 과정에서 의도적으로 군사적 갈등을 야기할 가능성도 배제할 수 없다.

한국의 입장에서 중국, 일본, 러시아와의 관계는 동맹국인 미국과의 관계와 수준의 차이가 있다. 따라서 한반도 문제 해결 과정에서 우선적으로 동맹국인 미국과 국가 이익 면에서의 공유점을 찾아야 한다. 예를 들어 주요 현안인 북핵 문제, 북한 인권 문제, 김정은체제의 급변사태 가능성 등에 대한 부단한 정책 조율을 통해 상호이익을 실현시킬 경우 한반도 통일에 대한 미국의 지지와 협력은 더욱 굳건해질 것이다. 중국, 일본, 러시아로부터 통일에 대한 지지와 협력을 얻기 위해서도 양자 간의 이익 공유가 매우 중요하다. 특히 한반도 통일의 열쇠를 쥐고 있는 중국과의 이익 공유를 위해 노력해야 한다. 중국에게 북한은 더 이상 전략적 자산이 아니며 오히려 전략적 부담이 되고 있다. 북한의 3대 세습, 핵개발, 개혁개방 거부는 책임 있는 대국으로 발전하는 중국에 큰 짐이 되고 있다. 이런 점에 유의해 통일 이후 한반도에서 미국의 영향력이 더욱 확대되고, 대량 난민의 발생으로 동북 3성의 치안과 발전에 부담이 되며, 통일된 한반도의 민족주의 발흥으로 영토 분쟁의 소지가 있다는 점 등 중국의 우려에 대한 해결책을 적극적으로 모색해야 한다.

둘째, 통일한국의 '대외 정체성'을 확립해야 한다. 그래야 주변 환경이 변화해도 일관성 있는 통일외교를 전개할 수 있기 때문이다. 향후 동북아시아에서 미국과 중국, 중국과 일본, 미국과 북한 등 양자관계는 협력적이라기보다는 갈등적일 것이다. 하지만 이러한 양자 간 갈등을 완화시킬 역내의 다자적 장치는 아직 미흡하다. 이러한 민감한 상황하에서 한국 정부의 안보정책과 통일외교는 자칫 지난 시기처럼 균형과 방향성을 상실할 가능성이 있다. 북핵 문제 등 북한의 실질적인 위협이 존재하는 한반도에서 국가안보를 지키기 위해서는 한미동맹을 중심으로 한 현실주의적인 안보정책이 요구된다. 반면 미래지향적이자 현상타파적인 통일을 만들기 위해서는 구성주의 또는 자유주의적인 정책 마인드가 필요하다. 따라서 향후 한국이 안보를 확고히 하면서 통일을 달성하기 위해서는 무엇보다 통일한국의 존재 이유, 즉 국가 정체성을 명확히 설정할 필요가 있다.

현재 통일한국의 '대외 정체성'으로 가장 공감을 얻고 있는 것은 '중추적 중견국가(pivotal middle power)'다. 중추적 중견국가란 기본적으로 중견국가의 속성을 갖고 있는 가운데 그 국가의 지정학적 맥락과 외교 안보 영역에서의 기능적 역할을 살리려는 것이다. 즉, 통일한국이 대륙과 해양을 잇는 가교 및 강대국 간 충돌을 막을 수 있는 완충 역할을 수행할 필요가 있다. 이로써 통일된 한반도가 친미 반중세력이 될 것이라는 중국의 우려, 통일 이후 한미동맹이 약화되고 대중 편향이 강화될 것이라는 미국과 일본의 우려를 잠재울 수 있다.

셋째, '통일공공외교'로의 확대를 모색해야 한다. 한반도 통일을 위해서는 주변국 정부 차원의 지지와 협조뿐 아니라 주변국 국민의 한반도 통일에 대한 지지와 협조를 얻고 한국에 우호적인 여론을 형성시켜야 한다. 그래야 한국 주도의 통일의 필요성에 대한 국제적 공감대를 확산시키고 통일의 국제적 지지기반을 공고히 할 수 있다.[7] 그런데 현재 한국의 공공외교활동은 국가 이미지 제고에 기여하고 있지만 통일과의 연관성은 매우 부족한 상황이다. 따라서 기존의 공공외교에 통일이라는 주제를 조화롭게 결합시키는 작업이 필요하다.

향후 한국의 통일공공외교는 주변국 국민, 특히 중국인들의 한반도 통일에 대한 인식을 제고하는 데 일차적 목표를 두어야 한다. 미국인의 통일 관련 인식은 일반적인 의미에서의 한국에 대한 인식보다 긍정적이다.[8] 이러한 긍정적인 인식은 북핵 문제 등 북한에 대한 거부감과 함께 한국이 추구하는 통일이 민주주의와 시장경제를 기본으로 하므로 통일한국이 미국의 가치관과 세계관을 존중할 것이라는 생각에서 기인한다. 그러나 중국인들의 한국 주도 통일에 대한 인식은 결코 긍정적이지 않다. 2011년 중국 일반인들을 대상으로 한 여론조사에 따르면 한반도 통일 지지가 36.7%였던 반면, 반대가 10.9%에 지나지 않았다. 그러나 이 조사에서 주목할 것은 '지지도 반대도 않는다'라는 응답이 50.5%에 달했다는 사실이다. 통일연구원의 다른 조사에 따르면 북한체제에 심각한 위기가 발생할 경우 중국이 북한을 지지하는 것에 대한 긍정적인 응답이 55.9%였던 반면, 부정적인 응답은 불과 8.9%였다. 또한 남북 갈등이 심각한 수준에 이를 경우 중국이 취해야 할 태도에 대해서도 '한국을 지지해야 한다'는 응답은 2.0%에 지나지 않은 반면, '북한을 지지해야 한다'는 응답은 30%에 달했다.[9] 따라서 한국의 중국에 대한 통일공공외교의 목표는 중국 내 '통일부담론'을 약화시키고 '통일편익론'을 확산시키는 데 두어야 한다. 즉, 중국인들을 대상으로 통일한국이 등장하면 중국의 발전에 큰 도움이 될 것이고, 북핵 문제가 해결되어 동북아시아의 평화와 안정에 기여할 것이며, 통일한국이 중국과의 적극적인 협력과 교류를 통해 중국에

---

7) 황병덕 외, 『한반도 통일공공외교 추진전략(II)』.

8) 같은 책, 287쪽.

9) 같은 책, 287~288쪽.

우호적인 국가가 될 것이라고 설득해야 한다.

현재 한국의 통일공공외교는 핵심적 대상인 주요국들의 학계 및 싱크탱크를 대상으로 한 지식외교활동을 제외하고는 그다지 활발하지 못하다. 특히 주무부서인 통일부의 통일공공외교활동이 미흡하다. 통일 문제의 국제적 성격을 감안할 때 통일부 주재관의 확대를 비롯해서 공공외교를 담당하는 타 정부부처와의 업무 협조를 강화해야 한다. 최근 중국의 인터넷 영향력이 폭발적으로 증대하고 있다는 점에서 미디어를 이용한 통일공공외교의 확대를 도모할 필요가 있다. 즉, 중국어 방송의 확대, 통일 문제 관련 프로그램의 제작 및 보급, 통일 관련 프로그램 콘텐츠 개발이 추진되어야 한다. 나아가 통일외교를 추진하는 데 해외 동포를 적극적으로 활용해야 한다. 700만 명이 넘는 해외 동포들의 국제적 연대망을 형성해 이들이 국제사회에서 통일외교의 전도사가 되도록 해야 한다.

6. 맺음말: 통일외교가 성공하려면

70년이 된 한반도의 분단은 현재진행형이다. '우리의 소원은 통일'이라고 노래하면서도 통일에 대한 우리의 열망은 간절하지 않다. 통일 염원이 사그라지면 우리의 통일을 지원할 나라는 없다. 독일의 경우처럼 한국 사람들이 눈물을 글썽이며 통일 문제에 대해 말하는 모습을 세계가 목격하고 인정하게 해야 한다. 즉, 성공적인 통일외교를 위해서는 우리 사회 안의 통일역량 결집이 가장 중요하다. 강력한 국내 지지가 결여된 정책은 일관된 추진이 어렵고 내부 갈등을 야기하기 때문이다. 지난 시기 지나친 유화론과 강경일변도의 정책은 심각한 내부 갈등을 야기했고 이는 결국 한반도 문제 해결 과정에서 주도권을 잃게 만드는 주된 원인이 되었다.

분명한 비전과 정책이 있어야 한다. 독일은 1972년 기본 조약을 체결한 지 18년 만에 통일을 이루었다. 서독은 기민당-사민당 간 정쟁을 극복하면서 기본 조약에 따라 꾸준한 교류와 접촉을 시도했고, 이 과정에서 동독 주민들의 신뢰를 쌓았다. 그리고 냉전의 종식이라는 외부환경 변화를 기회로 선제적인 주변국 외교를 전개했기에 통일이 가능했다. 반면, 우리는 정부가 바뀔 때마다 혼란스러울 정도로 정책 전환이 있었다. 스스로 혼란스러운 정책으로는 북한을 설득할 수 없고, 주변국들의 협조도 이끌어낼 수 없다.

마지막으로 정치 리더십이 중요하다. 통일외교는 지난한 과정이다. 당장에 성과를 기대할 수 없는 선제적인 투자다. 우리 외교력으로 감당하기에 벅찬 미국과 중국 등을 상대로 통일의 당위성을 주장하고, 정책의 방향과 속도에서 균형을 잡고, 때로는 정서적으로 설득하는 리더십의 역할이 중요하다. 이렇게 냉철하면서도 유연한 리더십은 대통령이나 통일부 장관 한두 명의 활동만으로는 발휘될 수 없다. 통일의 비전과 목표가 분명하고, 지도자와 함께 통일을 만드는 다수 국민들의 의지가 뒷받침될 때 비로소 리더십의 발휘도 가능할 것이다.

참고문헌

고상두. 2007. 『독일통일의 정치적 쟁점』. 오름.

김병로. 2014. 「한반도 통일: 비전과 전략」. JPI정책포럼 발표자료(2014. 4).

박세일. 2013. 『선진통일전략』. 21세기북스.

박영호 외. 2008. 『한반도 통일외교 인프라 구축연구』. 통일연구원.

송민순. 2012. 『한국외교 이슈&대안』. 송민순의원실 정책자료집.

이수형. 2014. 「한반도 평화통일 환경 조성전략을 위한 주요 전제조건 검토」. JPI정책
    포럼 발표자료(2014. 9).

전재성. 2014. 「통일전략과 대북전략의 조화 필요성」. JPI정책포럼 발표자료(2014. 3).

정규섭. 1998. 「통일외교」. 김달중 편. 『한국의 외교』. 오름.

정기웅. 2012. 「한반도 통일의 국제적 환경과 한국외교」. ≪국제지역연구≫, 제16권
    제3호.

최영진. 2013. 『신조선책략』. 김영사.

최진욱 외. 2011. 『통일외교 과제와 전략』. 통일연구원.

황병덕 외. 2013. 『한반도 통일공공외교 추진전략(II)』. 통일연구원.

제10장

53년체제의 극복과 한반도 평화체제

조성렬 | 국가안보전략연구원 책임연구위원

1. 머리말: 한국 사회의 과제와 53년체제

일본제국주의 식민지 지배에서 해방된 지 70년이 되었지만 한국 사회는 여전히 해결해야 할 많은 과제를 안고 있다. 한국 사회가 안고 있는 과제의 근원을 어디에서 찾느냐에 따라 국내 학계의 시각은 크게 민족 분단으로 보는 시각과 민주주의의 미성숙으로 보는 시각으로 나눠볼 수 있다.

민족 분단을 근본 문제로 보는 시각으로는 분단체제론이 있다.[1] 분단체제론은 한반도를 자본주의 세계체제의 하위체제로 파악하고 남북 사회 모두 근대성을 완결 짓지 못했다고 본다. 남북 분단 때문에 자주적 국민국가가 수

---

[1] 백낙청, 『흔들리는 분단체제』(창비, 1998); 백낙청·이남주 공편, 『이중과제론』(창비, 2009).

립되지 않았고 정치적 민주주의도 이뤄지지 않았기 때문에 통일이 최대 과제라고 보는 입장이다.

민주주의 부재 또는 미성숙을 근본 문제로 보는 시각으로는 87년체제론이 있다.[2] 87년체제론은 6월 민주대항쟁 이후 한국 사회가 근대화를 넘어 사회민주화의 결정적 분기점을 이루고, 이후 사회 변화에 일정한 패턴과 구조를 형성했다고 평가한다. 87년체제론은 민주화 이행이 보수적으로 종결된 이유를 밝히고 중장기 과제를 도출하고자 한다.

그렇다면 분단체제론이나 87년체제론은 한국 사회가 안고 있는 문제점을 올바로 진단하고 향후 과제들을 제시하고 있을까? 분단체제론은 세계체제와의 관계 속에서 우리 문제를 바라보고 남북을 적대적 의존관계로 바라본다는 점에서 설득력이 있다. 87년체제론은 민주화 이후 한국 사회가 신자유주의론과 선진화담론을 어떻게 받아들이게 되었는지를 분석한다는 점에서 의미가 있다.

하지만 한국 사회의 문제점과 과제를 민족 분단이나 민주주의 미성숙으로 설명하고 해법을 찾는 담론으로는 오늘날 한국 사회의 남남갈등과 악화된 남북관계, 그리고 한반도를 둘러싼 국제관계를 설명하기에 역부족이다. 87년체제론은 민주화 이행이 보수적으로 종결된 이유를 국가, 야당, 시민운동에 국한해 분석함으로써 한국전쟁과 분단이 미친 영향을 제대로 밝혀내지 못하고 있다.

분단체제론은 분단이 한국 사회와 남북관계에 야기한 현상을 설명하면서도 그 핵심에 있는 '전쟁의 현재성'을 제대로 반영하지 않고 있다. 우리처럼

---

2) 이영성·김호기, 『시대정신 대논쟁: 87년 체제에서 08년 체제로』(아르케, 2007); 김종엽 편, 『87년 체제론: 민주화 이후 한국사회의 인식과 새 전망』(창비, 2009); 최장집, 『민주화 이후의 민주주의: 한국 민주주의의 보수적 기원과 위기(개정판)』(후마니타스, 2010).

분단되었다가 통일된 독일은 서로 전쟁하지 않았다. 베트남은 분단되었다가 통일되었지만 해방 직후부터 전쟁상태에 들어갔기 때문에 분단체제라는 개념을 적용하기 곤란하다. 이에 비해 남북은 동족상잔의 전쟁을 경험했고 아직 국제법적으로 전쟁이 끝나지 않은 정전체제에 놓여 있다.

이처럼 87년체제론이나 분단체제론은 한국 사회가 겪었던 한국전쟁의 트라우마를 간과하거나 과거사로 치부하는 것으로 생각된다. 한국전쟁은 초기 내전의 성격에서 벗어나 자유진영과 공산진영의 대리전 양상을 띠었고, 휴전 이후에는 휴전선이 양 진영의 세력 균형선으로 기능하는 원인을 제공했다. 지금도 남북 사회에서 판단, 행위, 평가의 기준이 되는 규범(norm)에 적지 않은 영향을 미치고 있다.

그런 점에서 대안적인 개념으로 주목해야 할 것이 바로 53년체제론이다. 53년체제론은 기본적으로 한국 사회가 안고 있는 문제의 근원을 아직 국제법적으로 전쟁이 끝나지 않은 불안정한 정전체제에서 찾는다. 이러한 정전체제가 외적으로 강대국 관계와 영향을 주고받고, 내적으로 국내 정치·사회와도 많은 영향을 주고받는다고 바라본다.

이 글은 53년체제론이 갖고 있는 국내관계, 남북관계, 국제관계의 세 차원 및 상호 영향들을 고려하면서 53년체제의 형성과 내재화, 냉전 종식 이후 53년체제의 변용과 재강화 과정, 53년체제의 극복 과제로 한반도 평화체제를 둘러싼 논의에 초점을 맞추고 있다. 결론 부분에서는 한반도 평화체제의 구축을 위한 정책 시사점을 도출한다.

2. 냉전시대 53년체제의 성립과 내재화

1945년 8월 일본 제국주의가 패망하고 광복이 되었지만 단일한 근대 민족 국가의 수립으로 이어지지는 못했다. 남북 양 지역에 미군과 소련군이 주둔 하면서 군정이 실시되고, 냉전시대가 되자 한국 사회 내에서 자유진영과 공 산진영의 대결이 시작되었다. 결국 1948년 8월과 9월 자유민주주의와 인민 민주주의를 앞세운 두 개의 단독 정부가 남북 지역에 각각 수립되었다. 이것 은 북한이 남침 전쟁을 일으키는 한 원인이 되었다.

본격적으로 새로운 국가가 건설된 것은 휴전에 들어간 1953년 이후다. 53 년체제에서 남북은 자기 체제의 가치를 구현하기보다 상대 체제의 부정을 통해 정당성을 확보하는 방식을 택했다. 53년체제는 '자아(自我)'에 대한 정 당성을 근거로 '타자(他者)'를 부정하고 '자아 내 타자(自我內他者)'를 배제하는 공통된 특징이 있다. 이러한 세 가지 특징을 구체적으로 살펴보기로 한다.

첫째, 자아(the self)에 대한 규정이다. 남북 정부 모두 자신이 지향하는 체 제에 대한 명확한 자기정체성을 내세워 출범했으며, 이를 상대 체제와 구별 하는 기준으로 삼았다.

1948년 7월 제정된 한국 제헌헌법은 전문(前文)에서 국가의 기본 원리를 "자유와 평등을 기반으로 하는 민주주의제"라고 명시하며 봉건적·식민지적 폐습의 타파를 내걸었다. 또한 줄곧 헌법 제1조에서는 민주공화국으로, 제2 조에서는 국민주권론을 명시하고 있다. 이는 한국이 공화국이면서도 입헌군 주제가 아닌 민주제이며, 노동자·농민과 같은 특정 계급이 아니라 모든 국민 에게 주권이 있다는 점을 강조한 것이다.[3]

---

3) 박찬승, 『대한민국은 민주공화국이다: 헌법 제1조 성립의 역사』(돌베개, 2013), 276~ 282쪽.

헌법 제3조는 영토를 "한반도와 그 부속도서로 한다"라고 밝힘으로써 한국이 한반도 전역에 대한 관할권을 갖고 있다고 규정한다. 또한 1972년에 개정된 헌법의 전문(前文)과 제4조에서 자유민주적 기본 질서(the free and democratic basic order)에 입각한 평화적 통일정책을 수립하고 이를 추진한다는 규정을 넣어 한국 주도의 통일을 명시했다.

이에 비교할 때 1948년 9월 제정된 북한의 인민민주주의 헌법은 정치적 기본 질서로 인민민주주의, 경제적 기본 질서로 계획경제를 원칙으로 하고 예외적으로 시장경제를 받아들였다. 북한의 헌법은 초기 정권 수립 과정부터 이미 노동자·농민 계급을 주력군으로 하는 인민공화국과 계급주권론을 기초로 해서 출발했다.[4]

1972년 12월 제정된 북한 사회주의 헌법 제1조는 "전체 조선인민의 리익을 대표하는 자주적인 사회주의 국가이다"라고 규정해 북한정부가 민족 전체의 이익을 대표하고 한반도 전역에 대한 관할권을 보유한 것으로 정의한다. 또한 제9조는 "북반부에서 … 사회주의의 완전한 승리를 이룩하며 … 조국통일을 실현하기 위하여 투쟁한다"라고 규정해 북한 주도의 통일을 명시하고 있다.

둘째, 타자(the other)에 대한 인식이다. 남북 모두 타자의 존재에 대한 부정에서 출발했지만, 세계 차원에서 냉전체제가 해체되면서 점차 타자를 인정하는 방향으로 변화했다.

한국 정부는 이승만 정부 때 북한의 국토완정론에 대응해 북한의 실체를 인정하지 않고 실지회복을 주장하는 북진통일론을 내걸었다. 1960년대 들어와 박정희 정부는 북한의 실체를 인정하며 평화공존을 내걸고, 당면한 국가

---

4) 최양근, 「북한 정권 수립 과정 시 헌법과 고려민주연방제통일방안 상관성 연구」, ≪평화학연구≫, 제12권 제3호(2011), 177~205쪽.

목표를 분단 극복보다는 남북의 체제 대결에서 승리하는 것을 내용으로 한 '선(先)건설 후(後)통일론'으로 바꾸었다.

한국 정부가 정식으로 통일방안을 내놓은 것은 1982년 1월 전두환 정부 때가 처음이었다. 전두환 정부가 내놓은 '민족화합민주통일방안'은 남한의 국력 우세를 바탕으로 제기된 것이지만 체계를 갖추지 못하고 그동안 내놓았던 정부 제안들을 집대성한 것이었다. 의미 있는 통일방안은 노태우 정부 때 만들어졌다. 노태우 정부는 상호 체제 인정, 선의의 동반자로 북한을 규정한 7·7선언을 바탕으로 1989년 '한민족공동체통일방안'을 내놓았으며, 김영삼 정부는 이를 3단계의 '민족공동체통일방안'으로 체계화했다.

이에 비해 북한은 휴전 직후 '선민주기지, 후국토완정'을 내용으로 하는 '민주기지론'을 내걸면서 남한을 혁명 대상으로 간주했다. 1960년 4·19혁명이 일어난 뒤로는 한국 내부의 자체역량으로 혁명을 추진한다는 '남조선지역혁명론'으로 바꾸었다. 1970년대 이후 남북의 국력이 역전되자 '고려민주연방공화국창립방안'을 내놓아 남한의 실체를 인정하기에 이르렀다.[5]

김정일 정권이 들어선 뒤 명목상 '하나의 조선'을 내걸며 연방제를 주장하면서도 사실상 연합제의 성격을 갖는 '낮은 단계의 연방제'를 수용했다. 김정은 정권이 들어선 2014년 7월 7일, 북한은 가장 높은 수준의 '공화국정부성명'을 발표해 내용상으로 북한의 핵보유를 인정하고, 형식상으로 통일방안의 합의를 전제로 사실상 '두 개의 조선'을 인정할 것을 요구했다.

셋째, 자아 안의 타자(the other in the self)에 대한 배제다. 남북은 모두 자기 체제에 대한 내부 도전세력을 배제함으로써 정권의 정당성을 찾기도 했다.

한국의 경우 제도적 민주주의가 작동하고 있으며, 비록 1986년 유성환 의

---

5) 방인혁, 「김일성 시대 북한의 대남인식 변화 연구」, 방인혁 외 지음. 『한반도 정치론: 이론, 역사, 전망』(선인, 2014).

〈표 10-1〉 남북체제 및 통일에 대한 인식 변화

구분	남한	북한	비고
1945~1960년	· 승공통일론(북진통일론) - 북한 실체 불인정, 실지 회복	· 민주기지론 - 선민주기지, 후국토완복	한국전쟁(1950~1953)
1960~1970년대	· 6·23선언(1973) - 북한 실체 인정, 평화공존 - 남북 유엔 동시 가입	· 연방제 통일방안(1960) - 외국 간섭 없는 총 선거 · 조국통일 5대강령(1973) - 단일 국호 유엔 가입	7·4남북공동성명(1972)
1980년대	· 민족화합민주통일방안(1982) · 7·7선언(1988) - 상호 체제 인정, 선의의 동반자 · 한민족공동체통일방안(1989)	· 고려민주연방공화국 창립방안(1980)	
1990년대	· 민족공동체통일방안(1994)	· 고려민주연방제 통일방안(1990)	남북 유엔 동시 가입(1991) 「남북기본합의서」(1992)
2000년대	6·15남북공동선언(2000) 10·4남북정상선언(2007)		· 제1차 정상회담(2000. 6) · 제2차 정상회담(2007. 10)
	· 3대공동체통일 구상(2010)	· 낮은 단계의 연방제(2000)	

자료: 조성렬, 『뉴 한반도 비전: 비핵 평화와 통일의 길』(백산서당, 2012), 245쪽.

원이 '반공국시론'을 부정했다가 의원직에서 제명 당하는 정치 파동은 있었지만 기본적으로는 내부 반체제세력도 헌법적 절차에 따라 처리한다. 2014년 12월 헌법재판소가 통합진보당의 강령과 활동이 헌법 전문과 제4조에서 밝힌 '자유민주적 기본 질서'에 위반한다고 판단하고, 헌법 제8조 4항의 위헌 정당 해산에 관한 규정에 따라 정당 해산을 명령했다.

이와 같은 위헌 정당 해산제도는 서독의 사례에서 도입한 것이다. 서독은 '방어적 민주주의'를 내세워 신나치를 표방한 극우 성향의 사회주의국가당(SRP)과 극좌 성향의 독일공산당(KPD)에 대해 '독일기본법'이 규정한 '자유민주적 기본 질서(die freiheitliche demokratische Grundordnung)'를 해친다는 이유로 각각 1952년과 1956년에 정당 해산 결정을 내린 바 있다.

한국의 헌법은 1972년 제정된 유신헌법 때부터 '자유민주적 기본 질서'라는 용어를 도입했다. 정당 해산권은 헌법재판소 설치 규정과 함께 1960년 개정 헌법에서 처음으로 도입했다가 1962년에 빠졌지만, 1987년 개헌 때 다시 헌법재판소 설치 규정과 함께 부활했다. 2013년 3월 헌법재판소는 긴급조치 1, 2, 9호에 위헌 결정을 내린 바 있다. 이처럼 정당 해산권을 헌법재판소에 부여한 것은 과거 이승만 정부가 행정 처분만으로 진보당의 정당 등록을 취소했던 것을 헌법적 절차에 따른 조치로 보완하기 위한 것이다.

이에 비해 북한 당국은 제도적 민주주의조차 작동하지 않았다. 즉, 반체제 세력이나 유일지도체제를 부인하는 정치세력의 존재를 용납하지 않았다. 북한 헌법에는 명목상 자유로운 정당활동을 보장한다고 되어 있으며 지금도 조선사회민주당과 천도교청우당이 있긴 하지만 이들은 우당이라는 허울만 있고 실제로는 조선로동당의 지시와 감독을 받는 형식적인 존재에 그친다.

북한 당국은 때때로 한국 당국과의 연계를 물어 반대파들을 제거하는 데 이용했다. 김일성 정권은 1955년 12월 박헌영을 비롯한 남로당계를 '미 제국주의 간첩행위, 반당 종파주의, 공화국 전복 행위' 죄목으로 숙청했다. 뒤이어 1956년 6~8월 최창익 부수상, 박창옥 부수상 등 연안파, 소련파 지도자들을 '반당 반혁명적 종파음모책동'의 죄를 물어 제거했다.

김정은 정권이 들어선 뒤에도 유사한 사례가 발생했다. 2013년 12월 노동당 행정부장 겸 국방위원회 부위원장이던 장성택은 노동당 정치국 확대회의에서 '반당 반혁명 종파행위'로 해임되고, 4일 뒤 국가안전보위부 특별 군사재판에서 "당과 국가의 지도부와 사회주의제도를 전복할 목적" 밑에 반당 반혁명 종파행위를 감행하고 조국을 반역한 혐의로 사형되었다.

3. 냉전의 종식과 53년체제의 변용

1)「남북기본합의서」의 채택과 남북정상회담

53년체제는 국내적으로 민주화 진전과 국제적으로 냉전 해체로 흔들리기 시작했다. 1970년대부터 성장한 한국 사회의 민주화운동은 1987년 대통령 직선제를 전면에 내건 6월 민주대항쟁을 통해 정치적 민주화를 이루었다. 87년체제의 성립은 남북관계에도 영향을 미쳐 53년체제를 약화시키는 데 크게 작용했다.

세계 차원에서 냉전 구조의 성립이 53년체제에 영향을 줬다면 이제 냉전 구조의 해체도 53년체제에 영향을 미치기 시작했다. 1989년 12월 미·소 정상은 몰타선언을 통해 '동서가 냉전시대에서 새로운 협력시대로 접어들고 있다'라고 밝혔다. 냉전시대의 종식은 한반도에도 화해의 순풍을 불러왔다. 특히 분단국가였던 동·서독이 1990년 10월 통일되면서 남북관계도 그 영향을 크게 받았다.

예비회담을 거처 1990년 9월 남북 총리급회담이 시작되었고, 이러한 가운데 1991년 9월 남북이 유엔회원국으로 동시 가입했다. 그 해 12월 남북은 화해, 불가침, 교류·협력을 담은「남북기본합의서」에 합의했다. 미국의 해외 핵무기 철수 완료 선언과 함께 핵무기의 시험·제조·생산·접수·보유·저장·배비(配備)·사용금지와 핵 재처리시설 및 우라늄 농축시설 보유를 금지한「한반도비핵화공동선언」도 채택되었다.

53년체제의 상징 가운데 하나인 주한미군도 1990년 미 국방부가 발표한 동아시아전략구상(EASI)에 따라 한국, 일본, 필리핀 주둔 미군의 단계적인 철수가 검토되었다. 이에 맞춰 한미연합사령관이 보유하던 작전통제권의 한국군 전환이 추진되어, 1994년 12월 우선적으로 평시작전통제권이 한국군에 이양되었다.

이처럼 주한미군 감축계획과 「남북기본합의서」의 채택으로 한반도에서 군사적 대립이 완화되고 남북 화해·협력의 새 시대가 열리기 시작하자 북한은 이를 주한미군의 완전 철수와 정전체제 무력화의 기회로 활용하려고 했다. 1992년 군사정전위의 유엔군총사령부(유엔사) 측 수석대표로 한국군 장성이 임명된 것을 구실로 북한은 군사정전위 불참을 선언했다. 그 뒤 판문점 비무장지대(DMZ) 안에 중화기를 반입하는 무력 시위를 벌이는 한편 공산 측 중립국감시위원단인 체코, 폴란드 대표들을 추방하고 군사정전위원회의 중국 대표단도 내보냈다.

이처럼 북한 측의 정전협정 유명무실화 시도가 계속되는 가운데 1994년 12월 미군 헬기가 DMZ 상공에서 격추 당해 미군 조종사가 북한에 억류되는 사건이 발생했다. 그런데 군사정전위원회가 전면 중단된 상태이기 때문에 이 문제를 다룰 협상 창구가 필요했다. 그래서 1996년 4월 한미정상회담에서 북한에 평화체제 논의를 제의해 1997년 12월부터 남북과 미국, 중국이 참가하는 4자회담 본회담이 열렸다.

4자회담은 정전협정의 규정에 따라 개최된 '제네바 정치회담'(1954. 4. 26~6. 15) 이후 처음으로 한반도 평화체제를 주제로 열린 회의다. 이 회담은 평화체제 분과와 긴장 완화 분과로 구성되었는데, 한미 측의 「한반도비핵화공동선언」 등 합의 이행 주장과 북한 측의 주한미군 철수, 한미 군사연습 중지 요구 사이의 이견 차를 좁히지 못한 채 1999년 8월 6차 본회담을 끝으로 종결되었다.

이처럼 53년체제는 세계 차원의 냉전 구조가 해체되면서 일시적으로 와해되는 분위기였다가 북한의 정전협정 무실화 책동으로 커다란 도전에 직면하게 되었다. 그러던 중 2000년 6월 남북정상회담이 개최되면서 전기를 맞게 되었다. 남북정상회담에서는 한반도 문제의 당사자 해결 원칙과 통일의 기본 방향, 교류·협력의 추진 등을 담은 6·15남북공동선언이 채택되었다.

후속으로 개최된 제1차 남북국방장관회담에서는 남북 간 철도 연결 및 도로 건설에 합의했다. 하지만 DMZ 남한 구역을 한국군이 출입하기 위해서는 유엔사 측으로부터 관리(administration) 권한의 일부를 이양 받아야 했다. 그래서 유엔사-북한군 장성급회담에서 경의선 철도 연결·도로 건설 및 동해선 DMZ 개방과 관련해 정전협정의 일부를 수정한 정전협정 보충 합의서가 채택되었다.

2002년 말 제2차 북핵위기가 발생해 남북의 화해분위기가 급속히 냉각되자 북핵 문제의 해결을 위한 6자회담이 개최되었다. 마침내 2005년 9월 제4차 6자회담에서 북한의 핵포기와 한반도 평화체제, 북·미 수교 간 교환을 핵심으로 하는 9·19공동성명이 채택되었다. 그 뒤 2·13합의와 10·3합의 등 후속 조치가 이뤄지고, 우여곡절 끝에 북한 영변 핵시설의 일부 불능화 작업이 진행되었다. 하지만 검증 문제를 놓고 북한과 미국 간에 이견을 좁히지 못해 결국 2008년 12월 수석대표회담을 끝으로 6자회담은 중단되었다.

2) 탈·탈냉전시대의 도래와 53년체제의 재강화 경향

중국을 포함해 브릭스(BRICs) 국가들의 국력이 급신장하는 등 나머지 국가의 부상(the rise of the rest)에 따라 미국이 일방적으로 주도하던 탈냉전시대가 짧게 끝나고, 미국과 나머지 국가들이 경쟁하는 탈·탈냉전(post-post Cold War)시대가 도래했다. 이에 따라 점차 약화되던 53년체제가 다시 강화되는 경향을 보이고 있다.

탈냉전시대하에서 세계 차원의 세력 균형 붕괴로 국제지원세력을 잃고 김일성 주석의 사망으로 체제위기까지 맞이한 북한은 선군정치를 통해 국내외적인 도전들을 극복하고자 했다. 북한은 대남 및 대미, 대일 관계 개선을 통해 외부 안보환경을 안정화시키는 한편, 핵무기 개발을 통한 독자적인 핵억제력 확보로 탈냉전 이후 와해된 한반도 세력 균형을 복원하고자 했다.

탈·탈냉전시대의 세력 재편기에 미국은 동맹국과 우호국의 자원을 최대한 활용해 자국의 패권을 유지하고자 한다. 특히 2011년 12월 미군의 이라크 완전 철수를 계기로 미국은 중국의 도전을 차단하기 위해 아시아 재균형전략을 추진하고 있다. 이와 같이 북한의 핵무기 보유 추진과 중국의 급부상에 따른 미국의 새로운 아시아 전략은 한반도 안보환경에도 커다란 영향을 미치고 있다.

한때 미국은 북핵 문제 해결을 위한 안보 인센티브로 북·미 수교와 함께 정전체제의 평화체제 전환에 동의했다. 하지만 지금 미국은 중국의 영향력 확대를 차단하기 위해 대중국 전략적 포위망 구축에 나서면서 북핵 문제 해결에 앞서 한·미·일 3각 군사협력체제의 구축을 서두르고 있다. 6자회담 재개와 전시작전통제권 환수, 한미연합사의 해체보다는 유엔사 강화와 대북 확장 억제력 구축에 더 많은 힘을 쏟고 있다.

2008년 여름 김정일 국방위원장 와병 이후 북한은 핵무기 개발과 함께 잇따라 정전협정의 무효화 및 「남북기본합의서」 불가침 합의의 파기를 발표하는 등 강경자세를 취했다. 2009년 1월 북한인민군 총 참모부는 서해 북방한계선(NLL)을 무효화하고 대남 전면대결을 선언했고, 조국평화통일위원회도 "북남 사이의 정치군사적 대결상태 해소와 관련한 모든 합의사항들을 무효화"한다면서 「남북기본합의서」의 서해 해상군사경계선 조항들을 폐기한다고 발표했다. 5월에는 북한군 판문점 대표부가 서해 5도의 법적 지위와 주변 해역의 한미 함정 및 일반 선박의 안전 항해를 보장하지 않겠다고 선언했다.

김정은 정권이 출범한 2013년 3월 북한군 최고사령부는 "3월 11일 그 시각부터 형식적으로 유지해오던 조선정전협정의 효력을 완전히 전면 백지화해버릴 것"이라고 주장하고, "조선인민군 판문점 대표부의 활동도 전면 중지"하고 판문점 군사전화도 차단한다고 밝혔다. 조국평화통일위원회도 적십자 채널인 판문점 남북 직통전화 단절을 발표하고, "북남 사이의 불가침에 관한 모든 합의를 전면 폐기한다"라고 선언했다.

탈·탈냉전의 분위기 속에서 휴전 이래 대규모 해상 무력충돌이 서해 5도 주변 해역에서 잇따라 발생하고 휴전선 일대에서도 크고 작은 무력충돌이 크게 늘었다. 이에 따라 53년체제의 재강화 움직임이 일어났다. 북한의 핵보유 시도에 맞서 대북 핵 확장 억제력을 구축하고, 북한의 무력 도발에 정면 대응하도록 국방 태세가 강화되었다.

2010년 3월 천안함 사태가 발생하자 한국 정부는 개성공단과 어린이·산모 등에 대한 인도주의적 영양 지원을 제외한 모든 남북교류·협력을 전면 금지하는 내용의 '5·24조치'를 발표했다. 또한 2013년 4월 북한 당국이 개성공단에서 북한 근로자를 철수시키자 한국 정부도 남한 인원 전면 귀환 등의 조치로 맞대응하면서 개성공단 가동이 중단되었다가 133일 만에 정상화되기도 했다. 국내 정치적으로 국가보안법이 엄격히 적용되기 시작했고, 자유민주적 기본 질서에 반한다는 이유로 통합진보당이 해산 심판을 받았다.

2015년 4월 현재, 북한의 정전협정 및 「남북기본합의서」 무효화 선언이 유지되고 있고 남한의 '5·24조치'도 해제되지 않은 상태다. 이처럼 현 남북관계는 상호 무규정 상태에 있다. 특히 정전협정 무효화는 국제법적으로 한반도가 전쟁상태에 놓이게 되었음을 의미한다. 그렇기 때문에 이러한 남북 대결의 구도가 곧바로 전쟁으로 치닫지 못하도록 2012년 '북·미 2·29합의'와 2013년 4월 12일 한미 외무장관 공동성명의 '정전협정의 유효성'을 거듭 확인하는 것이다.

4. 53년체제의 재강화와 평화체제의 불필요-불가피 논쟁

1) 한반도 신평화 구조론과 평화체제 무용론

탈·탈냉전시대의 도래와 북한의 핵개발에 따른 53년체제의 재강화로 한국전쟁의 법적 종결을 의미하는 평화협정 체결을 요구하는 목소리가 남북 양측에서 크게 줄어들었다. 그 대신 북한은 핵보유국임을 자처하면서 핵무기의 전력화에 진력하고, 한국도 협상을 통한 북핵 문제의 해결이 더욱 어려워졌다고 판단해 한미 연합전력에 의한 대북 확장 억제력 구축에 힘을 쏟고 있다.

북한은 2012년 4월 헌법 전문을 수정해 '핵보유국'임을 공개 천명한 이후 2013년 3월 북한군 최고사령부의 '정전협정 파기' 선언과 노동당 중앙위원회 정치국 확대회의의 '경제-핵무력 건설 병진노선' 채택, 그리고 최고인민회의의 '핵보유국 지위 공고화 법' 제정, 2014년 2월 핵·미사일 지휘를 전담할 '북한군 전략군' 창설 등 핵무기의 전력화에 박차를 가하고 있다.

최근 북한은 평화협정의 체결을 주장하는 목소리를 거의 내지 않고 있다.[6] 한반도 평화협정의 체결이 북한의 핵 포기와 연계되어 있었던 것인 만큼 핵무기 보유 의사를 공식적으로 표명한 이후 북한 당국이 그러한 요구를 자제하는 것으로 보인다. 또한 정전협정 파기를 선언한 마당에 평화협정 체결을 주장하는 것이 이치에 맞지 않는다고 판단했을 것이다.

이와 같이 한반도를 둘러싼 안보환경의 변화에 따라 국내에서 한반도 평

---

6) 북한 당국의 공식 입장이 아닌 대미, 대남 평화 공세 차원의 평화협정 체결 주장은 계속되고 있다. 2013년 5월 29일 자 ≪로동신문≫은 "정전협정은 조선반도에서 새 전쟁 발발을 막을 수 없다"라고 하면서 "조선전쟁의 유물인 정전체계는 하루빨리 공고한 평화체제로 대체돼야 한다"라고 주장했다.

화체제의 불필요론이나 무용론이 제기되고 있다. 특히 정부 차원에서는 이명박 정부 들어 한반도 평화협정/평화체제에 대한 언급이 사라졌다. 그 대신 대북 억제력 확보를 통한 전쟁 재발 방지와 역내 국가들과의 협력 구축을 통한 한반도 안정·평화를 지향하는 한반도 신평화 구조(New Peace Architecture)에 관한 논의가 한때 제기되었을 뿐이다.

박근혜 정부 초기에도 한반도 평화협정에 관한 언급은 없었으나 2014년 7월 청와대 국가안보실이 발간한 『희망의 새 시대 국가안보전략』에서 "여건이 성숙될 경우 평화체제 구축 문제의 논의도 가능"하다고 밝혀 7년 만에 정부 차원에서 이 문제를 공식 언급했다. 하지만 민간 차원에서는 한반도 평화협정(체제)을 둘러싸고 불필요론과 불가피론 사이의 논쟁이 계속되고 있다. 한반도 평화협정 불필요론자들이 제기하는 주장은 다음과 같다.

첫째, 정전협정은 '전투의 일시적인 정지'를 규정한 것이 아니라 '전쟁상태의 종결'이므로 평화협정과 같은 법적 효력을 갖기 때문에 더 이상 평화체제 구축을 논의하는 것이 무의미하다는 주장이다. 이 주장은 "최후적인 평화적 해결이 달성될 때까지 한국에서의 적대행위와 일체의 무장행동의 완전한 정지를 보장하기 위해 체결된 것"이라는 정전협정 전문의 규정을 근거로 내세운다.

둘째, 한반도에 평화를 정착시키고 유지하기 위해 필요한 것은 대북 억제력이지 평화협정이 아니라는 입장이다. 북한이 이행하지 않거나 일방적으로 폐기한다면 평화협정 문서는 한갓 종이쪽지에 지나지 않을 뿐 남북의 화해나 평화를 담보하는 보증서가 될 수 없다는 것이다. 독·소 간 불가침조약을 맺었는데도 독일이 소련을 침공했던 사례가 대표적으로 거론된다.

셋째, 북한이 한반도 평화협정의 체결을 주장하는 속셈은 주한미군 철수에 있기 때문에 평화협정이 체결되면 오히려 한반도 평화가 깨진다는 주장이다. 평화는 힘으로 유지될 수 있는데, 평화협정이 체결되면 한국전쟁이 법적으로 종결되는 것이므로 유엔군 사령부의 해체가 불가피하고, 유엔군 산하에 있는 주한미군도 철수하지 않을 수 없다는 것이다. 이로 인해 비대칭 전력에서 열세인 한국에 '힘의 공백' 상태가 생겨 한반도 평화가 깨진다는 논리다.

2) 한반도 평화체제의 불가피성

한반도 신평화 구조론은 서로 전쟁을 하지 않은 동·서유럽 간 협력안보체제를 모델로 한다. 하지만 남북은 서로 전쟁을 했기 때문에 '전쟁상태의 종식' 절차를 거친 뒤에야 '평화 회복'으로 나아갈 수 있다. 전쟁의 법적 종결이 포함되지 않은 한반도 신평화 구조는 한반도 평화체제를 대체할 수 없다.

이러한 문제점 때문인지 한반도 신평화 구조론은 박근혜 정부 들어 더 이상 거론되지 않고 있다. 이에 비해 한반도 평화체제 무용론이나 불필요론은 여전히 일부에서 회자되고 있지만, 다음과 같은 근본적인 한계를 안고 있다.

국제법적으로 1907년 헤이그에서 채택된 '육전규칙(陸戰規則)' 제36조는 휴전을 '전투의 정지'라고 정의하고 있어 이를 '전쟁의 종결'로 보지 않는다. 무엇보다 1999년 이래 수차례 반복된 서해상에서의 남북 무력충돌은 이러한 주장이 잘못된 것임을 실증적으로 보여준다. 특히 2010년 11월 발생한 연평도 포격 사건은 한국전쟁 이후 처음으로 한국 영토의 민간인 거주지를 무차별 공격한 '전쟁행위'인 것이다.

물리적·구조적인 대북 억제력만으로 전쟁 재발을 막는 것은 한계가 있다. 한반도 평화협정을 통해 평화를 약속하더라도 북한이 이를 위반하면 아무 소용없다는 말은 부분적으로 맞다. 평화협정의 체결이 항구적으로 전쟁 재발을 막을 수는 없지만 그렇다고 한국군의 무장해제를 의미하는 것도 아니다. 평화협정이라는 문서가 평화를 완전히 보장하는 것은 아닐지라도 북한의 평화 파괴행위를 억제하는 규범적 효과가 있는 것은 분명하다.

한반도 평화협정 체결의 요구를 곧바로 주한미군 철수 요구로 연결해 해석하는 것은 논리적 비약이다. 유엔안보리 결의에 따라 정전체제의 유지·관리 임무를 갖고 있는 유엔사와 달리 한국 정부는 주한미군이 '한·미 상호방위조약'에 의거해 평화협정과 무관하다는 입장을 견지했다. 따라서 이 견해는 한국 정부의 공식 입장과 배치된다.

그렇다면 과연 한반도 평화협정 체결은 불가피한 것인가? 한반도 평화체제는 국내 정치적 시각에서 볼 때 한국 사회에 수많은 과제를 안겨준 53년체제를 극복하기 위한 근본적인 처방이라는 점에서 바람직하다. 국제정치적 시각에서 볼 때 주변 강대국이 한반도 문제에 개입할 수 있는 국제법적 근거를 해소함으로써 '한반도 문제의 한국화'를 위한 출발점이 된다. 남북관계의 시각에서 보더라도 평화협정의 체결이나 평화체제의 구축은 다음과 같이 한반도 문제의 해결을 위해 필수불가결하다.

첫째, 북핵 문제를 해결하기 위해 평화협정이 필요하다. 9·19공동성명은 북한이 '모든 핵무기와 현존하는 핵 프로그램을 포기'하는 대가로 미국이 북한에 대한 소극적 안전보장을 제공하고 정전협정을 평화협정으로 전환하기로 약속한 것이다. 최근에는 북한이 핵보유국임을 주장하며 핵군축회담을 요구하는 형편이다. 따라서 평화체제의 구축 없이는 북핵 문제를 평화적으로 해결하기는 매우 어려운 실정이다.

둘째, 남북 군사적 충돌 방지와 군비 통제를 위해서도 평화협정이 필요하다. 군사적 충돌 없이 공존관계를 유지하고 통일 과정을 평화적으로 관리하기 위해서는 평화협정의 논의 과정을 통해 군비 통제를 추진해야 한다. 동·서독이 군사적 충돌 없이 평화적으로 통일 과정을 이행할 수 있었던 것도 양측 간 군사적 신뢰 구축이 이뤄져 군대통합이 평화적으로 이뤄졌기 때문이다. 남북처럼 동족상잔의 전쟁을 겪고 휴전선을 사이에 두고 군인 수백만 명이 서로 대치하는 상황에서 평화체제의 구축은 평화통일의 과정에서 반드시 거쳐야 할 과제다.

셋째, 한반도 문제에 직간접적으로 이해관계를 맺고 있는 주변 강대국들의 영향력을 최소화하고 통일 과정에서 한국이 주도권을 쥐기 위해서도 평화협정 체결이 필요하다. 그렇지 않을 경우, 정전협정의 당사자인 미·중 강대국들이 합법적 권리를 갖고 통일 과정에 개입한다. 이 때 미·중의 이해가 충돌할 경우 통일 과정이 원만하게 진행되지 않을 가능성이 높으며, 거꾸로 양국의 이해가 부합하면 통일 과정에서 한민족의 이익보다 강대국의 논리를 앞세울 위험성이 크다.

5. 맺음말: 53년체제를 넘어 평화체제 만들기

53년체제는 한반도 차원에서 정전체제이지만 세계 차원에서는 냉전체제의 일부다. 한반도의 전쟁상태가 법적으로 종식되지 못해 남북이 서로 적대하며 살고 있는 53년체제는 통일된 민족국가의 형성을 가로막고 있다. 그런 점에서 분단체제의 극복이 통일이라고 한다면 53년체제의 극복은 통일에 앞선 평화체제의 구축을 의미한다.

냉전이 끝난 직후 미국의 유일패권체제가 형성되자 북한은 평화체제 전환 공세를 강화하는 한편, 핵무기 개발을 통해 독자적인 세력 균형을 이루고자 했다. 하지만 53년체제의 급격한 해체 움직임은 한반도 불안정화에 대한 우려를 불러왔고, 탈·탈냉전이 전개되자 53년체제는 재강화되고 있다. 이처럼 한반도 평화체제로 이행하기 위한 대내외적 환경이 매우 좋지 않다.

남북관계를 규정하는 합의는 정전협정을 근간으로 하지만 북한이 무효화를 선언한 상태다. 유엔사측의 동의가 없는 한 북한의 일방적인 선언만으로 정전협정이 무효화되지는 않는다. 유엔헌장이나 일반 국제법은 계속 적용되기 때문에, 정전협정의 폐기가 곧바로 전쟁 재발로 연결되는 것도 아니다. 그렇다 하더라도 한미의 군사력만으로 북한의 군사 도발을 막는 데는 한계가 있다.

그렇다면 53년체제를 넘어 평화체제로 이행하기 위해 무엇이 필요한가? 최우선 과제는 남북군사대화를 통해 우발적 충돌을 막는 장치와 초보적인 군사적 신뢰 구축조치를 마련하는 것이다. 남북이 '선조치 후보고'의 교전수칙을 동시 개정하고, 상대에게 위협이 될 수 있는 선제공격용 무기도 후방 재배치한다. 아울러 9·19공동성명에서 합의한 한반도 비핵화와 핵 선제불사용(No First Use) 원칙을 재확인한다. 이러한 초기 군사적 신뢰 구축 조치들을 담아 남북기본협정을 체결한다. 여기에는 군사조항 외에 정치적 화해와 사회경제적 교류협력 조항을 포함시킨다.

남북기본협정의 체결을 통해 상호 신뢰가 회복된 뒤에는 한반도 평화조약의 체결로 이행한다. 한반도 평화조약의 체결은 남북이 당사자가 되고 미·중이 보증자 역할을 맡도록 한다. 그런데 한반도 평화조약이 체결되기 위해선 해상분계선 획정, 외국군대 문제의 해결과 함께 한반도 비핵화가 실현되어야 한다. 이 문제들을 단기간에 해결하기는 어려우므로 우회하여 남북평화협정을 체결하는 과도기 방안도 검토할 수 있을 것이다.

잇단 무력충돌로 서해상에 군사적 긴장이 고조되는 바람에 10·4남북정상선언의 서해평화협력특별지대 구상을 추진하기 어렵다면 DMZ 세계평화공원 구상을 활용해 평화체제를 촉진하는 방안을 생각할 수 있다. DMZ 안에 평화공원을 만들려면 정전협정의 수정이 불가피하다. DMZ 남한 측 구역을 출입하고 일정 공간에 체류하려면 유엔사 측이 한국군에 해당 구역의 관리권을 양도해야 한다.

DMZ 평화공원의 건설을 위해 먼저 남북 당국이 부지 선정작업을 해야 하고, 다음으로 지뢰 제거 및 건설작업과 체류를 위해 유엔사-북한군이 만나 새로운 정전협정 보충 합의서를 채택해야 한다. 완공된 뒤에는 평화공원의 관리와 방문객 안전을 책임질 남북군사공동관리위원회를 설치해야 한다. 이처럼 남북 군대가 DMZ 내 같은 공간에서 공동관리의 경험을 쌓는 것은 한반도 평화체제로 가는 군사적 신뢰 구축의 첫걸음이 될 수 있다.

한반도 평화를 위한 작은 길에서 시작해 상호 신뢰를 쌓아 나간다면 53년체제를 극복해 한반도 평화체제를 만들 수 있을 것이며, 평화통일의 큰 통로도 열 수 있을 것이다.

참고문헌

김종엽 편. 2009. 『87년 체제론: 민주화 이후 한국사회의 인식과 새 전망』. 창비.

박찬승. 2013. 『대한민국은 민주공화국이다: 헌법 제1조 성립의 역사』. 돌베개.

방인혁. 2014. 「김일성 시대 북한의 대남인식 변화 연구」. 방인혁 외 지음. 『한반도 정치론: 이론, 역사, 전망』. 선인.

백낙청. 1998. 『흔들리는 분단체제』. 창비.

백낙청·이남주 공편. 2009. 『이중과제론』. 창비.

이영성·김호기. 2007. 『시대정신 대논쟁: 87년 체제에서 08년 체제로』. 아르케.

조성렬. 2012. 『뉴 한반도 비전: 비핵 평화와 통일의 길』. 백산서당.

최양근. 2011. 「북한 정권 수립 과정 시 헌법과 고려민주연방제통일방안 상관성 연구」. ≪평화학연구≫, 제12권 제3호(2011년 9월).

최장집. 2010. 『민주화 이후의 민주주의: 한국 민주주의의 보수적 기원과 위기(개정판)』. 후마니타스.

북핵 문제와 한반도 평화

고유환 | 동국대학교 북한학과 교수

1. 머리말

1990년대 초 북한의 '핵개발 문제'가 본격적으로 제기된 이후 북핵 문제는 한반도 문제를 이해하는 관문 같은 것이 되었다. 북한 핵개발 문제가 불거진 이후 "한반도의 불안정성과 위기를 북한의 '핵 문제'로 환원해보는 것은 하나의 상식"으로 자리 잡았다.[1] 북핵 문제는 관련 국가들의 정책과 한반도 및 동북아시아 정세에 영향을 주는 핵심 변수로 자리 잡았다. 그동안 한국과 미국, 중국 등 관련 국가들이 북핵 문제 해결을 위해 온갖 노력을 기울였음에도 북한의 핵능력은 향상되고 있다. 한국의 역대 정부 모두 북핵 해결에 정

---

1) 홍민, 「분단의 사회-기술적 네트워크와 수행적 분단」, ≪북한연구학회보≫, 제17권 제1호(2013), 284쪽.

책의 최우선 순위를 두었음에도 이를 해결하지 못했다. 북한이 생존전략 차원에서 핵개발을 추진하기 때문이다. 북한은 핵개발의 동기를 북·미 적대관계에서 찾고 있다. 북·미 적대관계 해소와 평화체제 구축 등 체제 유지에 대한 자신감이 전제되지 않으면 북한은 핵을 포기하지 않을 것이라고 공언한다. 미국 등 서방세계가 북핵폐기 모델로 제시했던 '리비아 모델'과 '우크라이나 모델'의 유효성이 사라지고, 북한이 3차 핵실험 이후 경제 건설과 핵무력건설의 병진노선을 고수함으로써 북핵 해결은 더욱 어려워졌다.

북핵 해결이 어려운 것은 한국전쟁 동안 형성된 북·미 적대관계를 해소하지 못하고 미국의 세계전략과 북한의 생존전략이 충돌하기 때문이다. 미국은 핵무기 비확산 차원에서 '핵무기 없는 세상'[2]을 꿈꾸며 북한의 핵개발을 저지하려고 한다. 이에 맞서 북한은 정전협정을 평화협정으로 대체하고 미국이 대북 적대시정책을 철회해야 김일성 주석의 '한반도 비핵화 구상'에 따라 핵을 포기할 수 있다는 주장을 폈다.

북핵폐기 수순과 관련해서 미국은 '완전하고 검증 가능하며 되돌릴 수 없는 핵폐기(CVID)'를 주장하는 반면, 북한은 '미국이 대북 적대시정책을 폐기하고 한반도에 공고한 평화보장체계가 구축되어야 핵을 폐기할 수 있다'라는 입장을 견지한다. 미국은 불량국가인 북한이 협상장에 들어오기 전에 먼저 흉기인 핵을 버리고 들어오라는 '입구론적 해법'을 주장하는 반면, 북한은 미국이 대북 적대시정책을 철회하고 평화협정을 체결하면 핵을 버릴 수 있다는 '출구론적 해법'을 견지한다.

북한 핵개발 이후 북핵폐기를 위해 노력했음에도 북한의 핵능력은 고도화되어갔다. 북핵 문제를 해결하려고 노력할수록 고도화되는 역설이 지속되어

---

2) 2009년 4월 5일 버락 오바마(Barak Obama) 대통령은 체코 프라하에서 "핵무기 없는 세상을 만들겠다"라고 연설했다.

왔다. 2008년 12월부터 최근까지 북핵 해결을 위한 6자회담은 중단되고 유엔(UN) 차원의 제재와 함께 개별 국가 차원의 제재와 압력만 가할 뿐 새로운 북핵 해법을 마련하지 못하고 있다. 한국과 미국은 북한의 진정성 있는 비핵화 행동이 전제되지 않으면 대화하지 않겠다며 '기다리는 전략'과 '전략적 인내'로 일관하고 있다.

북한의 핵능력 고도화는 대미 핵억제력 차원을 넘어 한국을 비롯한 동북아시아의 평화와 안전을 위협하며 세계적인 핵확산을 불러올 수 있는 시급히 해결해야 할 현안이지만 북핵 해결 노력은 난관에 봉착해 있다. 이 글에서는 북한의 핵개발 동기와 의도, 북핵 해결을 위한 관련 국가들의 노력, 북핵 문제가 한반도 평화에 미치는 영향 등을 살펴보고자 한다.

2. 북한 생존전략과 미국 세계전략의 충돌

북핵 문제가 본격적으로 불거진 것은 1990년대 초반이다. 남북은 1991년 12월 31일 '한반도 비핵화에 관한 공동선언'을 채택하고 핵무기 개발을 하지 않기로 약속했다. 하지만 북한은 영변 핵시설에서 은밀히 핵개발을 추진했다. 미국은 1993년 2월 25일 북한의 '핵개발 의혹'을 제기하고 국제원자력기구(IAEA)의 '특별 사찰'을 받아들일 것을 요구했다. 이에 맞서 북한은 3월 8일 '준전시체제'를 선포하고 3월 12일 핵확산금지조약(NPT) 탈퇴를 선언했다. 북한과 미국은 6월 11일 뉴욕에서 진행된 북·미고위급회담에서 '북·미공동성명'을 채택하고 "미국은 핵무기를 포함한 무력을 사용하지 않으며 이러한 무력으로 위협도 하지 않는다는 것을 담보할 것을 합의"했다. 이와 관련해 북한은 NPT 탈퇴 효력을 임시 정지시키기로 했다. 이어 제네바에서 진행된 북·미회담에서 북·미기본합의문을 채택하고 북한의 흑연감속로와 관련된 시설을 경수로발전소들로 교체하는 데 협조하기로 결정했다. 1994년 10월 20일 미국 대통령의 담보 서한에 따라 연합체를 대표해 핵시설 동결에 따른 에너지 손실을 보상하는 조치를 취하기로 했다. 이에 기초해 1995년 3월 한반도에너지개발기구(KEDO)가 설립되었다. 북한은 1994년 10월 21일 북·미 제네바 합의를 통해 핵협상을 성공적으로 마무리함으로써 북·미 관계 개선의 실마리를 찾고, 체제위기에서 벗어날 수 있는 '교두보'를 확보하는 듯했다. 제네바 합의 이후 빌 클린턴(Bill Clinton) 행정부 시기 북·미관계는 가끔 긴장관계가 조성되기도 했지만 전반적으로 제네바 합의 틀이 유지되었다. 1994년 10월 제네바 합의에서 '핵동결' 약속, 1999년 3월 금창리 지하 핵 의혹시설 '방문' 합의, 1999년 9월 대포동 2호 장거리 미사일 시험 발사 유예, 그리고 2000년 10월 북·미 양국의 고위급 특사 교환 및 북·미공동코뮈니케 발표 등 클린턴 행정부 시기 북·미 간에는 다소 굴곡이 있기는 해도 현안 문제의 협상과 타협이 이루어졌다는 점을 주목할 수 있다. 미국의 '개입과 확대 전략'과 북한의 '생존전략' 사이에 이익의 조화점이 있었던 것으로 보인다.

그러나 2001년 1월 20일 '힘을 통한 패권 안정정책'을 추구한 미국 조지 부시(George W. Bush) 행정부의 출범으로 북한의 북·미관계 개선전략은 막대한 차질을 빚게 되었다. 부시 행정부는 북한이 핵·미사일 등 대량살상무기(WMD)를 개발하는 '불량국가'이기 때문에 먼저 이를 포기해야 '정상국가'인 미국, 일본, 한국 등과 관계 개선을 추진할 수 있다는 입장을 견지했다. 이에 대해 북한은 미국이 문제시하는 '우려사항'이란 바로 '미국의 대조선 적대시 정책과 침략 책동의 산물'이라고 하면서 미국이 불가침조약을 통해 대북 적대시정책을 포기하면 미국의 안보상 우려사항을 해소할 용의가 있다는 입장을 밝혔다.

북한과 미국의 갈등은 협상에 임하는 기본 관점의 차이에서 기인한다. 미국은 반테러와 대량살상무기 비확산이라는 세계전략에 따라 북한을 다루는 데 비해, 북한은 생존전략 차원에서 핵·미사일 등 대량살상무기 개발을 추진하면서 대미 억제력 확보 및 북·미 적대관계 해소에 주력했다. 따라서 미국의 북한에 대한 '우려사항' 해소 요구와 북한의 미국에 대한 '대북 적대시정책 포기와 체제 보장' 등 '요구사항'과 관련한 현안 문제의 일괄 타결이 이뤄지지 않는 한 북·미갈등은 지속될 수밖에 없다.

2002년 10월 북한의 고농축우라늄(HEU) 핵개발 의혹이 불거지면서 한·미·일 3국은 일련의 정상회담과 '대북정책조정감독그룹회의(TCOG)' 등을 통해 '대화와 압력의 병행전략으로 북핵 문제를 평화적으로 해결한다는 원칙'을 마련했다. 대화와 압력의 북핵 해법에 따라 국제사회는 한편에서는 3자회담에 이어 6자회담을 진행하는 등 다자대화의 틀을 마련했고, 다른 한편에서는 미국 주도의 '대량살상무기확산방지구상(PSI)'을 통한 대북압박을 지속했다.

부시 대통령은 북한지도자 김정일에 대해 '회의감'을 표시하면서 '악의 축' 발언 이후 여러 차례의 발언을 통해서 밝혔던 대북 강경 입장에 큰 변화 없이 북한의 근본적인 변화를 촉구했다. 부시 대통령은 자유라는 가치를 최상의 가치로 규정하고 주민을 굶주림에 방치하는 정권, 투명하지 않고 외부와 단절된 정권이 '악의 축' 국가란 점을 분명히 하면서 주민과 정권을 분리해 북한 주민들은 식량 지원 등을 통해 구원할 것이지만 김정일 정권에는 주민들의 자유를 보장할 것을 요구하는 등 북한 정권의 근본적 변화를 촉구했다. 부시 대통령의 회의적이고 부정적인 대북관은 자유란 가치를 척도로 선악을 구별하는 이분법적인 것이었다. 부시 대통령은 서방의 가치인 자유민주주의와 시장경제를 수용하는 나라는 선이고, 이를 수용하지 않는 나라는 악으로 봤다.3) 따라서 부시 대통령은 북한도 이 가치를 수용해 국제사회의 일원이

---

3) 미국의 세계 지배와 힘의 논리에 관해서는 노암 촘스키, 『불량국가』, 장영준 옮김(두

되어야 한다는 점을 강조했다.

부시 행정부가 북한을 '악의 축'을 이루는 한 나라로 지목한 것은 북한의 핵·미사일·생화학무기 등 대량살상무기의 개발과 수출 문제를 근원적으로 해결하지 않으면 반테러와 대량살상무기 비확산의 목표를 달성할 수 없다고 봤기 때문일 것이다. 북한은 부시 대통령의 '악의 축' 발언을 '선전포고'로 인식하면서 겉으로는 미국과의 일전불사의 결의를 다지고 나왔지만, 내심은 매우 긴장하면서 불안해했던 것으로 보인다. 9·11테러를 당한 미국의 반테러와 대량살상무기 비확산에 대한 단호한 의지, 북한 내부자원의 고갈 등으로 2차 북핵위기 이후 북한의 정세인식은 1993~1994년 1차 북핵위기 때보다 훨씬 심각한 상황으로 인식했던 것으로 보였다.

2002년 10월 미국 특사를 받아들여 북·미 적대관계를 해소하고 개혁개방을 본격화하려던 북한의 의도는 우라늄 농축방식의 새로운 핵무기개발계획 '시인' 파문으로 뜻하지 않는 방향으로 나아갔다. 북한은 미국 대통령특사에게 "미국의 가중되는 핵압살위협에서 자주권을 지키기 위해서는 우리가 핵무기는 물론 그보다 더한 것도 가지게 되어 있다는 것을 말해줬다"라고 주장했지만 미국은 당시 확보한 몇 가지 증거를 근거로 우라늄 농축 프로그램(UEP)을 북한이 '시인'한 것으로 단정하고 북·미기본합의로 이행하던 중유공급 중단과 함께 경수로 제공도 중단하기로 했다. 이에 맞서 북한은 2003년 1월 10일 10년간 임시 정지시켰던 NPT 탈퇴 효력을 발생시켜 조약에서 완전히 탈퇴했다.

2002년 10월 북한의 HEU 개발 의혹이 불거지면서 본격화된 2차 북핵위기는 북한이 추진하고자 했던 2002년 7·1경제관리개선조치를 위축시키고, 신의주특구 개발 등 개혁개방의 본격화를 가로막고, 북·미 적대관계 해소와

레, 2001) 참조.

북·일 국교 정상화 등 대외관계 확장 노력에 장애를 조성하면서 모든 노력이 수포로 돌아가게 했다. 북한은 2001년을 세기 전환의 원년으로 삼아 정책 전환을 시도했지만 그동안 한반도 문제의 논의 구조에서 다소 소외되었던 러시아와 일본은 적극성을 보인 반면, 한반도에 강력한 영향력을 행사했던 미국과 중국은 현상 변경을 우려하면서 한반도 정세 변화에 민감한 반응을 보였다. 미국은 북한의 변화 의지를 의심하고 대량살상무기의 근본적인 해결을 위한 대북 강경정책을 추진했고, 중국 역시 북한의 신의주특구 지정과 양빈(楊斌) 장관 임명에 불편한 심기를 드러냈다.

미국의 세계전략과 북한의 생존전략의 충돌, 미국의 입구론과 북한의 출구론의 충돌을 피할 수 있는 접점을 찾은 것이 2003년 시작한 6자회담이다. 2005년 9·19공동성명에서 북핵 문제 해결을 위한 '행동 대 행동 원칙(동시행동원칙)'에 합의했다. 하지만 합의 다음날 미국이 마카오에 있는 방코델타아시아(BDA)에 대한 대북 금융 제재를 가하자 북한이 2006년 10월 9일 1차 핵실험[4]을 감행해 6자회담을 통한 비핵화 노력에 반기를 들었다. 2007년 2·13 합의와 10·3합의를 통해 폐쇄 → 불능화 → 폐기로 이어지는 단계별 일괄 타결에 합의하고 영변 원자로의 냉각탑을 폭파하는 등의 진전이 이뤄지기도 했다.

하지만 이명박 정부 출범 이후 한미 양국이 북핵 해결보다는 북한 붕괴에 초점을 맞추면서 6자회담을 통한 북핵 해결 노력은 난관에 처했다. 미국 오바마 행정부의 '전략적 인내정책'에 이명박 정부가 '기다리는 전략'으로 공조를 취함으로써 6자회담은 2008년 12월 이후 중단되었고, 북한은 2009년 5월 25일 2차 핵실험을 강행했다. 김정은 정권 출범과 함께 북핵동결을 위한

---

4) 북한 1차 핵실험 이후 한반도 정세와 관련해서는 전현준 외, 『10·9 한반도와 핵』(이룸, 2006) 참조.

2012년 2·29합의5)가 이뤄졌지만, 2012년 4월 13일 북한의 광명성 3호 장거리 로켓 발사로 2·29합의는 파기되었다. 북한이 광명성 3호 발사 실패 이후 이를 만회하기 위해 2012년 12월 12일 광명성 3호 2호 발사를 강행해 '위성'을 궤도에 진입시키자 유엔이 대북 제재 결의안을 채택하고 대북 제재와 압력의 수위를 높였다. 이에 맞서 북한은 2013년 2월 12일 3차 핵실험을 강행해 북한의 핵능력을 고도화시켰다. 북한은 3차 핵실험 이후 '다종화된 핵억제력을 갖춘 핵보유국임'을 선언하고 "핵무기를 먼저 내려놓을 수 없다"라는 입장을 견지하고 있다. 북한은 "미국의 대조선 적대시정책이 대조선우호정책으로 변하지 않는 한, 그리고 세계의 비핵화가 실현되기 전에는 조선반도 비핵화도 불가능하다는 것은 조미대결과정에서 내린 최종결론"6)이라고 하면서 사실상 핵폐기 의사가 없음을 분명히 했다.

3. 북한의 3차 핵실험과 위협 인식7)

북한이 2013년 2월 12일 3차 핵실험을 강행함으로써 한반도 정세는 더욱 복잡해졌다. 북한의 3차 핵실험을 계기로 분단체제의 불안정성은 높아졌다. 주변국들은 '사실상 핵보유국'인 북한을 어떻게 상대해야 할 것인가에 대한 해법을 찾아야 한다. 3차 핵실험에서 북한이 주장한 것처럼 소형화, 경량화, 다종화, 정밀화가 이루어졌다면 심각한 사태 진전이다. 특히 3차 핵실험이

---

5) 2·29합의에는 북한이 핵과 미사일 실험 유예, 우라늄 농축 프로그램 중단, 국제원자력기구 감시단 입북을 허용하고, 미국이 24만 톤의 영양 지원을 하는 등의 내용이 담겨 있다.

6) 《로동신문》, 2014년 11월 15일 자.

7) 이 절의 내용은 고유환, 「북한의 3차 핵실험 이후 위협인식과 대응에 관한 행위자-네트워크」, 《북한연구학회보》, 제17권 제2호(2013), 57~86쪽을 수정·보완한 것이다.

HEU를 활용한 핵실험이었다면 북핵 문제는 통제 불가능한 위협으로 발전할 수도 있다. 이런 상황에서도 현재까지 국제사회는 유엔을 통한 제재와 압력에 주력할 뿐 북핵 해법을 찾지 못하고 있다.

북한은 3차 핵실험이 철저히 미국을 겨냥한 것이라고 밝혔지만 이는 주변 국들의 북핵 문제에 관한 위협 인식의 패러다임을 바꿀 정도로 심각한 것으로 보인다. 3차 핵실험 이후 한국, 미국, 중국 등 관련 국가 모두 북핵 문제를 자국의 안전을 위협하는 심각한 사태로 인식하기 시작했다. 북한 핵위협에 가장 직접적으로 노출된 한국은 물론, 통제 가능한 위협으로 인식했던 미국, 북·미 간 문제로 인식했던 중국 등 한반도 문제의 핵심 당사자 모두 3차 핵실험 이후 북핵 문제를 심각한 위협으로 인식하기 시작했다. 그밖에 체르노빌 원자력발전소 방사능 유출 사고를 겪은 러시아의 핵 관련 사고 우려, 후쿠시마 원전사태가 발생한 일본은 군사적 위협과 핵사고 위협 모두를 우려하고 있다.

우선 3차 핵실험에 대한 객관적 평가가 이뤄져야 한다. 하지만 3차 핵실험이 이루어졌다는 사실 자체만으로도 미국과 한국의 북핵 정책이 한계에 봉착했음을 의미하고 전면적인 재검토가 불가피해졌다. 미국 오바마 행정부와 한국 이명박 정부가 '선 핵폐기'와 '비핵'을 정책의 최우선으로 내걸고도 '전략적 인내'와 '기다리는 전략'으로 수수방관하는 동안 북한의 핵능력은 향상되었다.

함경북도 길주군 풍계리에서 이뤄진 북한의 3차 핵실험에 대한 객관적 평가는 어렵다. 북한이 핵실험의 원료로 플루토늄(Pu)을 사용했는지, 아니면 고농축우라늄(HEU)를 사용했는지 확인하지 못했다. 핵실험의 원료가 무엇이냐에 따라 위협수준은 달라진다. 그동안 미국은 플루토늄 핵폭탄을 통제 가능한 위협으로 인식하는 듯했다. 하지만 HEU 핵폭탄의 경우 통제 불가능한 위협으로 발전할 수 있다고 인식한 것으로 보인다. 따라서 미국은 2002년

10월부터 북한의 플루토늄 핵개발 동결이 풀리는 것을 사실상 방조하면서까지 우라늄 농축 프로그램을 저지하기 위해 총력을 기울였다.[8] 하지만 북한은 2010년 11월 미국의 핵 전문가 지그프리드 헤커(Siegfried Hecker) 박사를 초청해 우라늄 농축시설을 공개하고 HEU 핵폭탄 개발을 공식화했다.

3차 핵실험은 일종의 '블랙박스'로 북한만 그 내용을 정확히 알고 나머지 국가들은 핵물리학자들의 추론에 근거해서 소형화에 이르렀을 것으로 추정할 뿐이다. 북한이 핵실험의 원료로 무엇을 사용했는지 알 수 없는 상황에서 북한은 '소형화, 경량화, 다종화에 성공했다'라고 발표하고 HEU 핵폭탄 개발에 성공한 것처럼 주장하고 있다.[9] 헤커 박사 등 국내외 핵물리학자들은 북한이 3차 핵실험을 할 경우 HEU 핵폭탄 실험일 가능성이 높고 성공할 경우 소형화가 가능할 것이라고 주장한 바 있다. 북한은 외부 전문가들의 추론에 근거해서 사실 여부와 관계없이 그들의 핵능력을 과장하고 있다. 특히 북한이 '다종화'를 주장하는 것은 3차 핵실험의 원료로 HEU를 사용했다는 점을 시사하는 것이다. 한국 정부 당국자인 김관진 국방장관도 북한의 핵능력과 관련해 "우라늄을 이용해 핵무기를 제조할 수 있는 수준이 되었다고 평가하고 있다"라고 밝혔다.[10]

---

8) 미국은 2002년 10월 제임스 켈리(James Kelly) 국무부 동아태 담당 차관보를 북한에 보내 '우라늄 농축에 의한 핵개발 의혹'을 제기하고, 같은 해 11월 KEDO를 통해서 북한에 제공했던 중유 공급을 중단했다. 이에 맞서 북한은 2003년 1월 10일 10년간 임시 정지시킨 NPT 탈퇴 효력을 발생시켜 조약에서 완전히 탈퇴하고, 2005년 2월 10일 외무성 성명을 통해 미국의 대북 고립 압살정책에 맞서 자위를 위해 핵무기를 만들었다고 선언했다.

9) 북한은 3차 핵실험 당일 "원자탄의 작용 특성들과 폭발위력 등 모든 측정결과들이 설계값과 완전히 일치됨으로써 다종화된 우리 핵억제력의 우수한 성능이 물리적으로 과시되었다"라고 밝혀 HEU를 사용한 원자탄 핵실험임을 시사했다. 조선중앙통신, 2013. 2. 12.

북한은 3차 핵실험의 자신감을 반영해서 "지금 미제국주의자들은 우리의 핵억제력을 대단히 무서워하고 있다. 우리가 가지고 있는 핵무기는 소형화, 경량화, 다종화, 정밀화된 위력한 전쟁억제력이다"[11]라고 주장하기에 이르렀다. 북한이 우라늄 농축시설을 공개한 이후 핵실험을 했기 때문에 3차 핵실험의 원료가 HEU일 가능성을 배제할 수 없게 되었다.[12] 북한이 HEU로 3차 핵실험을 했다면 미국도 북한의 핵위협을 통제 불가능한 위협으로 인식할 수밖에 없을 것이다. 플루토늄 핵폭탄은 규모가 크고 미사일에 탑재하거나 비행기로 투하해야 하기 때문에 미국 입장에선 어느 정도 통제 가능한 위협으로 인식하는 것 같다. 하지만 HEU 핵폭탄은 소형화가 가능하고, 은닉과 이동이 쉽기 때문에 테러단체나 테러리스트에게 넘어갈 경우 미국 본토를 공격할 수 있어 심각한 위협이 될 수 있다. 플루토늄 핵 관련시설은 외부에 노출되어 있고 규모도 크다. 하지만 HEU 핵 관련시설은 공개된 시설과 함께 공개하지 않은 시설에서 가동해 정확한 규모를 파악하기 어렵다.

북한은 3차 핵실험 이후 미국과의 핵 대결에도 자신 있다고 주장하면서 불안정하지만 평화를 유지시켜온 정전질서를 무력화하는 일련의 조치를 취하고 위기를 고조시켰다. 2012년 4월 13일 개정 헌법 서문에 핵보유국의 지

---

10) 연합뉴스, 2013. 11. 20.

11) ≪로동신문≫, 2013년 5월 21일 자.

12) 북한의 3차 핵실험 원료가 HEU인지 플루토늄인지 알려면 핵실험 갱도에서 빠져나온 방사성가스, 즉 제논(Xe)을 핵실험 후 빠른 시간 내에 포집해 그 동위원소를 분석해야 가능한데 가스 포집이 쉽지 않다. 미국은 지난 1차 핵실험 때는 포집에 성공했지만, 2차 및 3차 핵실험 때는 실패했다. 강정민은 "비록 이번 3차 핵실험에서 북한이 플루토늄을 사용했는지 고농축우라늄을 사용했는지 검증할 물증은 없지만, 여러 정황적 사실에 근거할 때 고농축우라늄을 사용했을 가능성을 배제하기 어렵다"라고 주장했대강정민, 「북한 핵개발 현황 분석」, 『남북관계, 위기 속에서 전환을 모색하다』(2013 북한연구학회 춘계학술회의 발표 논문집, 2013), 59~69쪽].

위를 명문화한[13] 북한이 3차 핵실험 이후 2013년 3월 31일 조선로동당 중앙위원회 3월 전원회의에서 '경제 건설과 핵무력건설의 병진노선'을 채택하고, 4월 1일 열린 최고인민회의 제12기 제7차 회의에서 '자위적 핵보유국의 지위를 더욱 공고히 할 데 대하여'란 법령을 제정함으로써 김일성 주석의 한반도 비핵화 유훈은 사실상 폐기되었다. 북한이 핵능력을 향상시키고 핵보유를 법률로 제정함으로써 북한의 비핵화를 전제로 추진했던 남북화해 협력 노력은 심각한 난관에 봉착했다.

북한은 3차 핵실험을 통해서 주변국에 위협 인식을 높여 남북 각각의 국내 정치와 남북관계는 물론 분단체제와 동북아시아 지역질서의 재편을 모색하고 있다. 북한의 핵실험을 통한 새판짜기 요구에 관련 국가들은 다양한 행위자-네트워크를 형성하면서 대처하고 있다.

3차 핵실험 이후 북한은 핵과 미사일 능력을 과시하면서 미국과 공포의 균형을 이뤘다고 자평하면서 핵군축을 주장하고 있다. 3차 핵실험 이후 북한이 핵 선제타격권리 등을 주장하면서 공세적으로 나오는 것은 핵능력의 향상에 따른 자신감의 반영으로 볼 수 있다. 북한은 HEU를 미사일에 결합해 대륙간탄도미사일(ICBM)을 개발했음을 시사함으로써 미국을 타격할 수 있을 정도로 국력이 커졌음을 과시하고 미국과의 대결도 자신 있다고 주장하기에 이르렀다.

---

13) 북한은 헌법 서문에서 김정일의 업적을 부각시키면서 김정일이 북한을 "불패의 정치사상강국, 핵보유국, 무적의 군사강국으로 전변"시켜 강성대국건설의 '휘황한 대통로'를 열어놓았다고 밝혔다.

4. 북핵 고도화를 막기 위한 단계별 해법

북핵 문제가 불거진 이후 지금까지 그래 왔던 것처럼 북핵 문제 해결은 쉽지 않은 과제다. 역설적으로 북핵 문제는 해결하려고 하면 할수록 복잡해지고 오히려 핵능력이 향상되는 부작용을 초래했다. 북한의 핵개발 문제가 불거진 이후 역대 남한 지도자들은 핵 문제 해결에 우선순위를 두고 대북정책을 폈다. 김영삼 정부는 '핵을 가진 자와 악수할 수 없다'라고 했지만, 1994년 10월 북·미 제네바 합의에 따라 '동결 대 보상' 방식의 해법에 동의하고 보상에 동참했다. 김대중 정부는 '한반도 냉전 구조 해체'라는 포괄적 북핵 해법을 마련하고 첫 남북정상회담을 개최했지만, 미국의 정권 교체로 북핵 해결의 뜻을 이루지 못했다. 노무현 정부도 한반도 평화체제 구축을 국정 제1과제로 내세우고 북핵 해결에 집중했지만 북한이 핵실험으로 맞섬으로써 북핵 문제 해결에 진전을 보지 못했다.

'비핵'을 정책의 최우선으로 내세웠던 이명박 정부도 북한의 2차와 3차 핵실험 및 우라늄 농축 프로그램 공개 등 북한의 핵능력 향상을 막지 못했다. 북핵 해결을 위한 6자회담은 2008년 12월 이후 2015년 현재까지 7년여 동안 열리지 못하고 있다. 이명박 정부는 6자회담 재개를 원하는 북한의 진정성을 확인할 수 없다며 6자회담에 적극성을 보이지 않았다. 하지만 북한이 붕괴되면 북핵 문제는 자연스럽게 해결된다는 낙관적인 기대가 6자회담을 장기 공전시킨 것인지도 모른다.[14]

북한이 3차 핵실험 이후 '경제 건설과 핵무력건설의 병진노선'을 표방하고 핵능력을 고도화시키는 상황인데도 국제사회는 유엔 차원의 대북 제재에 동참할 뿐 뚜렷한 북핵 해법을 찾지 못하고 있다. 박근혜 대통령은 2014년 1월

---

14) 고유환, "차기정부의 북핵 해법", ≪한국일보≫, 2013년 10월 4일 자.

6일 신년기자회견에서 "주변국가들과 긴밀히 협력해 북한 핵능력의 고도화를 차단하고 북핵의 완전한 폐기를 위한 다양한 방안을 모색하겠다"라고 밝혔다. 이는 선핵폐기론을 수정한 것으로 북핵 고도화를 막기 위한 단계적 해법을 마련하겠다는 것으로 볼 수 있다. 선핵폐기론을 내놓고 기다리는 전략으로 일관했던 이명박 정부의 북핵 해법을 수정해서 먼저 북핵 고도화를 막는 동결조치를 취한 뒤 폐기 목표를 달성하는 수순으로 방향을 잡은 것으로 보인다. 북한이 핵포기를 거부하면서 핵능력 고도화를 가속화하는 현 단계에서 핵동결과 국제원자력기구 감시체제에 들어오게 하는 것이 시급한 과제다. 박 대통령은 2014년 3월 3차 핵안보정상회의에서 "핵무기 없는 세상은 북핵 포기로부터 시작해야 한다"라고 밝혔다. 박 대통령은 한·중정상회담에서 북핵 불용 의지를 재확인하고, 한·미·일 정상회담에서는 6자회담 수석대표 접촉을 통한 북핵 해법을 모색하기로 합의했다.

이에 맞서 북한은 '병진노선은 만능의 보검'이라고 하면서 '남측이 핵포기 망상, 체제대결증에서 벗어나야 한다'고 주장했다. 북한은 핵무기개발을 포기하고 미국과 관계 개선을 모색했던 리비아 사례를 언급하면서 핵무기를 절대로 포기할 수 없다는 입장을 밝히고 있다. 북한은 핵무기 출현 이후 "핵무기 보유국들만은 군사적 침략을 당하지 않았다"라고 하면서 핵보유 의지를 확고히 했다. 북한은 "핵억제력에 기초해서 경제 건설과 인민생활 향상에 역량을 총 집중할 수 있다"라고 하면서 "핵억제력을 억척같이 다져나가는 그 자체가 최고의 경제 건설"이라는 주장을 하기에 이르렀다.[15]

그동안 서방세계가 제시했던 북핵 해법이 리비아 모델과 우크라이나 모델이다. 세계 3위의 핵보유국이었던 우크라이나는 소련이 해체되면서 독립해 서방의 경제 지원과 핵무기 폐기를 교환했다. 최근 핵무기를 버린 우크라이

---

15) 조선중앙통신, 2014. 4. 3.

나는 러시아가 그들의 영토인 크림자치공화국을 무력으로 병합시키는 것을 속수무책으로 지켜봤다. 서방이 제시했던 모델들의 효용성이 떨어지면서 북핵 해결도 매우 어려워졌다. 그동안 북한은 핵 문제를 북·미 적대관계의 산물이라고 주장했다. 북·미 적대관계가 해소되면 핵무기를 버릴 수 있다고 했다. 핵무기 개발을 포기하고 미국과 관계 개선을 모색했던 리비아의 무아마르 카다피(Muammar Gaddafi) 정권의 몰락을 지켜봤기 때문에 북한은 북·미 적대관계가 해소된다고 해도 핵을 버릴 수 없다고 버틸 가능성이 높아졌다. 김정은 북한 조선로동당 제1비서는 "우리는 대국들을 쳐다보면서 강력한 자위적 국방력을 갖추지 못하고 제국주의자들의 압력과 회유에 못 이겨 이미 있던 전쟁억제력마저 포기하였다가 종당에는 침략의 희생물이 되고만 발칸반도와 중동지역 나라들의 교훈을 절대로 잊지 말아야 합니다"[16]라고 밝히면서 핵을 포기할 의사가 없다는 점을 분명히 했다.

북핵 해결이 지연되면서 북핵 해법으로 적용 가능한 모델들도 사라지는 문제가 생겼다. 그렇다고 북핵 해결의 타이밍을 완전히 놓친 것으로 단정할 필요는 없다. 지금부터라도 북핵 문제 해결에서 동결 → 불능화 → 폐기 수순으로 다시 한 번 단계별 대응방안을 찾아야 할 것이다. 2010년 북한을 방문해서 우라늄 농축시설을 둘러본 헤커 박사는 당장 막아야 할 시급한 세 가지는 핵무기 숫자가 늘어나는 것, 핵능력의 고도화, 핵무기 수출(the three no's: no more bombs, no better bombs, and no exports)이라고 밝힌 바 있다.[17]

현재의 북한 핵능력이 통제 가능한 위협이라면 고도화를 막으면서 인민생활 향상을 위한 내부용으로 활용하게 하면서 단계별 폐기 수순을 찾을 수도

---

16) ≪로동신문≫, 2014년 3월 31일 자.

17) S. S. Hecker, "What I Found in North Korea; Pyongyang's Plutonium Is No Longer the Only Problem," *Foreign Affairs*(2010).

있다. 그렇지 않고 통제 불가능한 위협이라면 핵능력 고도화와 관련한 금지선(red line)을 설정하고 강력하게 대처해야 할 것이다.[18] 북핵 고도화 차단을 위해서는 선핵폐기론에서 '선북핵고도화 차단 후폐기'로 북핵 해법의 수순을 수정해야 할 것이다. 북·미 협상 또는 한·미·중 협상을 통해 '2·29합의'와 유사한 형태의 북핵 해법의 큰 흐름을 잡고 6자회담 재개 또는 다양한 형태의 양자 및 다자 협상을 진행해야 할 것이다.

조건 없는 6자회담 재개를 요구하던 북한은 3차 핵실험 이후 비핵화와 관련된 합의 폐기를 주장하면서 6자회담에 나가지 않겠다고 선언했다. 하지만 중국의 압력으로 북한은 6자회담 등 다자대화에 나올 수 있음을 밝혔다. 김정은 제1비서의 특사자격으로 중국을 방문한 최룡해 조선인민군 총정치국장은 2013년 5월 24일 시진핑(習近平) 중국 국가 주석을 만나 "조선(북)은 관련 각국과 공동으로 노력해 6자회담 등 다양한 형식의 대화와 협상을 통해 문제를 타당하게 풀기를 바란다"라고 밝혔다. 최룡해 총정치국장은 "조선은 정말로 경제를 발전시키고 민생을 개선하고 싶다. 평화적인 외부환경을 조성하고 싶다"라고 강조했다.[19] 최룡해의 6자회담 등 협상 복귀를 시사한 발언은 2013년 1월 23일 외무성 성명을 통해 밝혔던 6자회담과 9·19공동성명은 사멸되고 조선반도 비핵화는 종말을 고했다는 북한의 기존 공식방침을 뒤집은 것이다.

미국과 중국이 6자회담을 통한 북핵 해결로 다시 방향을 잡고 북한도 기존 입장을 바꿔 6자회담 등 다양한 형식의 대화와 협상에 동의함으로써 3차 핵실험 이후 긴장 국면으로 치닫던 한반도 정세가 대화 국면으로 전환되었다. 북한과 중국은 조건 없는 6자회담 재개를 희망하지만 한국과 미국은 핵

---

18) 고유환, "북핵 고도화를 차단하려면", ≪한국일보≫, 2014년 4월 10일 자.
19) ≪한겨레신문≫, 2013년 5월 25일 자.

무기개발과 장거리미사일(로켓) 개발 중단과 국제원자력기구 감시 수용 등 이른바 '2·29합의 + α'를 요구하고 있다.

북한은 '조선반도를 비핵화하는 것은 공화국정부의 시종일관한 입장'이라고 하면서 '군축을 통해 세계의 비핵화를 실현'해야 한다는 입장을 견지하고 있다. 과거 북한이 한반도 비핵화가 김일성 주석의 유훈이라고 할 때는 미국이 한반도에 핵무기를 배치하지 않고 핵위협을 하지 않으며 북·미 적대관계가 해소되면 북한도 핵무기 개발을 하지 않는다는 주장을 폈다. 하지만 지금의 북한은 핵보유국으로서의 지위를 가지고 핵군축을 하자는 입장이고, 한반도 비핵화는 세계의 비핵화와 함께 실현될 수 있다는 논리를 펴고 있다. 미국이 핵무기를 포기하지 않는 한 북한도 핵무기 개발을 포기하지 않겠다는 것이다. 중국의 압력과 설득으로 북한이 전제조건 없이 6자회담에 나오겠다고 하지만 북한의 비핵화 문제는 훨씬 복잡해졌다. 북한이 3차 핵실험 이후 핵보유국의 지위를 내세우고 군축 차원의 비핵화 협상을 주장하자 한국과 미국은 전제조건 없는 6자회담 재개의 유용성에 의문을 품고 제재를 강화하면서 진정성 있는 선 비핵화 행동을 요구하고 있다.

5. 맺음말

지난 20여 년 동안 북핵 문제를 해결하지 못한 것은 여러 요인이 복합적으로 작용했기 때문이다. 생존전략 차원에서 핵을 개발하는 북한 정권의 핵개발 의지와 핵을 포기하기 어려운 3대 세습정권의 태생적 한계, 북한위협론을 내세운 미국의 대중국 및 동아태전략, 북한의 생존전략과 미국의 세계전략의 충돌, 한국과 미국의 대북정책 엇박자, 정전협정의 장기지속에 따른 북·미 적대관계 지속 등 북핵 문제를 둘러싼 동북아시아 전략 구도는 매우 복잡하고 이해관계도 복합적으로 얽혀 있다. 북한이 붕괴되면 북핵 문제도 자연스럽게 해결될 수 있다는 안일한 생각은 버려야 한다. 제재와 압력을 지속하면서도 대화를 모색해야 한다. 한국이 주도적으로 나서지 않으면 북한은 4차 핵실험 등 충격 요법을 통한 국면 전환을 모색할 것이다. 하지만 또 다른 핵실험의 충격은 수습하기 어려울 정도로 한반도 평화와 안정을 해치고 북한의 생존을 위협할 것이다.

북한은 3차 핵실험 이후 경제 건설과 핵무력건설의 병진노선을 내놓고 핵을 포기하지 않고 이를 억제력으로 삼아 군비를 줄여 경제 건설에 주력하고자 한다. 장성택 일파를 숙청해 내부 권력을 공고히 한 김정은 정권은 특구와 경제개발구를 확대한 다음 '핵보유국'임을 내세워 대외관계 확장에 주력하고 있다. '고난의 행군'시대를 거치면서 내부자원이 고갈된 북한으로서는 대외관계를 확장하지 않고는 김정은이 약속한 '인민생활 향상'을 이행하기 어렵다.

북한의 대외관계 확장 노력의 최대 걸림돌은 역시 북핵 문제다. 북핵 불용에 대한 확고한 입장을 견지하는 미국과 중국, 그리고 '핵을 머리에 이고 살수 없다'라는 한국이 북한을 핵보유국으로 인정하고 새로운 관계를 설정하기란 쉽지 않을 것이다. 그래서 북한이 당장 핵폐기까지는 어렵더라도 적어도 핵동결과 국제원자력기구 감시체제에 들어와야 주변국과의 관계 개선이 이뤄질 것이다. 북한이 원하는 관계 개선의 선순환 고리를 만들려면 북·미접촉을 통한 2·29합의 복원, 남북고위급 접촉을 통한 남북관계 복원, 납치 문제 해결과 북·일 국교 정상화, 6자회담을 통한 북핵폐기 및 평화체제 구축 등을 순차적 또는 동시적으로 이뤄나가야 할 것이다.

이러한 선순환 고리를 만드는 데 가장 큰 문제는 역시 북핵 해법을 둘러싼 접근방법의 차이일 것이다. 3차 핵실험 이후 북핵보유를 인정해야 한다는 '불편한 진실론'을 펴면서 북핵 고도화를 막는 조치부터 우선 취하고 핵폐기는 시간을 두고 평화협정 체결 등과 연계해서 풀어야 한다는 단계적 핵폐기론이 다시 부상하고 있다. 다른 한편에서는 완전하고 검증 가능하며 되돌릴 수 없는 방식(CVID)으로 북핵 문제를 해결해야 한다고 하면서 전략적 인내 또는 기다리는 전략으로 일관해야 한다는 선핵폐기론을 고수하고 있다.

이명박 정부는 미국 오바마 행정부와 함께 선핵폐기론으로 일관하다 북핵 고도화를 막지 못했다. 박근혜 정부는 북핵 고도화를 막는 조치를 선행해야 한다는 쪽으로 북핵 해법의 수순을 수정했다. 박 대통령은 그동안 북핵 해법의 모델로 제시했던 리비아와 우크라이나 모델의 유효성이 사라지자 2014년 8·15경축사에서 카자흐스탄의 핵포기 모델과 베트남, 미얀마의 개혁개방 경험을 언급하면서 북한의 핵포기와 개혁개방을 촉구했다. 국가안보실이 공개한 '국가안보전략'에 따르면 "여건이 성숙되는 경우 평화체제 구축 문제도 논의할 수 있을 것"이다.[20] 북한이 핵폐기 전제조건으로 북·미 적대관계 해소와 정전협정의 평화협정으로의 전환을 요구한다는 점에서 그동안 언급하지 않았던 평화체제 구축 문제를 언급한 것은 북핵폐기 수순과 맞물려 있다는 점에서 진전된 입장 정리로 볼 수 있다. 2015년 들어 박근혜 정부는 선핵폐기론의 고리를 풀고, '북한 비핵화와 남북관계 발전의 선순환'을 밝히면서 남북관계 발전을 통해 비핵화를 촉진하는 쪽으로 정책을 선회하기 시작했다.

한국 정부가 북핵 고도화를 막고 북한을 국제사회의 일원으로 끌어내는 노력보다 전시작전권 전환시기 연장, 고고도미사일방어체제(THAAD)의 주한미군 배치, 킬 체인(Kill Chain)과 맞춤형 억지 등에 주력할 경우 한반도를 둘러싼 동북아시아 구조는 교착 국면에서 벗어나기 어려울 것이다. 북핵능력 향상이라는 악순환의 고리를 끊기 위해서는 북핵 해결의 선순환의 고리를 찾아 '기회의 문'을 열어나가야 한다.

---

20) 청와대 국가안보실, 『희망의 새시대 국가안보전략』(2014), 69쪽.

참고문헌

1. 국내 문헌

강정민. 2013. 「북한 핵개발 현황 분석」. 『남북관계, 위기 속에서 전환을 모색하다』.
　　　2013 북한연구학회 춘계학술회의(2013. 4. 25) 발표 논문집.

고유환. 2003. 『북한 핵문제의 해법과 한반도 평화체제 구축』. 국회정보위원회.

_____. 2013. 「북한의 3차 핵실험 이후 위협인식과 대응에 관한 행위자-네트워크」.
　　　≪북한연구학회보≫, 제17권 제2호.

_____. 2013. 10. 4. "차기정부의 북핵 해법". ≪한국일보≫.

_____. 2014. 4. 10. "북핵 고도화를 차단하려면". ≪한국일보≫.

전현준 외. 2006. 『10.9 한반도와 핵』. 이룸.

청와대 국가안보실. 2014. 『희망의 새시대 국가안보전략』.

촘스키, 노암(Noam Chomsky). 2001. 『불량국가』. 장영준 옮김. 두레.

홍민. 2013. 「분단의 사회-기술적 네트워크와 수행적 분단」. ≪북한연구학회보≫, 제
　　　17권 제1호.

연합뉴스. 2013. 11. 20.

≪한겨레신문≫. 2013년 5월 25일 자.

2. 북한 문헌

≪로동신문≫. 2013년 5월 21일 자; 2014년 3월 31일 자; 2014년 11월 15일 자.

조선중앙통신. 2013. 2. 12; 2014. 4. 3.

3. 외국 문헌

Hecker, S. S. 2010. 12. 9. "What I Found in North Korea; Pyongyang's Plutonium Is No Longer the Only Problem". *Foreign Affairs.*

제12장

G2시대와 한국의 통일외교 안보전략

최진욱 | 통일연구원 원장

1. 머리말

21세기는 미·중 패권 경쟁의 시대다. 패권 경쟁은 지역질서뿐 아니라 세계질서를 재구성한다. 아울러 역내 국가들의 생존과 번영에 직접적인 영향을 미친다. 역사적으로 볼 때 패권 경쟁의 서막은 경제력의 격차가 급격히 좁혀지면서 시작되었다. 경제적 능력의 변화는 당사국들의 전략 인식 변화를 요구하고, 이는 다시 통일외교 안보전략의 변화를 추동한다. 현재 미·중관계는 이러한 측면에서 세력 전이 중이며 패권 경쟁 상황에 있다. 2008년 금융위기 이후 중국과 미국의 격차가 예상보다 빠른 속도로 좁혀지고, 2012년 중국이 세계 최대의 무역국으로 등장하면서 세력 전이 논쟁에 불이 붙었다.

특히 2010년 중국의 힘의 과시로 본격화된 미·중 세력 전이는 지역정세 불안정에 대한 우려를 야기했다. 중국은 동·남중국해를 핵심국가 이익(core interest)으로 추가하고 이 지역에서 공세적 대응을 강화하는 동시에 아시아에 대한 미국의 개입을 반대하는 반(反)접근전략(anti-access or area-denial: A2/AD)을 공식화했다. 한편, 미국은 특정 국가가 접근을 거부하는 전략을 사용한다 해도 동 지역에 군사력을 투사할 것이라는 대항전략(Project Power Despite Anti-Access/Area Denial Challenges)을 통해 중국과 정면 대결 양상을 보이고 있다.

미국의 쇠퇴와 중국의 부상으로 동북아시아 질서가 재편되는 상황에서 한국은 매우 어려운 전략적 선택을 강요받고 있다. 미국은 한국의 동맹으로서 북한에 대한 억지력으로 한국의 안정과 경제발전에 가장 중요한 역할을 했다. 중국은 최근 한국의 최대 교역국이자 최대 투자국으로 부상했다. 북핵 문제를 포함한 '북한 문제(North Korea Problem)' 해결 과정에서 양국의 전략적 이해와 협력이 반드시 요구된다.

그렇다면 미·중관계 속에서 한국의 전략적 선택은 무엇인가? 전략의 선택은 국가 이익, 즉 명확한 목표 설정과 과정의 속성을 파악하고 그 변이를 예측하는 것에서부터 출발한다. 한국의 최우선 국가 이익은 한국의 평화와 안전을 지키며 번영을 이루는 것이다. 이러한 목표를 이루는 과정에서의 주요 변인은 미·중관계의 세력 전이 여부와 그 양상, 그리고 북한의 변화 여부일 것이다. 특히 구조적 변화와 더불어 북한의 체제 안정성에 영향을 미치는 국내적 요인을 병행 분석해야 예측의 타당성을 확보할 수 있다. 김정은체제가 정치적으로 안정화되어가고 있지만 실패국가들의 사례에서도 확인할 수 있듯이 체제 내 변동은 언제든지 가시화될 수 있다. 아마도 북한 내부에 변화가 있다면 그것은 경제 부문일 가능성이 높다. 그리고 이는 북한 시장화의 파급 효과와 연관될 것이다. 요컨대 향후 한반도 정세 변화는 체계적 수준에서 미·중 세력 전이, 국가적 수준에서 북한 시장화 여부에 크게 영향 받을 것이다. 이 글은 이러한 문제의식을 중심으로 한국의 바람직한 전략적 방안을 논의하고자 한다.

2. 미·중 패권 경쟁시대: 동북아시아 질서 재편

1) 미국의 전략

미국 버락 오바마(Barack Obama) 행정부의 외교 안보전략의 목표는 전 지구적 차원에서 지도국(leadership)의 지위를 유지하는 것이다. 이를 위해 미국은 지역적 차원에서 유럽과 중동을 거쳐 아시아로(pivot to Asia), 군사적 차원에서 지역 간 군사력 재배치 및 해·공군력 강화를(rebalancing), 반패권 및 세력 균형전략으로 동맹 강화 및 확대전략(offshore-balancing)을 구사하고 있다. 2011년 11월 ≪포린어페어스(Foreign Affairs)≫를 통해 당시 미 국무장관이던 힐러리 클린턴(Hillary Clinton)이 "21세기 지정학은 이라크나 아프가니스탄에서가 아니라 아시아에서 결정될 것"이며 "미국의 행동이 요구되는 바로 그곳, 그 시점에 미국이 있어야 할 것"이라고 밝힌 것은 미국의 새로운 전략이 무엇을 의미하는지를 상징적으로 보여주었다. 이러한 세계전략의 기조는 미국의 동아시아전략에도 고스란히 투영되었다.

미국의 동아시아전략의 요체는 대중관계다. 미국은 전통적으로 강대국과의 관계를 중시한다. 따라서 강대국들이 위치한 동아시아로의 회귀는 중·장기적으로 필연적이다. 하지만 미국은 중국의 단기간 부상에 대한 적대적 균형전략을 추진하지는 않고 있다. 중국의 국력이 미국의 리더십에 도전할 만큼 성장하지 못했고, 미국은 여전히 지구적 차원에서의 안보·경제 구조를 주도하고 유지할 능력과 자신감을 갖고 있기 때문이다. 따라서 아직은 중국에 대한 본격적인 견제보다는 관여와 협력 구도의 창출에 주력하고 있다. 즉,

미국은 중국이 미국 주도의 국제질서에 편입되어 세계평화와 경제 번영, 인권과 같은 보편적 가치 진작 등에서 좀 더 책임 있는 역할을 수행해줄 것을 기대한다.

미국 동아시아전략의 또 다른 핵심은 군사력 재편에 있다. 이는 재균형정책으로 대변된다. 특히 중국의 공세적 군사력 증강은 동북아시아 지역에 대한 미국의 전략적 이해관계를 더욱 증가시켰다. 물론 중국은 종합적 국력, 특히 원거리 투사력(long-range power projection)이라는 측면에서 아직 미국에 미치지 못하는 것이 사실이다. 그러나 지역적 범주를 동아시아로 한정할 경우 중국은 미국과 경쟁할 수 있는 유의미한 경쟁상대가 된다.[1]

재균형정책의 특징은 유럽과 중동에 편중되어 있던 군사력을 아시아로 이동하는 것과 육군의 비중을 줄이고 해·공군력을 강화하는 것이다. 냉전기간 미국은 군사력의 70% 이상을 유럽에 배치했다. 하지만 냉전 직후 200만 명에 달하던 미군 총 병력은 2011년 약 147만 명으로 줄어들었다. 같은 기간 유럽 주둔 병력은 28만여 명에서 70%가 감소해 약 8만 명이었다. 하지만 동아시아 지역에서는 30%만 감축해 11만 명 수준을 유지하고 있다. 이러한 주둔 미군 비율의 역전을 보면 미국이 유럽보다 동아시아 지역에 군사력을 상대적으로 강화하고 있음을 알 수 있다. 재균형정책의 또 다른 내용은 해·공군력 강화다. 2007년 이후 미국은 태평양 지역의 해군력을 꾸준히 증강해 냉전 이후 처음으로 대서양에서의 함정 운용 수를 넘어섰다. 향후 2020년까지 태평양 주둔 해군력 비중을 전체의 60%까지 증대할 계획이다. 아울러 미국은 2013년 6월까지 공군력의 60% 이상을 동아시아 지역으로 신속히 전환 배치했다. 이러한 미국의 동아시아 지역에서의 해·공군력 강화는 중장기적으로 중국의 반접근전략에 대항하기 위해서다.

---

1) 정재호, 「2013년 시점에서 평가하는 미·중관계」, 『2013 중국정세보고』(국립외교원, 2013).

미국의 동아시아전략은 역외 균형을 추구하고 있다. 미국은 과도한 국력 소모와 군사력의 일방적 투사를 가급적 지양하면서 세력 균형을 통한 역내 리더십을 유지하고자 한다. 그 핵심내용은 동맹의 강화 및 확대다. 미국은 42개국과 방위조약을 체결하는 반면, 중국은 북한과만 방위조약을 맺고 있다. 2014년 4월 오바마 대통령은 아시아 순방 시 한국, 말레이시아, 필리핀 등을 방문하면서 아시아 동맹과 우방에게 안보공약을 재확인한 바 있다. 미국의 역외 균형전략은 세 가지 차원에서 전개된다. 군사적 차원에서 미국의 리더십을 수용한 핵심 동맹국에 역할 확대를 통한 책임 분담(buck passing)을 요구하고 있다. 경제적 차원에서는 자유무역협정(FTA)과 환태평양경제동반자협정(TPP) 등을 추진해 경제적 유대관계를 강화하려는 노력을 기울이고 있다. 마지막으로 민주주의와 인권 등을 강조해 역내 국가들과의 협력관계를 증대하고 있다. 이러한 균형전략의 주요 대상은 미·일동맹이다. 일본의 군사대국화는 모든 면에서 중국의 군사 위협에 대비한 미국의 대응 방향과 거의 일치한다. 한국과 국제사회의 우려에도 미국이 일본의 집단적 자위권을 위한 헌법의 재해석 노력에 지지를 표명한 것도 일본의 책임 분담을 염두에 둔 포석이다.

2) 중국의 전략

중국 시진핑(習近平) 정부는 국제 정세의 변화에 대한 대응을 위주로 한 과거의 수동적인 외교정책에서 벗어나는 동시에 스스로를 강대국에 위치시키고 미국과의 평화적 공존을 위한 적극적인 외교정책을 전개하려는 의도를 명확히 하고 있다. 이른바 '신형대국관계론'이 그것이다. 중국 정부가 여러 차례 확인한 바와 같이 '신형대국관계'는 '구형대국관계'와 대비되는 개념으로, 중국이 미국의 패권 지위에 도전하지 않을 것임을 미국에 약속하고 미·

중관계를 상호 윈윈의 협력 동반자관계로 발전시켜나갈 것을 약속하는 것이다. 이는 군사력·과학기술력·소프트파워 등에서 미국이 보유한 패권적 지위를 상당 기간 따라잡기 어렵다는 중국 스스로의 인식에 기반을 둔 것이라고 할 수 있다.

신형대국관계가 표면적으로 미국과의 협력과 공존을 강조하고 있으나 중국은 미국을 배제하고 중국의 영향력을 확대하려는 움직임을 강화하고 있다. 시진핑은 2014년 5월 상하이에서 열린 제4차 아시아 교류 및 신뢰 구축 회의(Conference on Interaction and Confidence Building Measures in Asia: CICA)에서 '신아시아 안보관'과 '아시아 의식'을 언급했는데, '아시아의 안보는 아시아 국가가 주도적으로 해결한다'라는 먼로 독트린(Monroe Doctrine)적인 요소가 강조된 것이다.[2] 한편 중국은 '일대일로(一帶一路)' 전략의 금융 플랫폼으로서 아시아인프라투자은행(Asian Infrastructure Investment Bank: AIIB) 설립을 추진하고 있다. 중국이 AIIB 설립을 추진하게 된 배경은 무엇보다 아시아개발은행(Asian Development Bank: ADB)의 주된 목적이 인프라 구축보다 빈곤 문제 해결에 있기 때문에 신실크로드 인프라 구축을 위한 투자 재원을 마련하기 위한 것이라고 할 수 있다.[3] 그러나 중국이 국제적으로 위안화의 거래기능을 활성화시킴으로써 위안화의 위상을 제고시키고 AIIB의 지분율과 의결권에서 각각 50%와 49%를 차지함으로써 주도권을 행사하겠다는 의도도 있다. 궁극적으로 ADB에 맞서서 역내 중국의 리더십을 강화하겠다는 것이다.

---

2) 강준영, 「시진핑 지도부의 동아시아 정책과 한국의 대응」, 한국국제정치학회·제주평화연구원 공동학술회의 자료집(2014).

3) 이지용, 「중국 일대일로 전략의 정치경제적 함의와 시사점」, ≪주요국제 문제분석≫, 2014-38호(국립외교원 외교안보연구소, 2014).

중국이 상하이협력기구와 브릭스 정상회의와 같은 다자협력의 틀을 강화함과 동시에 역내 국가들과의 FTA 체결, 금융위기에 대비한 다자간 통화스와프 제도로서 치앙마이 이니셔티브(CMI)의 확대 등을 주도하면서 러시아와의 전략적 협력을 확대하는 것 등은 모두 미국과의 경쟁을 의식한 포석이라고 할 수 있다. 최근 중국 전략가들 사이에서 중·러관계를 '준동맹관계'로 격상시켜야 한다는 주장까지 제기되고 있는 것은 중국의 대응 수위가 매우 강화될 수 있다는 것을 잘 보여준다. '강한 러시아'를 표방하는 블라디미르 푸틴(Vladimir Putin) 대통령과의 제휴는 반미연대로도 볼 수 있다. 러시아와 중국은 러시아의 서부노선을 통해 30년간 매년 300억m³의 천연가스를 공급하는 계약에 합의했다. 이는 앞서 동부노선을 통해 연간 380억m³를 중국에 공급하기로 한 데 이은 두 번째 계약이다. 러시아가 중국에 수출하는 가격은 1000m³당 350달러로 유럽에 수출할 때 받는 385.5달러보다 더 저렴한 가격이다. 이러한 가격적 우대를 고려하면 러시아와 중국의 경제적 관계는 더욱 긴밀한 것으로 보인다. 사실 러시아 정부는 우크라이나 위기로 형성된 서방과의 적대적 관계에 대한 대응책으로 새로운 가스시장을 개척하고자 했으며 중국과의 새로운 계약은 이러한 전략적 고려가 반영된 것으로 보인다. 더욱이 이 계약은 현재 러시아에서 수출하는 천연가스에 의존하는 서유럽 국가에 새로운 가스 공급처를 찾아야 하는 압력을 줄 것이다. 다시 말해 러시아산 천연가스가 중국으로 대량 수출됨으로써 서유럽 국가에서 러시아 가스 공급이 감소하고, 이는 가스가격의 상승을 초래해 서유럽 국가들에 압박이 될 수 있다는 것이다.[4]

---

4) A. Luhn and T. Macalister, 2014. "Russia Signs 30-year Deal Worth $400bn to Deliver Gas to China," *Guardian*, May 21, 2014.

제3부 통일환경과 통일외교

3) 미·중 세력 전이의 속성: 경쟁과 협력

　미·중관계는 갈등과 협력의 두 가지 가능성을 모두 내포하고 있다. 미·중관계 충돌의 가능성을 의미하는 가장 핵심적인 요소는 중국의 부상으로 인한 아시아에서의 '힘의 균형'의 변화가 '의도'의 문제라기보다는 '구조'의 문제라는 점이다. 중국의 국방비와 군사력의 증가는 필연적으로 미국의 대응을 유발할 수밖에 없으며, 이는 이미 주권과 영토 등 핵심 이익을 보호하기 위해 강경한 입장을 견지하고 있는 중국의 '대응'을 재촉발시키는 악순환으로 발전할 가능성이 높다.

　향후 미·중 간 구조적 긴장관계는 미·일동맹의 강화에서 파생될 확률이 높다. 더욱이 미국의 미·일동맹 강화 노력은 미·중관계에 대한 부정적 전망을 강화하는 요소다. 중국은 일본이 미국의 아시아 재균형정책을 기회로 활용해 댜오위다오/센카쿠 열도 영유권 문제에 대한 중·일 지도부 간 1972년과 1978년의 합의를 파기하고, 집단 자위권 행사를 추진함으로써 영토 주권과 안보에 위협을 제기하고 있다고 보기 때문이다. 즉, 미·일동맹의 강화와 중·일 간 해묵은 영토 분쟁은 미·중 간 평화로운 공존을 어렵게 하는 또 다른 변수라는 것이다.

　실제 2013년 10월에 열린 미·일 간 2+2회담에서 미국이 "집단적 자위권 행사와 관련된 사항을 포함한 법적 재검토, 방위예산의 증액 등 일본의 노력에 대해 환영한다"라며 "중국은 국제적 행동을 준수하고 군사상의 투명성을 확보"해야 한다는 경고성 발언을 한 것은 미·일동맹의 강화를 예의 주시하고 있던 중국을 자극한 것으로 보인다. "센카쿠는 일본의 실효적 지배 아래 있으며, (미국은) 이를 침해하는 어떤 행동도 반대한다"는 척 헤이글(Chuck Hagel) 미 국방장관의 발언에 대해 중국 관영 신화통신이 "미·일 군사동맹이 위험한 길로 향하고 있다"라며 맞받아친 것은 이와 같은 중국의 우려를 잘 보여준다.[5] 중국의 일방적인 '방공 식별 구역' 선포를 둘러싼 미·중 간 첨예한 이견은 중·일관계와 미·중관계의 밀접한 연동을 보여주는 또 다른 사례라 할 수 있을 것이다.

이처럼 중국의 지속적인 부상과 일본의 재무장은 일본 변수에서의 미국의 두 가지 상반된 역할, 즉 일본의 재무장을 막는 '병마개(bottle cap)'로서의 역할과 일본을 '불침항모'로 활용해 중국을 봉쇄하는 패권국이자 아시아의 맹주로서의 역할 중 후자에 대한 구조적 압력을 강화할 가능성이 높다. 그 실현은 미·중 간 국력 경쟁을 '공존'의 전략이 아닌 하드파워를 중심으로 한 전통적인 강대국 간 갈등으로 전환시키며 동북아시아의 정세를 불안정하게 할 것이다. 이와 같은 상황에서 일본과 한·중을 포함한 주변국과의 관계 개선은 더욱 어려워질 것이다. 역사 문제 등을 매개로 한 한국과의 갈등이 지속되고 미·중 간 갈등과 함께 협력이 동시에 나타나는 현 상황에서 일본이 한·미·일 3자 관계를 중국 견제를 위해 활용하며 동북아시아에서의 위상을 제고하기는 쉽지 않을 것이기 때문이다.

그러나 미·중관계의 미래가 어두운 것만은 아니다. 양국은 공동 이해의 창출이라는 새로운 비전을 앞세우고 실제로 이의 실천을 위해 다각도의 노력을 경주하고 있으며, 양국의 '충돌'을 제약하는 국내 정치적 변수들 역시 무시할 수 없다. 특히 중국은 평화로운 주변 환경이 유지되어야 미국의 재균형정책에 제동을 거는 동시에 지속적인 경제발전을 추진할 수 있다고 보고, 동북아시아 등 주변 지역에서 안정과 평화가 유지되기를 희망한다는 입장을 강조한 바 있다. 예컨대 2013년 10월 열린 주변외교공작좌담회에서 중국은

---

5) K. Parrish. "U. S., Japan Agree to Expand Security, Defense Cooperation," *American Forces News Services*. www.defense.gov/news/newsarticle.aspx?id=120902; 新華通訊, 2013. 10. 3.

동북아시아에서 지역 국가들과 선린관계를 강화하고, 지역의 안정과 평화를 유지하고, 역내 국가 간 경제교류협력을 확대해 호혜협력관계를 증진시키려 노력하는 "선린, 안린, 부린(善隣, 安隣, 富隣)"을 중국의 주변국외교 기조로 계속 견지할 것이라고 강조한 바 있다.

또한 미국은 동아시아 역내 이익을 안정시킬 수 있다면 굳이 재균형정책을 군사전략의 중심으로 할 이유가 없다는 점을 누차 밝힌 바 있다. 재균형정책이 중국 봉쇄의 차원이 아닌 좀 더 포괄적인 아태 지역 관여정책의 성격을 가지며 군사 분야는 외교·경제적 차원을 포괄한 다차원적(multifaceted) 접근의 일환일 뿐이라는 것이다. 이것이 "중국의 화평 발전을 환영"하며 "중국의 성공은 미국의 이익"이라는 오바마 대통령의 발언을 단순히 외교적 레토릭 차원으로 폄하할 수 없는 이유다. 실제 미·중은 상당 기간 서로의 존재를 인정하고 전략적 협력을 추진할 수밖에 없다. 중국은 미국의 2대 무역국이며 최대 수입 상대국이다. 미국은 중국의 공산품 없이 살아갈 수 없다. 한편, 중국의 무역흑자는 대미무역을 제외하면 적자이며, 미국과의 무역흑자로 얻은 재원은 중국경제의 지속 가능한 성장을 위한 주요 요소다.

3. 북한의 현실과 미래: 시장화와 병진노선

1) 북한경제의 현황과 평가

최근 5년 동안 북한경제는 거시적 차원에서 다음과 같은 현상과 요인들로 견인되고 있다. 첫째, 강성대국 건설 및 새로운 김정은체제의 경제적 토대 마련을 위해 달러에 대한 수요는 증가하지만 한국 및 국제사회로부터의 달러 유입 중단으로 달러 부족 현상이 현실화되고 있고, 대북 제재 등으로 이 문제는 더욱 심각해지고 있다. 둘째, 북한은 달러 부족에 직면해 두 가지 가시적인 정책적 노력을 기울이고 있다. 대외적 측면에서 대중국 수출 증대와 북한의 노동력을 해외로 송출하는 방법을 통해 외화벌이를 하고 있고, 대내적 방법으로는 시장화를 통해 민간부문의 달러를 회수하기 위해 노력 중이다. 셋째, 이러한 상황에 직면해 대중국 경제의존도가 급격히 증대되고 있으며, 대부분의 경제활동이 비생산 영역에 치중되어 있어 실질적인 성장으로 직결되지 못하는 상황이다. 하지만 시장 환율과 물가가 하향 안정화되는 등 경제적 불안정성이 크게 진정되고 있는 것도 사실이다.

북한의 경제상황과 관련해서는 두 가지 상반된 평가가 있다. 북한경제에 대한 긍정적 주장의 근거들은 다음과 같다. 우선 평양과 같은 일부 대도시의 소비가 확대되고 있고, 시장물가와 환율이 최근 들어 안정세를 보이고 있다는 점이다. 무엇보다 비공식 영역, 즉 시장경제활동 영역이 꾸준히 확대되고 있다는 것이다. 또한 지속적으로 농업 생산량이 증대되고 있으며, 이를 통해 북한 당국이 자신감을 가지고 다양한 정책적 전환을 시도하고 있다는 점도 주요 판단의 근거가 된다.

한편, 북한경제에 대한 부정적 시각의 주요 근거는 다음과 같은 몇 가지 분석에 근거한다. 첫째, 평양과 몇몇 대도시를 제외하고는 열악한 경제상태가 지속되고 있으며 주요 지역의 일시적인 소비 확대가 북한경제 전체의 생산 확대를 의미하는 것은 아니라는 점이다. 둘째, 시장 물가 및 환율의 안정이 국내 경제체재의 안정적 선순환, 특히 국내공급의 확대로 인해 발생한 것이라고 볼 수 없다는 점이다. 셋째, 북한 국내경제의 시장경제활동이 근본적인 개혁개방 없이 지속 가능하지 않다는 것이다.

북한의 경제적 변화를 추동하고 있는 혹은 견인할 수 있는 가장 주요한 변인은 결국 북한의 개혁개방 여부와 북한경제의 시장화 정도일 것이다. 이는 북한의 생존전략과도 밀접히 연계되어 있다. 북한의 핵·경제 병진노선의 추진이 바로 그것이다. 북한의 현재와 미래를 관통하는 또 다른 주요 이슈는 바로 북한 인권 문제다. 북한이 시장화에 성공하고 핵·경제 병진노선을 포기한다는 것은 실패국가의 멍에를 떨쳐버리고 국제사회에서 정상국가로서 역할을 한다는 것을 의미한다. 따라서 북한의 시장화 여부와 핵·경제 병진노선의 성공 가능성을 병행 고찰하는 것은 바로 북한의 현재를 진단하고 미래를 가늠할 수 있는 시금석이 될 수 있다.

2) 북한의 시장화와 핵·경제 병진노선

최근 북한체제의 가장 큰 특징은 시장화의 확산이다. 북한의 시장화는 1990년대 중반 고난의 행군 시기 배급 중단으로 주민들이 시장에서 연명하면서 시작되었으나 2002년 7·1경제관리개선조치로 부분적으로 제도화되었다. 오늘날 많은 북한 주민이 시장에서 생계를 해결하고 있고 국영기업이나 국가기관도 시장을 활용하고 있다.

김정일 시대까지만 해도 시장화로 인한 사회 일탈 현상과 정치적 불안정에 대한 우려로 시장에 대한 억압이 반복되면서 시장화는 진퇴를 거듭했다. 그러나 김정은 정권은 시장화를 억압하기보다는 이를 적극적으로 활용하는 입장을 보이고 있다. 북한은 2008년 이후 남북경협이 축소되고 최근 석탄가격의 하락과 대중국 광물자원 수출의 감소로 외화 수입이 감소하자 계획경제에 필요한 재원을 시장에서 충당하기 위해 다양한 방법을 동원하고 있다. 이는 비공식경제가 공식경제를 약화시키기보다는 공식경제를 보완한다는 평가에 기인하는 것으로, 시장화가 국가능력 향상에 기여한다고 인식하기 때문이다. 예컨대 식당, 상점 등 소규모 장사부터 아파트, 스키장, 승마클럽 등의 건설, 외화벌이 회사의 운영에 이르기까지 다양한 형태의 재원 마련을 위해 시장화가 활성화되고 있다.

북한의 시장화는 표면적으로는 계획경제에 필요한 재원을 충당하고 체제 능력을 증대시키며 김정은 정권을 안정시키는 역할을 하는 것으로 파악된다. 그러나 시장화가 빠르게 진행되어 북한경제주체들이 이를 통제할 수 없는 수준에 이르면 이는 북한체제 유지에 부정적인 영향을 미칠 것이다. 냉전기 동유럽의 사례뿐 아니라 최근 일부 실패국가들의 국가 운영에서도 확인할 수 있듯이 권위주의 혹은 독재국가의 시장경제에 대한 통제력과 운용능력이 급격히 저하되면 이는 국가체제의 위기로 직결된다. 앞으로 북한이 개혁개방을 택하고 비공식경제의 제도화에 성공해 체제 안정을 유지할 것인지, 개혁개방을 주저하다가 시장화 과정에서 정치적 갈등이 나타나 붕괴 위기를 맞을지 밝혀질 것이다. 즉, 북한에게 시장화는 체제 유지의 양날의 보검인 셈이다.

시장화의 진척과 성공은 중·장기적으로 북한의 생존전략 성공 여부와도 연동된다. 김정은 정권은 2013년 3차 핵실험을 단행했으며 북한은 핵보유국이며 핵무기는 더 이상 협상 대상이 아님을 선포했다. 북한은 이미 2012년 헌법에 핵무기 보유를 명시한 바 있으며 핵·경제 병진노선을 채택했다. 북한의 논리를 따르면 재래식 군사력에 사용될 재원을 경제에 돌릴 수 있다. 북한은 핵무기가 안보를 지켜주기 때문에 안보 위협 없이 시장화를 자신 있게 추진할 수 있고 외부의 지원도 이끌어낼 수 있다는 전략적 계산을 한 것이다.

그러나 상황은 북한의 의도대로 진행되는 것 같지 않다. 북한은 한국과 미국 그리고 국제사회에서 만족할 만한 경제적 지원을 확보하지 못했다. 즉, 재래식 무기에 투자할 수 있는 자원을 절약하는 이익 부분보다 핵무기 개발 시도로 인해 감내해야 하는 경제적 손실 영역이 월등히 크다면 북한의 병진노선은 순조롭게 진행될 수 없을 것이다. 북한은 현재 핵무기의 대가로 국제적 제재에 놓이면서 외부와의 거래가 중단된 상태이며 북한이 주장하는 자주권 대신 중국에 교역의 80% 이상을 의존하는 기형적 구조에 직면해 있다.

한반도 문제에 중국과 러시아의 영향력을 지나치게 확장시키는 것은 역으로 북한의 레버리지를 약화시키는 결과를 초래할 수 있을 것이다. 강대국에 대한 의존은 방기(abandmant)와 연루(entrapment)의 위험 감수를 동시에 포함하기 때문이다.

4. 한국의 전략적 선택

1) 외교 안보정책: 균형자 vs. 포괄적 한미동맹

미·중 패권 경쟁시대에 한국의 입장과 관련해서 두 가지 주장이 대립한다. 하나는 균형외교를 취해야 한다는 주장이고, 다른 하나는 한미동맹을 포괄적 동맹으로 발전시켜야 한다는 주장이다. 미·중 간 균형외교를 취해야 한다는 주장에 따르면 이른바 양국 사이에 헤징전략(hedging strategy)을 취함으로써 한국의 전략적 딜레마를 극복할 수 있다. 이러한 주장의 근거와 논리는 크게 두 가지다. 첫째, 중국의 현실적 국력 신장을 감안할 때 쇠퇴하는 패권국인 미국에 지나치게 의존하는 것이 현명하지 않다는 주장이다. 즉, 한·중 간 경제협력 및 북한 문제와 관련해 중국과의 협력 필요성은 높아지는 데 반해, 미국의 안보·경제적 영역에서의 전략적 가치는 점차 낮아질 것이라는 분석을 그 근거로 한다. 둘째, 만약 세력 전이가 완성된다면 이후 중국의 보복을 당할 가능성이 높다는 우려도 주요한 근거다. 즉, 위험을 미연에 헤징하는 것이 오히려 현명하다는 인식이다. 마지막으로 우리의 기대와는 달리 미국이 한국의 안보와 번영에 과거보다 큰 도움이 되지 않을 수 있다는 판단도 주요한 이유 중 하나다. 즉, 미국은 감소하는 국력을 감안해 북핵 문제를 비롯한 북한 문제에 대한 정책적 우선순위를 낮추고 있으며, 이로 인해 미국이 그간 강조해온 '확장 억지력'이 과연 지켜질 수 있을까에 대한 의문을 제기한다.

한편, 한미관계를 포괄적·다원적 전략동맹으로 전환해 구조적 딜레마를 극복해야 한다는 주장이 있다. 이 주장에 따르면 미래의 불확실하고 불투명한 전망을 전제로 현재의 안보전략의 근간을 흔드는 것은 전략적으로 사려 깊지 못하다. 먼저 미·중관계의 세력 전이는 아직 먼 장래의 문제이기 때문이다. 패권 경쟁의 가장 중요한 요소인 군사력 측면에서 아직 중국은 미국에 대적할 만한 수준이 되지 못한다. 즉, 세력 전이의 시기가 불확실할 뿐 아니라 그 내용 또한 불충분하다. 또한 세력 전이의 과정이 반드시 양 강대국의 전면적 충돌을 의미하지는 않는다. 즉, 제로섬게임이 아닐 가능성도 있다. 중국은 부국강병과 국제적 영향력 확대라는 자국의 핵심 목표를 위해 안정적인 국제관계 수립이 절박하다. 따라서 중국은 현재 미국이 수립한 국제질서와 국제규범 체계에 전면적으로 도전할 의사가 없다. 중국의 국익에 반하기 때문이다. 한국의 섣부른 헤징전략은 미국과 중국 모두로부터 신의를 상실하게 만들 가능성이 높다. 한국의 대중 전략적 가치는 미국의 한국에 대한 전략적 가치의 수준과 한미동맹의 공고화에 비례한다.

한미동맹이 중국의 국익에 반할 것이라는 것도 성급한 예단일 수 있다. 한미동맹은 한국의 핵무장을 억지하고 남북 간 국지적인 군사 충돌이 확전되는 것을 막고 있으며 일본의 핵무장 시도도 방지한다. 이는 역내 군사적 안정이라는 중국의 핵심 이익에 부합한다. 즉, 한미동맹은 중국이 단기적으로 원하는 미·중 협력에 부합한다. 아울러 한·미·일 3국 공조의 강화 또한 한·중 관계 진전에 일부 긍정적 요인을 미칠 수 있다. 아울러 한미동맹은 한국의 안보 이익과 경제 번영에 여전히 중요하다. 한미동맹으로 인해 북한의 도발이 억제되는 것은 주지의 사실이며, 이로 인해 한국은 한정된 자원을 경제성장에 투입할 수 있는 것이다. 이는 향후 한국의 성장이 통일국가 수립에 큰 자양분이 될 것임은 당연하다. 현실적으로 통일비용의 상당 부분을 한국 정부가 감내해야 하기 때문이다.

2) 대북정책: 압박 vs. 포용

북한의 시장화에는 두 가지 대립되는 시각이 있다. 북한의 시장화는 북한의 경제난과 외화난에 기인한 것이다. 이 시각에 따르면 최근 북한이 시장화를 확대하는 것도 국제 제재와 남북경협의 축소 때문이며, 향후 원칙 없는 남북교류협력의 확대는 북한의 시장화를 후퇴시킬 수 있다. 따라서 원칙을 유지하면서 북한을 압박하는 것이 북한의 시장화에 도움이 되며 북한을 변화시킬 수 있다는 것이다.

한편, 김정은 정권은 여전히 불확실성이 남아 있지만 비교적 안정을 유지하는 것으로 평가된다. 북한은 폐쇄체제를 유지하면서 핵무기를 개발했으며 이를 소형화, 고도화하고 있고, 경제제재와 남북관계 경색 상황에서도 시장의 확대를 통해 오히려 경제상황이 호전되고 있다. 따라서 북한 핵의 수직적·수평적 확산을 방지하고 북한을 변화시키기 위해서는 북한에 대한 포용이 더 효과적이라는 것이다.

두 가지 상반된 견해가 있지만 향후 2~3년 내 시장화가 급속히 확대되면서 북한은 선택의 기로에 놓일 가능성이 높다. 북한이 개혁개방을 택하고 비공식경제의 제도화에 성공해 체제 안정을 유지할 것인지, 개혁개방을 거부해 시장의 확대로 체제능력을 약화시킬 것인지, 아니면 시장화의 축소와 체제능력 축소가 동시에 진행되는 붕괴 위기를 맞을 것인지 결정될 것이다.

이 2~3년의 기간은 과도기라 할 수 있으며 그동안 우리가 원하는 방향으로 북한의 변화를 견인하는 노력을 기울여야 할 것이다. 즉, 북한의 경제주체들이 시장화에 능동적으로 대처하고 경제정책에 이를 적극적으로 반영할 수밖에 없는 환경 구축에 한국과 국제사회가 적극 협력할 필요가 있다. 이 과정에서 북한이 중국과 러시아가 아닌 한국에 대한 경제의존도를 서서히 높이도록 유도해야 할 것이다. 이는 중·장기적으로 한국의 대북 레버리지를 높이는 파급 효과를 야기할 수 있다. 개성공단 국제화를 비롯한 북한이 관심을 기울이는 개발구 협력 사업 등을 추진하는 데 그 성과가 북한 주민들에게 파급되고 북한 전역에 시장화가 제도화될 수 있도록 협력계획을 구상해야 할 것이다. 유라시아 프로젝트 추진이 그 시금석이 될 수 있다. 물론 시장화에 대한 부정적 파급 효과에 대한 대비도 중요하다. 시장화의 부작용으로 북한체제가 불안정화되면 이는 한반도 안보위기로 진화될 수도 있기 때문이다.

5. 맺음말

한국은 현재 중대한 전략적 환경변화에 직면해 있다. 미·중관계의 패권경쟁은 체계적 차원에서 한국의 현명한 대외전략을 요구하고 있으며, 북한의 시장화 진척에서 비롯된 경제적 변동은 북한의 미래에 대한 정책적 관심을 제고시키고 있다. 이 과정에서 한국의 전략적 선택은 어떠해야 하는가?

미국과 중국이 높은 수준의 경제적 상호의존성을 보이고 핵무기의 존재로 전면전을 벌일 가능성이 희박한 상황에서 미국 혹은 중국을 선택하는 이분법적 접근은 바람직하지 않으며 미국과 중국 간 균형자론은 이미 실효성 없음이 드러난 개념이다. 중국이 군사력을 비롯한 다양한 영역(소프트파워, 외교 및 문화, 기술 등)에서 미국과의 격차가 크고, 심지어 경제력조차 미국을 상당 기간 추격할 것이라는 주장도 있다.[6] 향후 미국과 중국은 상호 이익과 지

---

6) 경제 규모에서 중국이 미국을 거의 따라 잡았지만 미국의 세일가스로 인해 유가가 폭

역 안정을 위해 물리적 충돌을 피하면서 동아시아 지역의 리더십을 두고 경쟁하는 모습을 보일 것이다. 한국은 냉전을 통해 형성한 한미동맹을 유지할 뿐 아니라 이를 글로벌 파트너십으로 발전시키면서 국력 강화와 국격 제고에 힘을 써야 할 것이다. 동시에 중국의 가까운 이웃으로서 중국과 경제적·문화적 우호관계를 확대 및 심화시키면서 양국 사이에서 가교 역할을 감당해야 할 것이다.

한국이 미·중 사이에서 안정자 역할을 통해 국익을 추구하기 위해서는 대미·대중 외교뿐 아니라 다자외교에도 중점을 두어야 한다. 미국의 쇠퇴와 중국의 부상이라는 지역환경을 공유하는 아시아태평양국가들과 더불어 공동현안을 논의하고 대처하는 노력의 중심에 설 필요가 있다. 미국과 중국 사이에서 사안별로 선택을 강요받는 상황이 발생했을 때 자국의 입장과 의견을 피력하고 반영시키기 위해서는 다자협의체가 효과적이기 때문이다. 전통적으로 다자외교와 국제기구는 강대국이 주도하고 강대국 이익을 대변하는 것으로 받아들여졌으나 최근 공공외교와 스마트 파워 논의는 비강대국의 외교전략의 다양성을 강조한다. 앞으로 한국은 중견국 외교와 국제기구를 활용해 다양한 국가행위자와 비국가행위자를 연결하는 네트워크를 구축하고 활용하는 통일외교전략을 통해 한반도 통일과 안정을 일구어내야 할 것이다.

끝으로 통일외교 안보의 최우선 순위는 안보다. 대북정책과 통일정책은 안보를 바탕으로 추진되지만 동시에 안보를 증진시키는 방향으로 추진되어야 할 것이다. 남북교류협력 및 대북 인도적 지원과 안보는 상호 선순환이 되어야 될 것이다.

락하고 미국의 경제가 되살아나면서 미국의 시대가 지속될 것이라는 전망이 나오고 있다. 또한 미국이 독립한 후에도 영국의 시대가 1세기 이상 지속되었듯이 중국의 부상이 반드시 미국의 쇠퇴로 이어지는 것은 아니라는 주장도 있다.

참고문헌

1. 국내 문헌

강준영. 2014. 「시진핑 지도부의 동아시아 정책과 한국의 대응」. 한국국제정치학회·
　　제주평화연구원 공동학술회의 자료집.

이지용. 2014. 「중국 일대일로 전략의 정치경제적 함의와 시사점」. ≪주요국제 문제
　　분석≫, 2014-38호. 국립외교원.

정재호. 2013. 「2013년 시점에서 평가하는 미·중관계」. 『2013 중국정세보고』. 국립
　　외교원.

2. 외국 문헌

新華通迅. 2013. 10. 3

Luhn, A. and T. Macalister. 2014. 5. 21. "Russia Signs 30-year Deal Worth $400bn
　　to Deliver Gas to China." *Guardian*.

Parrish, K. 2013. "U.S., Japan Agree to Expand Security, Defense Cooperation."
　　American Forces News Services. www.defense.gov/news/newsarticle.aspx=?i-
　　d=120902

지은이(가나다순)

강성윤

동국대학교 정치학 박사

동국대학교 북한학과 명예교수

주요 저서:『북한의 남한연구』(편저, 2010),『북한의 학문세계』(편저, 2009),『북한학
입문』(공저, 2001),『북한의 정치』(공저, 1990) 등

주요 논문:「북한연구의 현실적 과제와 역할」(2014),「6·15남북공동선언 제2항의 함의」
(2004),「조선로동당 창건사에 대한 역사적 재고찰」(2003),「김대중 정부의
대북정책 평가와 전망」(2000) 등

고유환

동국대학교 정치학 박사

동국대학교 북한학과 교수 겸 북한학연구소 소장

주요 저서:『북한의 권력과 일상생활』(공저, 2013),『북한 핵문제의 해법과 한반도 평
화체제 구축』(2003),『한반도 평화체제의 모색』(공저, 1997) 등

주요 논문:「민족공동체 통일방안의 이행과정과 추진전략 재검토」(2014),「북한의 3차
핵실험 이후 위협인식에 관한 행위자-네트워크」(2013),「김정은 후계 구축
과 북한 리더십 변화: 군에서 당으로 권력이동」(2011) 등

김영수

서강대학교 정치학 박사

서강대학교 정치외교학과 교수 겸 공공정책대학원 북한통일정책학과 교수

주요 저서:『북한의 딜레마와 미래』(공저, 2011),『사회통일교육 방향과 과제』(2010),
『새로운 북한읽기를 위하여』(공저, 2004) 등

주요 논문:「북한체제 이데올로기와 내셔날리즘」(2006),「日本社會の北朝鮮觀: 實態と
變化の展望」(2006),「북한의 대미인식」(2003) 등

김학성

뮌헨 대학교(LMU) 정치학 박사(Dr. Phil.)

충남대학교 정치외교학과 교수 겸 평화안보연구소 소장

주요 저서: 『지속가능한 통일론의 모색』(공저, 2014), 『한미관계론』(공저, 2012), 『한
　　　　반도 평화체제에 대한 이론적 접근: 현실주의, 자유주의, 구성주의의 비교』
　　　　(2000), 『신동방정책과 대북포용정책』(공저, 2000) 등

주요 논문: 「한반도 신뢰 프로세스에 대한 상호이해적 접근: 이론적 검토와 실천방향
　　　　모색」(2014), 「동독의 사회구조 변화에 대한 이론적 논의와 실제: 북한 사
　　　　회구조의 이해를 위한 시사점 모색」(2013), 「미·중관계의 변화 전망과 북
　　　　한의 '자주적 생존 전략'의 미래」(2013) 등

박종철

고려대학교 정치학 박사

통일연구원 선임연구위원

주요 저서: 『통일이후 갈등 해소를 위한 통합방안』(공저, 2013), 『김정은체제의 변화
　　　　전망과 우리의 대책』(공저, 2013), 『통일한국에 대한 국제적 우려해소와 편
　　　　익: 지역 및 주변국 차원』(공저, 2012) 등

주요 논문: "Characteristics and Challenges of the Trust-Building Process on the
　　　　Korean Peninsula"(2013), 「3대공동체 통일 구상의 특징과 과제」(2011),
　　　　「한반도평화체제 구축의 쟁점과 과제」(2010) 등

유호열

오하이오주립 대학교(The Ohio State Univ.) 정치학 박사

고려대학교 북한학과 교수 겸 공공정책 연구소 소장

주요 저서: 『북한의 딜레마와 미래』(공저, 2011), 『한반도는 통일독일이 될 수 있을까』
　　　　(공저, 2010), 『북한의 급변사태와 우리의 대응』(공저, 2007), 『북한연구의
　　　　성찰』(공저, 2005), 『북한 사회주의 건설과 좌절』(2005) 등

주요 논문: "National Identity as a Mediator of the Relationship between Perceived
　　　　Discrimination and Social Adaptation among North Korean Refu-
　　　　gees"(2014), "The North Korean Patrimonial Elite"(2013), "Institution-

alization of the cult of the Kims: its implication for North Korean Political Succession"(2010), 「북한과 UNDP-UNIDO와의 과학기술 교류-협력: 북한의 입장과 이해관계를 중심으로」(공저, 2008) 등

이상만

클래어몬트 대학교(Claremont Graduate University) 경제학 박사

중앙대학교 경영경제대학 교수 겸 대학원 북한개발협력학과 교수, 한반도개발협력연구네트워크 이사장

주요 저서: 『이제는 통일이다: 통일경제 실현을 위한 로드맵』(공저, 2014), 『남북한경제공동체형성 전략: 북한경제의 구조조정과 재원 조달 방안』(2003), 『통일경제론: 남북경제 통합과 경제교류』(1994) 등

주요 논문: 「북한의 경제성장 결정 요인 분석」(2009), 「6.15 선언이후 남북경협 현황, 경협기금 운용-평가 및 정책과제」(2007), 「WTO체제하의 남북한경제교류」(1995), 「남북한경제교류 실천방안」(1992) 등

전현준

전남대학교 정치학 박사

동북아평화협력연구원장, 우석대학교 초빙교수

주요 저서: 『북한 김정은 후계체제』(공저, 2011), 『북한의 정치부문 정상국가화 지원방안』(2011), 『북한 주민 인권 의식 실태연구』(공저, 2010), 『북한의 국력 평가 연구』(공저, 2009) 등

주요 논문: 「통일준비위원회의 국내적 준비방안」(2014), 「김정은 정권의 안정성 연구」(2014) 등

조성렬

성균관대학교 대학원 정치학 박사

국가안보전략연구원 책임연구위원, 북한연구학회 회장(2015년)

주요 저서: 『이제는 통일이다: 통일경제 실현을 위한 로드맵』(공저, 2014), 『뉴 한반도 비전: 비핵 평화와 통일의 길』(2012), 『한반도 평화체제: 한반도 비핵화와 북한체제의 전망』(2007), 『주한미군: 역사, 쟁점, 전망』(2003) 등

주요 논문: 「북핵문제 외교적 해법의 실패원인과 시사점」(2014), 「북한의 사이버전 능력과 대남 사이버위협 평가」(2013), 「한국의 G2 강대국 외교전략과 동아시아 정책」(2012), 「신국제질서의 태동에 대한 미국의 인식과 전략」(2012) 등

최대석

클래어몬트 대학교(Claremont Graduate University) 정치학 박사
이화여자대학교 북한학과 교수 겸 정책과학대학원장
주요 저서: 『남북한관계론』(공저, 2009), 『현대북한체제론』(공저, 2000) 등
주요 논문: 「북한내 비사회주의적 요소 확산실태 및 주민의식조사」(2010), 「주체사상의 재인식: 형성과 확립, 그리고 쇠퇴」(2007) 등

최완규

경희대학교 정치학 박사
북한대학원대학교 교수 겸 국회 남북화해협력자문위원장
주요 저서: 『북한의 딜레마와 미래』(공저, 2011), 『북한도시정치의 발전과 체제변화』(편저, 2007) 등
주요 논문: 「김대중정부 시기 통일교육의 양극화 현상」(2011), 「사회주의체제전환 방식의 비교연구」(2008), 「북한체제의 지탱력 분석: 쿠바 사례와의 비교분석」(2006) 등

최진욱

신시내티 대학교(University of Cincinnati) 정치학 박사
통일연구원 원장
주요 저서: *Security Dimension of China's Relations with the Korean Peninsula*(2015), 『박근혜정부의 통일외교안보 비전과 추진과제』(편저, 2013), 『박근혜정부의 대북정책 추진 방향』(편저, 2013), *Korean Unification and a New East Asian Order*(편저, 2012), *US-China Relations and Korean Unification*(편저, 2011), 『현대북한행정론』(2008) 등

한울아카데미 1793
북한연구학회 연구총서 05

통일 논쟁: 12가지 쟁점, 새로운 모색

ⓒ 북한연구학회, 2015

기획 | 북한연구학회
편저 | 박순성
펴낸이 | 김종수
펴낸곳 | 한울엠플러스(주)
책임편집 | 배유진

초판 1쇄 발행 | 2015년 5월 30일
초판 2쇄 발행 | 2021년 4월 20일

주소 | 10881 경기도 파주시 광인사길153 한울시소빌딩 3층
전화 | 031-955-0655
팩스 | 031-955-0656
홈페이지 | www.hanulmplus.kr
등록번호 | 제406-2015-000143호

Printed in Korea.
ISBN 978-89-460-8056-0 93340

* 책값은 겉표지에 표시되어 있습니다.